Au docteur Martin Geitz

cette charge - qu'un militaire ne
pouvait mener que sobre au clair -
contre les politiciens responsables du
déclin de la France.

DEVOIR DE VÉRITÉ

Avec toute la sympathie de
Pierre de Gaulle

PIERRE M. GALLOIS

DEVOIR DE VÉRITÉ

Préface par
ANDRÉ CHAMBON
et PHILIPPE BOURCIER DE CARBON

LES ÉDITIONS DU CERF
www.editionsducerf.fr
PARIS

2002

 Tous droits réservés. La loi du 11 mars 1957 interdit les copies ou reproductions destinées à une utilisation collective. Toute représentation ou reproduction intégrale ou partielle faite par quelque procédé que ce soit, sans le consentement de l'auteur et de l'éditeur, est illicite et constitue une contrefaçon sanctionnée par les articles 425 et suivants du Code pénal.

© *Les Éditions du Cerf*, 2002
www.editionsducerf.fr
(29, boulevard La Tour-Maubourg
75340 Paris Cedex 07)

ISBN 2-204-07134-X

Préface

Ce livre, *Devoir de vérité,* se veut être un constat sans faux-semblant, un état des lieux objectif et rigoureux de la situation de la France d'aujourd'hui.

Parvenir à le publier, et surtout à lui donner la diffusion qu'il mérite, constitue déjà un tour de force dans la France de 2002, désormais placée sous l'hypnose létale du mythe de « la construction européenne » indéfinie, ou du « virus Jean Monnet » selon l'heureuse formule de l'auteur.

Ce constat choquera. Il effrayera le lecteur. Cette thérapie de choc est pourtant le préalable indispensable à tout sursaut possible. Il fallait que ces choses fussent écrites.

Un tel livre n'existait pas. Il constitue maintenant la première pierre du renouveau.

Ce constat nous rappelle comment, voici peu d'années, la France, avec des moyens matériels très inférieurs à ceux d'aujourd'hui, avait su se rendre capable de faire entendre fortement sa voix dans un monde tumultueux.

Dans l'histoire de la civilisation chrétienne, dans l'histoire de l'Europe, la France a toujours su faire prévaloir les principes supérieurs. C'est là sa mission. C'est là ce que les peuples ont toujours espéré de ce pays singulier, nation qui toujours a su prêter « sa voix à ceux qui n'en ont pas », suivant la parole du général de Gaulle, et qui toujours, depuis le plus haut Moyen Âge, a su se dresser contre toutes les tentatives impériales.

L'étymologie de devoir, *debere,* est également celui de dette.

Toute personne vivant dans un système démocratique contracte à l'égard de celui-ci une dette : le devoir de vérité.

Il est clair que, dans les « sociétés de l'information », telles que nous les vivons aujourd'hui, plus la masse d'informations délivrées par les médias est considérable, plus il y a de manipulations, de travestissements, d'orientations délibérées et de mensonges laborieusement habillés de vraisemblable.

Dans une démocratie, plus l'information vraie circule, plus l'arbitraire des dirigeants est contrôlé.

La responsabilité de faire circuler l'information n'appartient pas exclusivement au pouvoir en place. Ce devoir s'impose à tous, et en particulier à ceux qui, en raison de leurs places éminentes dans la société, sont en possession de cette information.

Depuis le monstrueux et prodigieux déferlement de mensonges flagrants, de fausses nouvelles, d'informations tronquées, de sombres machinations, d'opérations scandaleuses, d'interventions iniques qui, au cours de ces dernières années et d'une manière de plus en plus constante, systématique et puissante, s'est abattu sur l'Europe et en particulier sur la France, nombre de personnalités françaises ont jugé de leur devoir de se rapprocher et de se concerter aux fins de trouver la voie qui permettrait à notre pays d'échapper au destin tragique qui lui est réservé.

Après de nombreux échanges de vues et discussions, elles sont arrivées à la conclusion que le premier devoir, en tant que citoyens membres d'une des plus anciennes et glorieuses nations européennes, était de dévoiler publiquement à tous nos compatriotes, et quelles que puissent en être les conséquences, la menace qui pesait sur eux. Les avis furent unanimes en ce qui concerne la personne qui serait le mieux à même de remplir cette haute, difficile et complexe tâche : le général Pierre Marie Gallois. C'est cet homme éminent et ce prestigieux soldat qui est aujourd'hui président d'honneur du Comité pour une Europe plurielle et indépendante (CEPI).

PRÉFACE

Le général Pierre Marie Gallois est le rédacteur de l'ouvrage *Stratégie de l'âge nucléaire* (Paris 1960), qui a fondé la doctrine d'emploi de l'arme nucléaire française.
Pendant la guerre, il a été officier de la RAF (Royal Air Force), Section des bombardements stratégiques sur l'Allemagne. Il est considéré comme l'un des premiers fondateurs de la force nucléaire de la France, et l'un des plus remarquables géopoliticiens européens.
Si la France se trouve aujourd'hui dans une situation exceptionnellement tragique, c'est d'une part, parce que la menace qui pèse sur nous est encore largement méconnue de l'ensemble de la nation, et d'autre part, parce qu'elle nous vient, non pas d'un de nos traditionnels ennemis, mais d'un pays jusqu'à aujourd'hui allié et ami, pour la liberté duquel jadis nous avons combattu et qui, par deux fois au XXe siècle, nous a porté secours en Europe : les États-Unis. Mais, à vrai dire, cette menace procède en réalité d'un simple noyau de citoyens de nationalité américaine. Le comble sans doute étant que ce groupement d'intérêts assure n'agir, en la circonstance, que pour le plus grand bien de tous.
Parce que « seule la vérité libère », je me contenterai dès maintenant de citer quelques passages de discours prononcés par des personnalités aux États-Unis appartenant à ces lobbies, et qui n'ont pas manqué de proclamer leur dessein à notre égard : celui de faire disparaître les vieilles nations européennes, pour leur substituer des entités qui seraient gérées par des hommes dont l'activité est consacrée essentiellement au monde de l'argent.
Ainsi le 17 février 1953, M. James Paul Warburg, président de la Chase Manhattan Bank, a déclaré devant le Sénat américain : « De gré ou de force, nous aurons un gouvernement mondial. Sera-ce par la conquête ou par consentement ? La supranationalité d'une élite intellectuelle et des banquiers internationaux est certainement préférable aux décisions nationales qui se pratiquent depuis un siècle. »
Plus tard, en juin 1991, M. David Rockefeller, président du Council on Foreign Relations et du Bilderberg Group

tenait des propos semblables : « Le monde est préparé à marcher vers un gouvernement mondial. La souveraineté supranationale d'une élite intellectuelle et des banquiers mondiaux est certainement préférable aux décisions nationales qui se pratiquent depuis un siècle. »

De son côté, M. Z. Brzezinski, président de la Trilateral Commission, met en cause, en 1970, toute la chrétienté qu'il rejette, puisque d'après lui : « Le marxisme est une victoire sur la raison et sur la foi [...] une étape vitale et créatrice pour le mûrissement de la vision internationale de l'homme. »

Ainsi aujourd'hui deux visions se font face, l'une, celle que nous défendons, entend rester fidèle à la civilisation européenne, civilisation de l'homme de fondation chrétienne, l'autre, celle de lobbies américains qui se préoccupent avant tout de rendement, d'efficacité, de profits et donc d'argent.

Il est difficile d'imaginer qu'un tel concept de prétendue « civilisation » puisse emporter le suffrage des hommes, soit en Europe, soit sur quelque autre continent, en dépit de la pression constante des États-Unis. La France dans son ensemble, véritable pilier de la civilisation occidentale, ne saurait souscrire à un tel projet.

Vouloir faire oublier à notre nation deux mille ans d'histoire, souvent prestigieuse et glorieuse, ne peut être, d'après Paul Valéry, que mettre l'Europe à nouveau en danger de guerre : « En voulant imposer à l'Europe par la force le rêve ancien des adorateurs du Veau d'Or, les apprentis sorciers risquent de provoquer une troisième guerre mondiale plus dévastatrice encore que les deux autres, puisque y seront impliqués de nombreux autres peuples. »

« Les apprentis sorciers » semblent ignorer le rôle cardinal que la France n'a cessé de jouer en Europe au cours des siècles écoulés. C'est le grand poète allemand Goethe qui a écrit : « La France est la conscience de l'Europe. » En dépit des apparences, elle l'est demeurée aujourd'hui, ainsi que le souligne l'historien américain contemporain Eugen Weber qui a récemment estimé que « l'identité de la France est indestructible ».

Heureusement, Daniel Rops l'a fort bien dit : « C'est dans les périodes de confusion tragique que se préparent les renouveaux ; c'est dans la pourriture des civilisations mortelles que germent les réalités vivantes de l'avenir. »

Aujourd'hui même, il est bien vrai qu'à de nombreux signes chacun peut reconnaître qu'un renouveau est proche, mais qu'il est nécessaire qu'il soit soutenu par un nombre sans cesse croissant de nos contemporains. Ce renouveau, comme jadis l'a fort bien dit Renan, « qui donnera sa forme à l'avenir ne sera pas politique ; il sera religieux et moral ».

Ce livre-document s'adresse à tous. Il cherche à provoquer une prise de conscience, une sorte de remords, de colère, qui est la face dynamique du vrai. Faut-il rappeler à tous ce que notre président de la République déclarait encore il y a peu à la nation : « La politique de la France ne se fait pas à la corbeille ? »

ALBERT CHAMBON,
ancien ambassadeur de France,
grand officier de la Légion d'honneur,
président fondateur du Comité
pour une Europe plurielle et indépendante (CEPI).

PHILIPPE BOURCIER DE CARBON,
président du Comité pour une Europe plurielle
et indépendante (CEPI).

Introduction

C'est dans l'allégresse que le gouvernement français a célébré la disparition du franc. Est-ce pour complaire à notre voisin de l'Est que le Premier ministre et que le ministre de l'Économie ont choisi *L'Hymne à la joie* de Beethoven pour les funérailles de l'un des derniers vestiges de la souveraineté nationale ? De même que, pour M. Kohl, la dislocation de la fédération yougoslave et la mise à feu et à sang des Balkans avaient été « une grande victoire pour l'Allemagne », de même M. Schröder a dû éprouver une certaine joie, le 17 février 2002, à la fois Beethoven et la démission de la France l'y incitant.

En un quart de siècle seulement, la France a perdu tous les attributs de l'État souverain qu'elle a été. C'est à l'extérieur que s'élabore et que s'exerce le pouvoir législatif, certaines directives européennes ayant force de loi sans que ses assemblées aient à en discuter. À l'intérieur, l'exécutif est affaibli par la décentralisation administrative et par les fréquentes et durables périodes de cohabitation – ridicule gouvernemental dont la France a le monopole. La France n'a plus de frontières. Elle s'en remet à d'autres de garder, comme il leur convient, celles dont ils sont censés avoir la charge. À l'intérieur, incapable d'assurer la sécurité de ses citoyens, le gouvernement français croit bon d'intervenir à l'extérieur, avec des forces armées sous-équipées, placées sous commandement étranger et au service d'intérêts opposés à ceux de la nation. Son économie, soumise aux entreprises transnationales, échappe à la souveraineté du peuple français, le gouvernement bradant le patrimoine économique du pays pour satisfaire les appétits financiers privés. Désormais, bien plus que Paris, Berlin et Washington décident de la gestion du travail de la population française. Car la France n'a plus de monnaie. Subordonnée à l'économie, sa politique se décide ailleurs. Enfin, hors de nos frontières, une haute juridiction émet des arrêts supérieurs à ceux des cours de justice françaises.

On pourrait ajouter à cette cascade de renoncements l'abandon d'une industrie nationale d'armement ; celle-ci, devenue internationale, siège aux Pays-Bas, et le gouvernement de la France y est minoritaire. Un Centre commun de gestion et d'achat d'armements a été créé, et il est installé en Allemagne, de même qu'un office des brevets. En revanche, en France, prolifèrent les Centres de loisirs, en tête desquels figure *Disneyland.*

Il a suffi que la nation s'en remette aux plus funestes institutions qu'elle ait jamais eues et que se succèdent quatre tristes septennats, exploitant malencontreusement les failles de cette Constitution pour détruire, de fond en comble, les résultats de quelque dix siècles d'efforts pour construire une nation et pour y édifier un État.

Pourtant, dès la fin des hostilités, le redressement de la nation a été rapide et spectaculaire. Non seulement les Français ont travaillé d'arrache-pied pour relever les ruines de leur pays dévasté par la guerre et pillé par l'occupant, mais leur élan a été accompagné d'une nouvelle vitalité, celle d'une natalité demeurée longtemps stagnante. Les institutions de la IVe République, aujourd'hui si critiquées, ont permis aux hommes politiques et aux grands commis de l'État qui les conseillaient d'effacer, en dix ans, les conséquences matérielles et morales du désastre militaire de 1940. Cette réussite est d'autant plus surprenante, d'autant plus méritoire, que les prolongements de la défaite, la guerre d'Indochine, celle d'Algérie s'ajoutaient au délabrement d'un pays vaincu, humilié, occupé par un ennemi impitoyable.

Triomphant d'aussi cruelles épreuves, les hommes de la IVᵉ République, attachés à servir le pays et non, comme c'est le cas de nos jours, à s'en servir, réunirent les conditions politiques et économiques des « vingt glorieuses » (1955-1975), lesquelles, d'ailleurs, par les étonnantes réalisations qu'il faut porter à leur crédit, ont été, à l'origine des vingt-cinq « calamiteuses » qui suivirent, ainsi qu'on le démontrera dans cet ouvrage.

Mais il y a mieux encore si l'on veut bien considérer le palmarès de douze seulement de ces vingt années de prospérité nationale, à savoir la période qui s'étend de 1956 à 1968. Elle n'est pas sans turbulences car elle compte six années de guerre d'Algérie, un changement d'institutions, deux ans de IVᵉ République et dix ans d'une Vᵉ République dont le versant ensoleillé passera à l'ombre à la suite des événements de mai 1968, pour conduire à la déchéance de la France.

Quant au palmarès, il est impressionnant. Voici, Français, ce que vous avez conçu et réalisé au cours de ces douze « super-glorieuses » :

– Deux porte-avions, le *Clemenceau* et le *Foch*.

– Le paquebot *France* (que, par la suite, vous vous êtes révélés incapables de mettre en œuvre, la Norvège s'en chargeant).

– L'indépendance énergétique grâce à la réalisation du programme de centrales nucléaires qui a également permis l'électrification du réseau ferré, propulsé le TGV et donné à la France la première place en matière ferroviaire.

– Décidée en 1956, commandée en 1958, la bombe atomique à fission d'atomes lourds a été aisément réalisée et expérimentée par nos équipes scientifiques.

– La bombe H, dite à hydrogène, à fission d'atomes légers a également été étudiée, construite et « essayée » durant cette période.

– Le système d'armes *Mirage IV* et ses soixante bombardiers supersoniques résultent d'un programme arrêté en novembre 1956, d'un prototype volant trois ans plus tard et d'un premier escadron opérationnel en 1964.

– Dans le même temps a été conçu et réalisé le plateau d'Albion, équipé de ses missiles à ogives nucléaires.

– De même, en ce qui concerne le premier sous-marin français à propulsion atomique (le *Redoutable*) et ses seize missiles balistiques à ogives nucléaires.

– La France a réussi à devenir, avec la fusée *Diamant*, la troisième puissance spatiale.

– Elle s'est adjugé la plus large part du marché mondial des avions de combat, vendant ses appareils à une vingtaine de pays étrangers, les États-Unis voyant avec dépit la France l'emporter dans des régions du monde « où ils préféreraient ne pas l'y voir », selon la formule de l'un de leurs experts aéronautiques.

– Durant cette période, effort relativement modeste au regard des précédents, le RER a été construit.

– En revanche, l'*Airbus* a été conçu par nos ingénieurs, ensuite a été associée l'Allemagne pour la production en grande série et la vente, partout dans le monde.

– Le *Concorde* a été dessiné et construit à Toulouse, la Grande-Bretagne fournissant les propulseurs et la France tirant parti de l'expérience acquise, grâce aux *Mirage*, en ce qui concerne le vol supersonique.

Durant ces années d'intense activité créatrice, les prélèvements obligatoires étaient, en moyenne, de l'ordre de 33 % du PIB et non de plus de 46 % comme c'est le cas aujourd'hui. Par rapport à la fortune nationale, l'État disposait de moins de ressources qu'il en a maintenant. Cependant la France avait réussi à mettre sur pied une défense autonome, à veiller seule, dans l'indépendance, à sa sécurité contre des menaces qui viseraient ses œuvres vives et à sortir de l'OTAN tout en demeurant membre de l'Alliance atlantique. Elle avait, ainsi, recouvré toutes ses forces armées qu'elle placera au service de ses seuls intérêts. Cette indépendance militaire, donc aussi politique, lui a permis de parler haut et d'être entendue.

Mais, durant cette période particulièrement faste de son histoire, la France était souveraine et l'État fort. La sécurité intérieure comme la sécurité extérieure étaient assurées. Elle savait garder ses frontières, disposer d'une monnaie solide, fournir à tous les siens du travail, n'intervenir militairement à l'extérieur, sous commandement national, que si elle y avait intérêt, matériellement ou moralement. En somme, elle avait un grand dessein et elle l'accomplissait.

À l'intérieur, comme à l'extérieur, ses succès furent sans lendemain. Les Français s'illusionnèrent sur leurs mérites et, à l'étranger, on s'accorda pour mettre un terme à l'émergence d'une grandeur dérangeante.

C'est aux hommes de la IVe République que le pays a été redevable de ses « vingt glorieuses ». Ils avaient trop souffert de la défaite et de l'occupation pour ne pas se rassembler dans l'effort de reconstruction. La leçon avait été si douloureuse qu'ils en étaient imprégnés au point de vouer leur existence à la réhabilitation du pays afin de lui épargner à jamais une telle épreuve. Ce sentiment était partagé par les politiques, les hauts fonctionnaires, les cadres, la population tout entière s'enrichissant démographiquement et recherchant par le travail la sécurité et la prospérité dans l'indépendance.

Mais n'ayant pas enduré les mêmes traverses, la génération suivante, bénéficiant des avantages matériels accumulés en peu de temps par ses aînés, s'est imaginé qu'il lui revenait d'en jouir sans avoir, par l'effort, à poursuivre l'œuvre accomplie par la IVe République. Aussi était-elle disposée à écouter les voix de la révolte exaltant l'individu au détriment de la collectivité nationale, comme si ce n'était pas l'effort de la nation tout entière qui, en fin de compte, décidait de la prospérité de chacun de ses citoyens.

Hors de France, on s'était empressé d'encourager cette propension à détruire la reconstruction nationale en cours. La conquête des marchés mondiaux, le voyage triomphal du général de Gaulle en Amérique latine, sa voix retentissant à Phnom Penh et, surtout, l'indépendance politique et militaire conférée par la possession de l'arme nucléaire situaient la France très au-dessus du niveau auquel il était expédient de la maintenir. Elle constituait une anomalie à laquelle il fallait mettre un terme. Les États-Unis, l'Allemagne, la Grande-Bretagne s'y employèrent, ayant intérêt à ramener ce pays au rang de puissance « sous moyenne » auquel la défaite de ses armes l'avait relégué. En France, l'opposition politique, souvent soutenue par des subsides d'origine étrangère, avait préparé les esprits au grand chambardement de mai 1968. Les campagnes de Jean-Jacques Servan-Schreiber dans *L'Express*, celles de Raymond Aron dans *Le Figaro*, financées par la CIA aidèrent les Cohn-Bendit – la voix de l'Allemagne – et d'autres contempteurs de la puissance française retrouvée à la saborder. Aussi, au début de 1969, accordant un entretien à un journaliste de *L'Expresso* italien, Franz Josef Strauss, à l'époque ministre des Finances de la République fédérale, avait tiré la leçon des événements de mai 1968 survenus en France : « Les sérieuses épreuves par lesquelles passe la France vont créer de nouvelles difficultés quant à la défense de sa monnaie [...] cela signifie qu'en Europe, il ne reste que l'Allemagne. On ne peut faire l'Europe sans Paris, ni contre Paris. Mais c'est l'Allemagne, désormais, qui doit conduire toute l'Europe occidentale. Cela nécessite une révision radicale et profonde du rôle politique qui fut assigné à l'Allemagne après la guerre... et l'Amérique en est convaincue. » M. Cohn-Bendit avait donc bien servi sa vraie patrie. On ne peut le lui reprocher, si la naïveté, en usant d'une litote, des Français confine, plus vertement à la sottise et s'il n'est pas surprenant que la génération dite de 68 ait poursuivi sur sa lancée pour précipiter la France dans l'abîme.

Aussi, au début du troisième millénaire, triste est le bilan de la Ve République.

– Plus de 60 % des textes législatifs ont la Commission de Bruxelles pour origine. Le peuple français est contraint de se soumettre à une souveraineté qui ne dépend pas de lui, mais d'un organisme de « techniciens » qui n'a pas à lui rendre des comptes.

– En ce qui concerne le pouvoir d'achat, en vingt ans, celui des Français les a rejetés de la cinquième à la douzième place sur les quinze que compte l'Union. Voici le Français moins bien loti que le Britannique et que l'Italien qu'hier il devançait. Il rejoint dans la médiocrité financière l'Espagne, le Portugal et la Grèce, les onze autres affichant un PIB par habitant plus élevé que le sien.

– En France, 4,2 millions de personnes vivent au-dessous du seuil de pauvreté (fixé à 3 670 francs pour une personne et par mois). Selon la Commission de Bruxelles, 14 % de la population française devrait vivre avec moins de 60 % du revenu moyen national. En 2000, les « restaurants du cœur » ont distribué, en France, cinquante-huit millions de repas, soit cinq fois plus qu'il y a vingt ans. La pauvreté des ménages a augmenté depuis 1970, et très fortement entre 1990 et 1996. L'état de pauvreté des moins de vingt-cinq ans est passé de 5 % à 20 % au cours des trente dernières années. Aussi, en France, les dépenses de protection sociale, en pourcentage du PIB, sont-elles parmi les plus élevées de celles des pays de l'Union, atteignant 30,5 % alors qu'elles ne sont que de 16 % en Irlande. Dans les cités de plus de 20 000 habitants, l'on comptait en 2000 plus de 100 000 personnes sans domicile (dont 30 % d'étrangers).

– Après l'augmentation de la pauvreté, l'accroissement de l'insécurité. De 1970 à 2000, en France, les crimes et délits ont été multipliés par huit, passant de cinq cent mille à quatre millions. Certes les « magouilles » de François Mitterrand et de son entourage ont, au sommet de l'État, donné le mauvais exemple. L'angélisme imbécile de ministres démagogues a sévi assez longtemps pour banaliser les faits délictueux, freiner et même décourager la police et inviter la justice au laxisme. La hausse des malversations est, depuis 1997, de l'ordre de 10 % par an. On brûle, en France, quelque quatre à dix mille voitures chaque année, Strasbourg doit à la gestion de Mme Trautmann de figurer en tête des villes victimes de ce fléau. Il est accompagné de violences scolaires de plus en plus nombreuses et de plus en plus graves. On a en compté dix-sept mille en deux mois seulement (septembre et octobre 2001). Face à la violence urbaine, l'État a démissionné puisque l'on compte plusieurs centaines de « zones de non-droit » où les agents de la force publique ne peuvent pénétrer sans être attaqués par des bandes de voyous... Pourtant la France ne manque pas de forces de police, avec quatre cents policiers pour 100 000 habitants, soit plus que n'en ont respectivement l'Allemagne, la Belgique, la Grande-Bretagne et le Danemark, auquel deux cents policiers pour 100 000 habitants suffisent à assurer l'ordre et la sécurité. De surcroît, la classe politique a fait de la Ve République la plus mafieuse des Républiques qu'ait eues le pays. Aussi, bien des délinquants tiennent-ils pour bénins leurs forfaits, les comparant à ceux que commettent trop de politiques.

– Quant au respect du droit, Transparency International est sévère pour la France. Sur soixante-quatorze États étudiés par l'organisation, la France occupe la vingt-troisième place.

– Même reculade en ce qui concerne la compétitivité commerciale, la France occupant le vingt et unième rang très loin derrière les Pays-Bas, la Finlande, la Norvège, la Suisse, le Danemark, la Grande-Bretagne, l'Allemagne, le Japon... et même derrière la Malaisie.

– On y travaille bien, sans doute, mais peu. De quarante et une heures hebdomadaires en 1980 on en était à trente-six heures en 2001, avant les fameuses trente-cinq heures. Les Français disposeraient, en outre, de quatre à cinq semaines de congé annuel de plus que leurs partenaires européens.

– La croissance, lorsqu'elle existe, ne crée plus d'entreprises et nombreuses sont les faillites. Au cours du second semestre de 2001, elles ont augmenté de 14 %, et notable est la baisse de la production industrielle.

– Une excessive fiscalité pesant sur l'entreprise en paralyse le développement et incite à la délocalisation du travail et à la fuite des capitaux. Si, en moyenne, la fiscalité visant l'entreprise oscille entre 18 et 20 % pour la majorité des pays de l'Union, elle dépasse, en France, 30 %. (En Irlande elle est inférieure à 10 % et en Italie à 15 %.) Aussi, ces dernières années, les investissements étrangers sont-ils le tiers des investissements des groupes industriels et commerciaux français à l'étranger. En cinq ans, ils viennent d'être multipliés par dix. Hors de France, les entreprises nationales (ou partiellement nationales) emploient près de 3 millions de travailleurs, disposent de seize mille filiales et réalisent près de 40 % de leur chiffre d'affaires. De même, les fortunes françaises émigrent : en 1997 et 1998, plus de six cents milliards de francs auraient cherché refuge à l'étranger, les mesures fiscales prises par M. Juppé, puis par M. Strauss-Kahn ayant précipité ces « départs ». Une enquête récente révèle que plus de 60 % de jeunes Français souhaiteraient trouver du travail hors de France.

– Au cours de l'année 2001 le chômage a augmenté de 2,2 %, fixant le taux officiel – conformément aux critères du Bureau international du travail[1] – à 9 %. Soit, officiellement, 2 212 000 demandeurs d'emploi. Auxquels il serait juste d'ajouter quelque 2 millions de chômeurs travaillant à temps partiel, les travailleurs en préretraite et tous ceux qui bénéficient d'emplois factices créés pour alléger le chiffre du chômage réel. Au cours des dix dernières années, le nombre des « animateurs socioculturels » a augmenté de 91 %, celui des « comédiens et danseurs » de 98 %, et de 175 % le nombre des « conseillers familiaux ». Quant à celui des « assistantes maternelles », il a doublé. Ajoutons que l'année dernière, seize mille emplois nouveaux ont été créés dans le secteur public. En revanche, le nombre des bénéficiaires du revenu minimum d'insertion, le RMI, a légèrement baissé. Le coûteux « traitement social » du chômage (207 milliards de francs en 2002) s'est révélé, statistiquement, plus efficace que les trente-cinq heures et l'hypothétique partage du travail qu'elles sont censées impliquer. Nous

---

1. L'INSEE a « sorti » de ses comptes 100 000 personnes qui, travaillant à temps réduit, cherchent un emploi plus rémunérateur (normes du BIT).

sommes loin des douze « super-glorieuses » évoquées précédemment, alors que la France comptait à peine plus de 200 000 sans-emploi.

C'est à partir du milieu du septennat Giscard d'Estaing que la France a commencé de s'appauvrir. L'industrie française qui comptait 5,515 millions d'emplois n'en fournira plus que 3,888 millions en 2000. L'agriculture passera de 2,171 millions à 1,066 million durant la même période, soit 51 % de moins. La construction, 1,941 million en 1978, en perdra 23 % pour se limiter à 1,497 million. Pierre Le Masne qui cite ces chiffres[1] ajoute que des « changements institutionnels importants sont intervenus à partir de 1983 qui ont progressivement privilégié le financier aux dépens de l'industriel ». D'où la chute de la production et « l'économie » des combinaisons financières.

– En 2000, la Banque de France estimait que 37,5 % de la Bourse de Paris appartenait à des investisseurs étrangers. La plupart des entreprises que l'on croit françaises dépendent financièrement de capitaux étrangers. Par exemple les AGF (à 73,4 %), Alstom (à 61,5 %), Lafarge (à 49,8 %), Michelin (à 48 %), Danone (à 47 %), Saint-Gobain (à 40 %), Air Liquide (à 30 %). De son côté, l'État brade le patrimoine national, c'est le cas de Thomson, Thalès, EADS, Bull, l'industrie nucléaire suivra ainsi que les charbonnages de France (ce qu'il en reste), Aéroport de Paris, les filiales de la SNCF, France Télécom, EDF/GDF... Déjà EDF vend son domaine immobilier à des banques américaines (Morgan Stanley) et allemande (Deutsch Bank) mais ces nouveaux propriétaires loueront ces mêmes locaux à EDF (et le contribuable français paiera sans doute le surcroît correspondant en réglant sa facture de consommateur de courant). De son côté, France Télécom céderait ses 485 immeubles à la BNP et à la banque J. P. Morgan. Le quotidien *Le Monde* du 27 juin 2002 donne de redoutables précisions sur la préten-

---

1. « Les entreprises ont-elles vraiment créé des emplois en France ? », *Le Monde,* 6 novembre 2001, p. vi.

due rentabilisation du patrimoine immobilier de l'État : « Thalès (ex-Thomson CSF) a cédé, en décembre 2001, 23 immeubles à la Deutsche Bank pour 460 millions d'euros, France Télécom, un mois avant, avait vendu 473 immeubles pour près de 3 milliards d'euros. Une deuxième tranche de 1 milliard d'euros est prévue pour 2002. Quant à EDF, elle a vendu 12 784 logements à la Deutsche Bank pour 773 millions d'euros en décembre 2000 et 60 immeubles à Morgan Stanley pour 533 millions d'euros en juillet 2001... Le cas de France Télécom, locataire de 95 % des surfaces cédées avec un loyer annuel de 274 millions d'euros, est un exemple » de l'artifice financier qui consiste à brader le patrimoine national et à payer un loyer pour continuer à l'utiliser. Loyer, dont le contribuable fera évidemment les frais.

– L'industrie chimique française appartient au passé. Rhône-Poulenc a fusionné avec Hoechst dans le groupe Aventis contrôlé par le partenaire allemand, lequel, d'ailleurs, installerait aux États-Unis ses activités de recherche.

– Il n'y a plus trace, en France, d'une industrie de la machine-outil. Les usines qui se trouvent encore sur le territoire français ne travaillent qu'avec des machines-outils importées. Significatif d'ailleurs en matière d'industrie mécanique, l'exemple d'Alstom passant sous contrôle étranger.

– L'avenir de l'informatique française n'est pas meilleur. Après des années de turbulences, de remaniements, de « restructurations », de sauvetages financiers, le groupe Bull est en situation désespérée. Il a vendu à l'Américain ACT Manufacturing son usine de cartes électroniques d'Angers, plaçant ses 750 salariés en situation précaire.

– Bruxelles s'est opposée à la fusion Schneider-Legrand en arguant des dangers de monopole. Mais voici que General Electric se déclare intéressé par l'achat de Legrand. La politique antitrust de Bruxelles servirait-elle les intérêts de l'industrie des États-Unis ?

– Dans les hôpitaux français, d'ailleurs souvent sous-équipés, de l'IRM au bistouri, tout l'appareillage médical est maintenant importé.

– On verra que l'industrie aéronautique française, qui avait enregistré d'éclatants succès à l'époque des douze « superglorieuses », est, maintenant, placée sous contrôle étranger. On a vu précédemment que la prestigieuse société Aérospatiale a été bradée à l'Allemagne et au secteur privé par M. Strauss-Kahn pour former une nouvelle société au siège social installé en Hollande, où l'anglais est de rigueur et dans laquelle l'État français est minoritaire. En réalité, la France est victime du traité de Maastricht qui, imposant une économie ouverte où la concurrence est libre, interdit toute politique industrielle protégeant l'intérêt national.

– Autre exemple de renoncement : l'état de la marine marchande et des chantiers navals français. La société Delmas, qui exerce les activités maritimes du groupe Bolloré, a placé la quasi-totalité de ses soixante navires – sauf quatre – sous le pavillon des Bahamas et commandé neuf nouveaux bâtiments aux chantiers navals de Corée et de Taïwan. Les équipages de cette flotte ne sont pas majoritairement français et leur commandement est confié à des officiers ukrainiens ou polonais[1].

– En 1986, Bruxelles ayant décidé que toutes les constructions navales françaises seraient concentrées à Saint-Nazaire, Alain Madelin, à l'époque ministre de l'Industrie, mit un terme à la société Normed qui regroupait les chantiers navals de La Seyne, de La Ciotat et de Dunkerque. Les quelque 6 500 salariés seront licenciés. Bruxelles fait la loi et Paris s'empresse d'obéir. Et le pétrolier Total achète ses navires à double coque au Coréen Hyundai. M. Madelin a bien travaillé... pour la Corée tout en ruinant La Ciotat. Aujourd'hui, Bruxelles, acharnée à détruire le tissu industriel français pour faire de la France un *Disney Land*, entend démanteler le service public français tel que le pratiquent la SNCF, EDF, Gaz de France, la Poste. L'intérêt des États-Unis est, on le sait, le contrôle direct ou indirect de l'énergie mondiale, fossile

---

1. L'armateur Delmas renforce sa flotte et fait de l'Afrique son continent pivot, *Le Monde*, 28 décembre 2001, p. 12.

et nucléaire, et mettre un terme aux activités énergétiques d'EDF serait pour eux rémunérateur. La transformation de France Télécom en groupe international n'a guère été heureuse, l'entreprise croulant sous ses dettes. Quant aux premières opérations de démantèlement de la SNCF, elles se sont, elles aussi, révélées inutiles et coûteuses. Ce qui n'empêche pas l'État, financièrement aux abois en raison des gaspillages créés par sa gestion, de se désengager du service public afin de le livrer à la spéculation boursière. (Il a par exemple abandonné 46 % de France Télécom.)

– L'agriculture française est menacée. Il y a un demi-siècle elle mobilisait quelque 6 millions d'hommes. En 1980, l'on comptait 765 000 exploitations. Il n'y en a plus que 110 000 environ qu'animent 675 000 agriculteurs dont le travail ne représente que 1,8 % de la valeur de la production nationale. D'ailleurs, à peine la moitié du territoire est-il cultivé, étendue cependant considérable qui explique, avec l'accroissement de la productivité voulue par le traité de Rome, les surplus alimentaires emplissant les silos et les frigos communautaires au cours des années 70. La politique agricole commune, grâce à son système de subventions communautaires et nationales, a contribué à l'indépendance alimentaire de l'Europe tout en assurant aux agriculteurs un niveau de vie comparable à celui des autres acteurs de la vie économique nationale. Mais l'agriculture européenne est devenue dépendante des protéines nécessaires à l'alimentation animale. La crise dite de la vache folle a accru cette dépendance. De même l'élargissement de l'Union européenne va placer l'agriculture nationale dans une position d'autant plus difficile que l'Allemagne renâcle à poursuivre sa contribution financière à la PAC et que vont apparaître sur le marché des pays producteurs à la main d'œuvre relativement peu coûteuse. Enfin, il y a conflit entre le productivisme qui fait baisser les prix et la quête de la qualité alimentaire, incompatible avec les manipulations génétiques auxquelles on procède, plus particulièrement aux États-Unis.

– La population de la France vieillit. Moins rapidement que celle de ses voisins, Allemagne, Italie, Espagne, si bien que ces pays ne peuvent assurer le remplacement de leurs générations. Mais c'est aussi le cas de la France avec 1,8 enfant par femme (en Europe la moyenne était en 1966 de 2,6 et elle est tombée à 1,4 – et même 1,15 en Italie). En France on se marie moins, on divorce davantage, de plus en plus tôt, et la baisse de la mortalité infantile ne progresse plus. Dès 1985 la pyramide de la population s'est inversée. La part des plus de soixante ans a augmenté, celle des moins de vingt ans n'est que de 25 %. À la veille de la Seconde Guerre mondiale le dépeuplement de la France avait été constaté et, en 1938, Alfred Sauvy obtenait une augmentation des allocations familiales (loi de novembre 1938) qui avait été renforcée par la publication, en 1939, d'un Code de la famille. Depuis les mœurs ont évolué, l'immigration est intervenue et avec elle la précarité d'une fraction importante de la population. Aussi la répartition des aides financières a été modifiée et les prestations familiales sont passées de 2 % à 1,4 % du PIB. Aussi la politique de la famille est-elle à revoir, et de fond en comble. Il y va de la survie de la nation.

– Si « l'épée est l'axe du monde » selon l'expression du général de Gaulle, celle de la France est brisée, sans doute irrémédiablement. Elle n'a pas résisté à la pratique absurde du « domaine réservé », des décisions capitales étant prises en fonction de l'humeur du moment du chef de l'État, sans consultation, le plus souvent par démagogie, condition de la réélection.

Alors qu'il était dans l'opposition, François Mitterrand avait systématiquement refusé de voter les crédits militaires. Mais une fois au pouvoir il avait, quasi continûment, engagé les forces armées françaises sur tous les théâtres d'opérations et au service d'intérêts étrangers. Participations militaires qui ont étalé la faiblesse des moyens de combat français et donné au monde la mesure du déclin national.

– Reste enfin, après cette bien incomplète revue de nos carences, à évoquer, au moins en quelques lignes, la princi-

pale cause de cette déchéance : les institutions de la
Vᵉ République et, en particulier, l'élection du président de
la République au suffrage universel. La critique de ces institutions fera l'objet d'un chapitre et il suffira, ici, par la
mention d'un seul fait, de démontrer la nocivité du système :
Le 27 novembre 1991, M. Roland Dumas, ministre des
Affaires étrangères, s'adressa comme suit à l'Assemblée
nationale : « La France est déterminée à jeter les bases d'une
Union à vocation fédérale [...] nous [c'est-à-dire Mitterrand
et lui] avons pris, pour Maastricht, le parti d'une mutation
fondamentale vers une entité supranationale... » Ainsi, sans
avoir consulté les Français, sans que leurs assemblées en
décident, François Mitterrand s'était permis de mettre fin à
la souveraineté nationale, en violant la Constitution dont il
était supposé être le gardien et d'effacer par quelques mots
des siècles d'histoire. L'Assemblée, sans doute clairsemée et
somnolente, ne releva même pas cet acte de forfaiture.
Depuis, personne ne le reproche à la mémoire du défunt président. Il est vrai que le pouvoir avait veillé à l'abrutissement général de la population et, partant, de ses représentants.
L'élection au suffrage universel donne au président tous les
droits. En l'occurrence celui de violer la Constitution et celui
d'opérer ce qu'il a appelé une mutation : faire d'un État souverain une région administrative.

Nombreuses sont les causes du mal qui ronge ce pays et
qui le conduit à la vassalisation. La supranationalité et le
fédéralisme européen auxquels le vouait François Mitterrand
aboutissent à en faire un territoire d'un empire dont la capitale ne peut être que Berlin... D'ailleurs, le traité de Nice,
en mettant un terme à l'égalité de la représentabilité politique, a consacré la formule impériale vers laquelle on voudrait, outre-Rhin, que s'acheminent les populations vivant
sur un territoire qui, géographiquement, s'appelle l'Europe.

Si ses voisins s'accommodent de cette « mutation », selon
l'expression de Roland Dumas, la France s'était préparée,
encore récemment, à un autre destin. Pourtant ses dirigeants,
par leurs abandons successifs de souveraineté, l'ont mise en

état d'être « provincialisée ». Ils signèrent l'Acte unique, en 1986, la désastreuse Convention de Schengen, en 1990, le sinistre traité de Maastricht en 1992. Ils renoncèrent à la monnaie nationale en adoptant l'euro, en 1995 ; ils approuvèrent, en rechignant il est vrai, le pacte de stabilité que leur imposait l'Allemagne, en 1996, mais ils s'inclinèrent sans mot dire sur les exigences du traité d'Amsterdam, en 1997. Enfin, à Nice, en 2000, fut acceptée la suprématie politique de l'Allemagne.

L'objet des pages qui suivent est d'étudier les principales causes de l'effondrement de la nation, qu'elles soient exogènes – tel l'environnement international – ou endogènes. Et aussi de proposer des remèdes, s'il en existe. Forcément sommaire en raison de la complexité d'une telle entreprise, l'analyse permet d'en discerner six particulièrement déterminantes : la mondialisation et ses conséquences pour la France ; la dénatalité du pays et les dangereuses mesures de substitution adoptées ou envisagées ; la construction européenne et les méfaits du « virus Jean Monnet » ; une immigration incompatible avec les abandons de souveraineté ; des institutions acceptées mais insidieusement nocives ; la surprenante résignation des Français à l'aliénation de leur souveraineté et de leur indépendance.

1

La mondialisation

Lors de la rencontre de juin 1991 des membres du groupe de Bilderberg[1], David Rockefeller déclara : « La souveraineté supranationale d'une élite intellectuelle et des banquiers mondiaux est certainement préférable aux décisions nationales qui se pratiquent depuis des siècles. »

Sans nuances, Rockefeller répondait à une question qui s'était déjà posée au lendemain de la Première Guerre mondiale : comment concilier la complexité grandissante du monde avec la pratique tout aussi croissante de la démocratie ? (La fin des empires, la naissance de nouveaux États accentuaient la diversité politique et les aspirations démocratiques des peuples émancipés.)

À l'époque, déjà, la réponse à l'interrogation de Woodrow Wilson et de son équipe avait été l'appel à l'élite financière des États-Unis. En l'occurrence ceux dont la réussite économique et sociale avait consacré les dons, le savoir, l'ardeur au travail. À cette élite il revenait d'étudier l'état des affaires

---

1. Créé sur l'initiative de Joseph H. Retinger et présidé à ses débuts par le prince Bernhard de Hollande en 1952, il rassemble des hommes politiques, des financiers, des industriels, des écrivains jouant un rôle important dans les affaires de leurs pays respectifs et prêts à soutenir la politique des États-Unis.

du monde, de renseigner et de conseiller le pouvoir politique et de faire comprendre à la population le bien-fondé des mesures proposées par ces cénacles de citoyens qui avaient su s'élever au-dessus des autres. Leur ascension sociale prouvait qu'ils étaient les plus aptes à conduire le pays vers la prospérité et la puissance. D'ailleurs, Félix Rohatyn, qui fut ambassadeur des États-Unis en France, ne fardait pas la réalité lorsqu'il disait : « Vous avez une tradition égalitaire qui n'est pas du tout la nôtre [...] pour moi, l'Europe c'est Jean Monnet [...], le marché commun, l'euro, avant-dernière étape avant l'intégration[1]... »

Et « l'intégration », c'est la disparition des États-nations, l'instauration d'une autorité supranationale soumise aux injonctions des organisations internationales dominées par les États-Unis afin que l'espace européen devienne un vaste marché pour des entreprises multinationales relevant plus ou moins directement de la finance d'outre-Atlantique.

À la fin du siècle au début duquel Wilson avait découvert le gouvernement par la puissance financière, la dislocation de l'Union soviétique a matérialisé l'échec de l'économie planifiée et, paradoxalement, substitué le pouvoir de l'économie à celui de la politique. L'opposition des deux sociétés, celle de l'Ouest et celle de l'Est, avait accordé la priorité à l'effort militaire, donc aux États antagonistes rassemblant et mobilisant toutes les ressources de leurs peuples respectifs, l'économie étant alors placée au service de la puissance politique renforcée par les exigences du conflit.

La guerre froide arrivée à terme, les perspectives ouvertes aux États-Unis à l'issue de la Première Guerre mondiale ont été, en quelque sorte, confirmées. Mais en étendant au monde le concept « wilsonien » initialement envisagé par les États-Unis et pour eux seuls. Les grandes entreprises industrielles et commerciales formeraient une élite transnationale apte à gérer l'économie planétaire. Et cela sans

---

1. *Le Monde*, 20 octobre 2000, p. 3.

entraves, puisque les tenants de l'économie planifiée ont disparu – ou qu'ils sont disqualifiés – et que s'est évanoui le spectre d'une guerre mondiale qui justifiait l'autorité et la puissance des États.

La mondialisation de l'économie et ses accompagnements sociaux et culturels sont une tentative d'« américanisation » générale effaçant les cloisonnements géopolitiques et la diversité créée par l'environnement et l'histoire spécifique des peuples. C'est chercher à étendre une conception de la vie en société dont on estime, outre-Atlantique, que tout compte fait, elle répond à l'attente plus ou moins confuse de la population. Dans le même temps, la mondialisation, telle qu'elle se développe aujourd'hui, assure la pérennité de la suprématie des États-Unis. Les sciences, les techniques, domaines dans lesquels ils excellent, l'étendue de leurs ressources, l'ampleur de leur production, le rayonnement de leur monnaie se conjuguent pour amener les entreprises financières industrielles et commerciales américaines à exercer partout leurs activités. Au nombre des cinq cents plus importantes firmes mondiales, plus de quatre cents sont américaines (ou plutôt états-uniennes[1]). Rappelons qu'une dizaine de ces entreprises seraient françaises si elles ne dépendaient pas, financièrement et pour un fort pourcentage, de fonds étrangers. D'ailleurs 60 % des échanges mondiaux sont comptés en dollars.

Autre avantage, en 1971, le président Nixon avait mis un terme à la convertibilité en or du dollar si bien qu'aux États-Unis la création de monnaie dépend de l'idée que se font les financiers de la fortune et de la puissance industrielle et commerciale du pays. C'est dire qu'il peut se créer des ressources financières quasi illimitées, du moins dans la mesure où les spéculateurs se fondent sur sa puissance. D'où la nécessité d'en entretenir l'image par de solides réalités. Là est également une justification de la politique extérieure de la superpuissance et des opérations militaires qu'elle peut

---

1. Le mot a été adopté par le Grand Robert.

mener, maintenant, avec succès, partout dans le monde. Elle est assistée, de surcroît, par les organisations internationales sur lesquelles s'exerce l'autorité du gouvernement des États-Unis, tels l'ONU, l'OTAN, la Banque mondiale, le Fonds monétaire international, l'Organisation mondiale du commerce, l'OCDE, la FAO, l'UNESCO, la Cour pénale, d'autres encore, de moindre importance. Le FMI et la Banque mondiale aident au développement moyennant des réorganisations internes des États emprunteurs, réorganisations qui conviennent à la politique générale des États-Unis. Ou bien ils prêtent à des pays jugés solvables plus qu'à ceux que paralyse la pauvreté. En règle générale, une des conditions à remplir pour bénéficier de la manne internationale est l'ouverture du marché local. On verra plus loin les conséquences souvent désastreuses de pareille exigence pour le gouvernement qui s'y soumet. L'affaiblissement des États, en fait, la limitation des volontés populaires peu à peu dépourvues de structures où s'exprimer, a également conduit à la prolifération des organisations dites non gouvernementales qu'il est aisé de manipuler par les subventions dont elles ont besoin pour subsister. Également transnationales, elles jouent un rôle non négligeable sur la scène internationale, parfois fort utile, mais aussi, souvent, contraire à un intérêt national spécifique qu'elles ignorent[1].

Si le grignotage de l'autorité des États, voire sa disparition et l'escamotage de la démocratie au profit de la ploutocratie industrielle et commerciale, est un phénomène nouveau, en revanche, la mondialisation des échanges n'en est pas un. L'ancien Premier ministre de Nouvelle-Zélande,

---

1. Au journal *Le Monde* du 25 juillet 2001, p. 1, M. Lionel Jospin confiait que « les associations et les organisations non gouvernementales n'ont pas une légitimité et une capacité d'agir du même ordre que celles que confère la souveraineté surtout lorsque celle-ci procède du suffrage universel ». Ce serait vrai si la France, par ses abandons de souveraineté, n'avait pas renoncé aux volontés exprimées par le suffrage universel. Auquel le gouvernement se garde de faire appel de crainte d'un désaveu.

actuel directeur général de l'OMC, M. Mike Moore, estime même que, de nos jours, les échanges, rapportés au PNB mondial, ont une valeur inférieure à ce qu'elle était au début du dernier siècle. Une certaine harmonie a longtemps existé entre les différents peuples et il n'est pas si éloigné le temps où, avant ce qu'est devenue la mondialisation, l'on voyageait presque partout sans passeport. Les États guerroyaient mais les peuples ne se haïssaient pas. C'est au XIXe siècle que les hostilités entre dynasties ont fait place aux animosités des peuples les uns vis-à-vis des autres. Deux économistes de la Rand Corporation, MM. O'Rourke et Williamson, ont évalué l'apport de la mondialisation en comparant les exportations globales à la production également globale et ils ont constaté que, de 1995 à 1999, les exportations avaient fléchi en passant de 17,3 % à 15 %. Quant au flux de capitaux rapporté à l'épargne domestique, il avait été plus important au début du XXe siècle qu'à sa fin[1]. En revanche, de 1990 à 2000, le commerce international est passé de 18 % du PIB mondial à 26 % et la Banque mondiale, prônant la suppression de toutes les barrières douanières et techniques (normes fixées par les États), prétend qu'alors la richesse mondiale augmenterait de 2 800 milliards de dollars, 320 millions d'habitants de la planète sortant de l'état de pauvreté. En bénéficieraient directement les deux cents entreprises transnationales qui se partagent l'essentiel du commerce mondial. Mais dans le même temps seraient encore amenuisées les attributions des États, de moins en moins en mesure d'assurer leur mission de protection et de sécurité de leurs ressortissants.

Il n'en demeure pas moins, selon Kenneth N. Waltz[2], que les exportations des pays de l'OCDE correspondraient maintenant à 9,5 % de leur PIB alors qu'elles auraient atteint

---

1. Charles WOLF JR, « Globalization. Less than Meets the Eyes », *Herald Tribune*, 10 août 2000, p. 4.
2. « La globalisation, une idée neuve », *The National Interest*, reproduit par le *Courrier international*, 9 au 15 novembre 2000.

20,5 % de ce PIB en 1900. En 1999, le taux d'interdépendance économique serait presque le même qu'en 1910 et cela en ce qui concerne le commerce, l'échange de marchandises et le flux de capitaux. Entre 1914 et 1960, il y aurait eu un déficit d'interdépendance, ce qui aurait décidé, ensuite, l'accélération et l'amplification de cette interdépendance. Les États-Unis produisent des biens et des services dont plus de 90 % sont d'usage interne et les exportations des trois principales économies mondiales – celles des États-Unis, du Japon, des pays européens – ne représentent guère que 12 % de leur production. Après la Seconde Guerre mondiale, les gouvernements de l'Ouest européen absorbaient 25 % de leur PIB respectif et aujourd'hui ce pourcentage serait de l'ordre de 50 %. Pour Thomas Friedman, la cohérence du monde est maintenue grâce à la puissance nord-américaine. « La main invisible du marché n'arriverait à rien sans le poing invisible qui l'accompagne. » La *Pentagon's Defense Planning Guidance*, projet rédigé en 1992, recommandait déjà de « décourager les nations industriellement avancées d'aspirer à jouer un plus grand rôle global ou régional ». En somme, pour l'auteur de ce texte, les États-Unis dépendent peu des autres nations et comme ils ne représentent que 5 % de la population mondiale, il n'est pas évident que certains pays accepteront indéfiniment « d'être dans le fourgon de queue ». Et alors la mondialisation ne serait pas irréversible.

Les thuriféraires de la mondialisation ne manquent pas d'arguments :

– Au cours des quarante dernières années, le commerce mondial aurait été multiplié par douze et la richesse générale par six.

– En 1960, si 330 millions bénéficiaient d'un revenu annuel égal ou supérieur à 8 400 dollars, en 2000 ils seraient 2,6 milliards à en jouir, du moins selon les estimations d'un dirigeant de Nestlé, puissante entreprise transnationale.

– Dans les pays en voie de développement, la mortalité infantile a été réduite de moitié, la malnutrition de 30 % et le taux de scolarisation multiplié par cinq.

– En vingt ans le nombre des entreprises multinationales est passé de 6 000 à 60 000, dont 10 000 créées dans les pays en voie de développement. Aussi, durant la même période 3 milliards d'hommes, habitant vingt-quatre nations, ont réussi à doubler leurs activités commerciales, si bien que le nombre de ceux qui vivaient en état de pauvreté aurait diminué de deux cents millions.

« Les entreprises multinationales sont les agents principaux de la globalisation. L'économie dirigée par l'État [URSS] a été un échec. Les organisations non gouvernementales peuvent être actives dans le domaine de la suppression des frontières. Les standards pratiqués par les entreprises multinationales, en ce qui concerne les conditions de travail, l'environnement, l'actionnariat, sont généralement meilleurs que ceux des firmes locales. L'Asie de l'Est est la région en développement qui a été la plus dynamique dans le processus d'intégration de la globalisation. La part des produits de haute technicité exportés en Asie de l'Est est, à peu près, de 22 %, soit la même que celle de l'Union européenne... », ont écrit MM. Michael Garrett et J. P. Lehman[1].

Les auteurs de cette apologie de la mondialisation et de l'entreprise industrielle et commerciale omettent de dire que, si la région de l'Asie de l'Est a été la plus ouverte à la « globalisation », elle est aussi celle où la souveraineté des États s'exerce le plus autoritairement et celle où l'Inde, par exemple, est l'un des États les plus protectionnistes. Alain Minc commet la même erreur lorsqu'il encense l'organisation mondiale du commerce en écrivant que « l'autosuffisance alimentaire de l'Inde, la disparition des famines de la Chine ont pour origine la libéralisation des systèmes agricoles [...] la réhabilitation de l'enrichissement[2] ». En réalité, il s'agit d'une volonté nationale, aussi bien à la Nouvelle

---

1. « The 21st Century needs Corporate driven Globalisation », *Herald Tribune*, 3 janvier 2002, p. 6.
2. « Mondialisation heureuse : je persiste et signe », *Le Monde*, 17 août 2001, p. 1.

Delhi qu'à Pékin et non de la dictature d'une organisation internationale telle que l'OMC ou la Banque mondiale.

Les contempteurs de la mondialisation sont nombreux et, eux aussi, solidement documentés.

Sous le titre « Bilan de l'ONU », Laurent Mossu[1] a évoqué comme suit l'état des affaires du monde à la fin de l'année 1999 : la pauvreté absolue était le lot de 1,2 milliard d'habitants (sur 6 milliards) et 900 millions, en partie les mêmes, souffrent du chômage total ou partiel (dont 750 millions sous-employés). Près de 800 millions sont privés de soins médicaux et les analphabètes approchent, eux aussi, le milliard. Outre-Atlantique le constat est voisin. William Pfaff a écrit[2] que dans « plus de trente pays pauvres, les ressources financières dont disposent les individus ont baissé durant les trente-cinq dernières années. Dans l'ensemble des nations industrialisées et prospères, la "fortune" individuelle moyenne serait soixante-quatorze fois plus élevée que celle des habitants des pays pauvres ». Et les trois personnes disposant des trois plus grandes fortunes sont, ensemble, mieux dotées que les 600 millions d'habitants des pays pauvres. À l'ONU, l'on admet qu'en 1999 la fortune des deux cents personnes les plus riches aurait atteint 1 135 milliards de dollars tandis que les 580 millions de « Terriens » les plus pauvres ne disposent au total que de 146 milliards de dollars.

Autre estimation : si, entre 1950 et 1974, la croissance moyenne mondiale a été de 4,7 % par an, elle n'a plus été que de 3,2 % de 1974 à 2000. À Prague, où l'élargissement de l'Union européenne suscite à la fois espoir et inquiétude, on estime qu'entre pays riches et pays pauvres le « gouffre a été multiplié par six depuis la mise sur pied du Fonds monétaire international et les interventions de la Banque mondiale ». Dans les pays pauvres, depuis une vingtaine d'années, la production alimentaire par habitant a baissé et

---

1. *Le Figaro*, 26 janvier 2000, p. III.
2. *Herald Tribune*, 4 juillet 2000, p. 6.

cette réduction de ressources aussi vitales est particulièrement importante dans les pays les plus dociles aux injonctions des organisations internationales, FMI et Banque mondiale. Certains de ces pays pauvres ne sont-ils pas contraints d'importer au moins 5 % de leurs besoins alimentaires ? Il n'est pas surprenant que la FAO porte maintenant à 800 millions le nombre des sous-alimentés, qu'un enfant sur quatre a faim et que 6 millions meurent de carence alimentaire. La Banque mondiale reconnaît que la moitié de l'humanité vit avec moins de deux dollars par jour, que la dette des peuples les plus pauvres a quadruplé en vingt ans, que dans près d'une centaine de pays le revenu par habitant a baissé depuis 1998 et que la dégradation de la situation est illustrée par le fait que si 4 % de la population mondiale s'accommodait, en 1988, d'un revenu quotidien de quatre dollars, en 1995, déjà, ce pourcentage avait atteint 32 %[1].

Paradoxalement, le libéralisme anglo-saxon rivalise avec l'ex-internationale marxiste-léniniste dans la mesure où il a pour objectif l'affaiblissement des États, la suppression des frontières, l'effacement des particularismes nationaux en vue d'élargir au maximum l'étendue du marché, l'économie remplaçant, par ses exigences, l'idéologie, et les profits d'une minorité, la répartition générale des produits du travail. Ce n'est plus l'objectif social et politique qui est visé mais la réussite financière de l'entreprise, celle-ci se substituant au « parti » et à son rayonnement international. La souveraineté des États-nations veillant au mieux-être de leurs populations respectives est, évidemment, un obstacle à la généralisation de cette forme agressive du libéralisme. Elle n'a que faire des intérêts nationaux.

1. Selon la Banque mondiale, la répartition de la population vivant avec un dollar par jour a évolué ainsi : Asie de l'Est : de 27 % à 15 % (l'effort de la Chine y contribuant) ; Amérique latine : de 15 % à 16 % ; Asie du Sud : de 45 % à 40 % ; Afrique subsaharienne : de 47 % à 46 %. Donc, Asie de l'Est mise à part, bien peu de progrès au cours de ce dernier quart de siècle. La Chine ayant, elle, une croissance de 10 % l'an, pèse sur la statistique.

La Commission des Nations Unies pour le développement fixait en 1998 à six millions le nombre des travailleurs des cent plus importantes entreprises transnationales, dont les actifs, hors frontières de leur siège social, dépassaient 10 000 milliards de francs. Mais, en trois ans, entre 1994 et 1997, les effectifs de ces cent entreprises avaient été réduits de 1,2 million. La recherche de l'effet de taille, les rivalités commerciales, l'âpreté de la concurrence ont décidé une stratégie de fusion dont les effets sur l'emploi se sont révélés catastrophiques. D'après l'Organisation internationale du travail, en un an, 20 millions de salariés auraient perdu leur emploi. La Banque mondiale précisait même, en juin 1999, que les fusions d'entreprises venaient de réduire à la précarité quelque 200 millions de personnes, portant à plus de 1,5 milliard celles qui vivent en état de pauvreté (voir annexes A et B).

Denis Sureau (*Permanences*, novembre 2000) cite encore la Commission de l'ONU pour le développement : « la valeur des fusions [...] est passée de 745 milliards de francs en 1987 [...] à 7,450 milliards de francs en 2000...

Chaque jour des flux financiers colossaux (de l'ordre de 1 500 milliards de dollars) sont échangés par les spéculateurs et aussi les mafias, la suppression des frontières favorisant ces trafics et l'essor de l'"économie" de la drogue. Quant aux dépôts dans les paradis fiscaux, ils dépasseraient 8 000 milliards de dollars. »

La mondialisation économique est réglée comme l'est un mécanisme intelligemment conçu. D'abord la vulgarisation par l'image (télévision, cinéma, Internet[1]) du bien-être dont jouissent les ressortissants des pays riches. Mondiale, cette vulgarisation suscite tout naturellement l'aspiration au « mieux-vivre », laquelle exige des gouvernements des pays

---

1. Les États-Unis contrôlent 80 % du cinéma mondial grâce auquel ils combattent la diversité des cultures. Par les fonds de pensions investis dans la plupart des entreprises industrielles et commerciales, ils contrôlent les médias qui vivent de la publicité de ces entreprises.

dits en voie de développement qu'ils empruntent, ce qu'ils font le plus souvent sans commune mesure avec leurs ressources réelles. Les voici dépendant du remboursement de la dette, intérêts et capital. Les organisations de financement international, FMI, Banque mondiale exigent alors la réalisation des recommandations qu'elles ont formulées en accordant les prêts et, parfois, en ajoutent d'autres plus impératives : ouverture du marché national, privatisations afin d'affaiblir financièrement l'État débiteur, obligation d'orienter les activités de production et d'échange conformément aux intérêts des puissances prêteuses, c'est-à-dire des États-Unis, chef d'orchestre de la mondialisation par le libéralisme économique.

Ce mécanisme a abouti aux crises financières et sociales dont ont été victimes les peuples de l'Asie du Sud-Est, l'Indonésie à leur tête. En quelques mois ce pays a perdu les bénéfices de dix années de croissance continue, 60 % de la population est sans travail et l'échec économique a ébranlé la cohésion des peuples qui vivaient sous l'autorité de Djakarta. En revanche, résistant aux injonctions du FMI, Mahathir Mohamad, Premier ministre de Malaisie, a évité la récession à son pays. Mais la Russie de Boris Eltsine a été plongée dans un profond marasme en appliquant les recettes économiques et financières de « l'école de Harvard » enseignant à Moscou le passage de l'économie planifiée à l'économie de marché. Échec à Singapour, en Pologne, avec l'effondrement de la monnaie nationale, en Turquie, après les crises qui ont secoué le Mexique et le Brésil. Prague constate avec consternation les ravages économiques et sociaux créés par les privatisations. Elles ont permis de piller le pays et de dévaster une large fraction de son industrie.

Venons-en à l'Argentine, un cas d'école. La propension des riches Argentins à investir hors de leur pays est bien connue. En 1991, Buenos Aires a cru bon d'en venir à la parité du dollar et du peso en dépit de l'écart de productivité existant entre l'Argentine et les États-Unis. Se conformant strictement aux recommandations du Fonds monétaire international, le gouvernement argentin a entrepris de privatiser le patrimoine économique national. Comme en Tchécoslovaquie ces privatisations ont profité aux « dévaliseurs des biens de l'État », accélérant et développant la fuite des capitaux. Aussi l'État est-il ruiné. Il contrôle encore quelques banques, une chaîne de télévision et a charge d'assurer la sécurité sociale et l'ordre intérieur. Mais il n'a plus les moyens d'y parvenir. Résultats des « conseils » des organisations internationales : alors qu'en 1995 la croissance annuelle était encore de l'ordre de 5 à 6 %, aujourd'hui la faillite économique est totale, le chômage généralisé, 40 % des Argentins sont contraints de subsister avec cent cinquante à cent soixante pesos par mois, ce qui les place très au-dessous du « seuil de pauvreté ». C'est donc le FMI qui a provoqué la crise dans laquelle se débat l'Argentine, et les États-Unis sont les principaux bailleurs de fonds du FMI (plus de 17 %). Le FMI est un puissant instrument de politique extérieure, les États bénéficiaires de ses prêts concourant aux desseins des États-Unis, par exemple la Turquie, et ces derniers mois l'Afghanistan[1]. « Les États-Unis sont les gardiens de la démocratie et de la stabilité dans le monde par le moyen de leur "leadership économique[2]". »

À pareille affirmation l'on doit ajouter la supériorité scientifique et militaire. M. Josselin, ministre de la Coopération, voyait juste lorsqu'il déclarait : « Le refus des pays du Sud d'être liés par des engagements qui leur paraissent contraires aux exigences de leur développement contribue aux inégalités. Mais on exige des pays du Sud qu'ils adoptent du jour au lendemain des formes d'organisation que nos propres pays ont mis des siècles à bâtir. C'est probablement un effet pervers de la mondialisation des esprits[3]. » Et la remarque ne

---

1. J.-F. TACHEAU a décrit l'appareil politique et administratif des États-Unis qui est chargé du rayonnement mondial de leurs entreprises industrielles et commerciales dans *Stratégies d'expansion du nouvel empire global*, L'Âge d'homme, 2001.
2. Cité par Richard HIAULT, *Les Échos*, 12 février 2002, p. 60.
3. *France-Amérique*, 8 au 14 septembre 2001, p. 4.

s'applique pas seulement aux pays du Sud comparés à ceux du Nord, mais également aux profondes différences existant à la fois entre pays du Nord et pays du Sud. « L'aide est d'autant plus efficace pour lutter contre la pauvreté qu'elle est distribuée à des pays qui ont compris l'importance d'une bonne gouvernance, de la lutte contre la corruption et de cadres législatifs stables », annonçait M. Alan Larson, conseiller économique du secrétaire d'État américain[1]. C'est dire que la « mondialisation » de l'aide aux pays en voie de développement est sélective et que, finalement, les riches aident les pauvres, certains d'entre eux, dans la mesure où ils y ont intérêt.

La maîtrise du marché mondial – à des fins plus politiques, d'ailleurs, qu'économiques – est un objectif lointain, mais évident de la politique des États-Unis. Ce grand dessein implique la fin des particularismes économiques et sociaux formés au cours des siècles dans le cadre général de la nation, selon la volonté des hommes et la nécessité de vivre ensemble, sous les mêmes lois, sur un territoire souvent délimité par la nature. « Une grande agrégation d'hommes [...] crée une conscience morale qui s'appelle une nation », a écrit Ernest Renan. La mondialisation de la connaissance a imposé à l'État-nation, entre autres missions, de créer pour ses ressortissants les conditions d'un « mieux-vivre » progressif, rapprochant la sienne des quelques sociétés où les citoyens vivent libres et prospères. Jusqu'à ces derniers temps la pratique de la démocratie n'avait pas été entravée par cette forme de structure politique et sociale. Bien au contraire l'État-nation avait été à l'origine de la démocratie et il en demeurait le gardien. Rassemblant les ressources nationales pour les répartir au profit de tous les siens, il protégeait leurs activités à ses frontières, qu'elles soient militaires ou, s'il arrive que leur intérêt le commande, économiques. Vue par ses bénéficiaires, la mondialisation

---

1. Laurence CARAMEL, « Concentrons l'aide sur les pays qui adoptent de bonnes politiques », *Le Monde*, 19 mars 2002, p. v.

n'admet pas de se heurter à de tels obstacles et, s'en prenant à l'État-nation, elle s'attaque à la souveraineté populaire. Ses partisans substitueraient volontiers aux États-nations – déclarés d'un autre âge – des territoires de consommateurs dociles, ne produisant que pour être en mesure de se porter acquéreurs. Aussi l'État est-il vilipendé. Son omnipotence lui est reprochée dans le même temps que ses carences. Et aussi ses limitations et son coût, ses empiétements et ses défaillances. En Europe, les grandes menaces traditionnelles étant estompées, il se révèle militairement inutile et on le tiendrait pour socialement insuffisant, économiquement paralysant. En réalité, si, en France par exemple, la gestion des affaires publiques depuis un quart de siècle a déclenché, puis accéléré, le déclin national, que dire des grandes entreprises industrielles et commerciales transnationales championnes de la mondialisation économique (dont l'annexe B énumère seulement quelques-uns de leurs déboires financiers, avec les licenciements qu'ils provoquent) ?

Sur son versant sombre, la Ve République a ruiné l'État et préparé le pays à devenir terre d'empire. Le nouvel « empire du mal », celui du triomphe de l'économie, du règne des entreprises transnationales, des flux financiers incontrôlés. L'« information » officielle abêtissant la population afin qu'elle sombre dans le ludisme, la facilité, grâce d'ailleurs au pillage des ressources accumulées par la IVe République et par la Ve République au cours de ses premières années. Il n'y a pas que les civilisations qui soient mortelles, les nations naissent et meurent ainsi que l'avait démontré Frédéric Ratzel. La France est aujourd'hui moribonde.

Remèdes.

Il n'en existe pas d'autre que de restaurer l'autorité de l'État, dans tous les domaines, et pour cela :

– Il faut sortir du carcan « européen », la prétendue « construction européenne » n'ayant d'autre objectif que de transformer l'Europe, expression géographique, en un vaste territoire ouvert au commerce international, par l'élimination des États-nations et leur mutation en « provinces », en « régions » dépourvues de tout pouvoir politique, diplomatique, militaire, attachées seulement à des tâches d'administration locale et incapables d'assurer la sécurité intérieure et extérieure des Français.

– La France devrait dénoncer son adhésion au traité de Maastricht (1991), à celui d'Amsterdam (1997), au texte de Schengen et aux « accords » de Nice (2001) qui sont autant de jalons sur le chemin de son déclin et de l'asservissement de son peuple.

– Seul un État fort, représentant un peuple redevenu souverain, pourrait combattre les méfaits de la mondialisation économique et en triompher. La « construction européenne » est le cheval de Troie de l'américanisation des pays de l'Europe géographique. Il n'est que temps d'y mettre un terme.

2

Le dépeuplement

La France se dépeuple et vieillit. Tout le monde le sait, bien peu s'en soucient.

Le nombre moyen de naissances par femme, inférieur à 1,9 (alors qu'il devrait être au minimum de 2,08), ne permet pas le renouvellement des générations. Au cours du dernier demi-siècle, le nombre des naissances annuelles a varié entre 860 000 (1950) et 727 000 (1997). Ce nombre a même augmenté en 2000 pour atteindre 779 000 naissances, l'immigration contribuant à cette amélioration du nombre des habitants de ce pays, mais au prix d'une multiethnicité qui modifie le statut culturel et social de la France.

Les excédents des naissances sur les décès ont été notables durant cette période, de l'ordre de 200 000 avec un dépassement bénéfique en 1964 (324 000).

Aussi la population de la France augmente-t-elle régulièrement pour atteindre 61 millions en 2000 (en comptant les habitants des territoires d'outre-mer). La baisse du taux de mortalité (13 % pour 1 000 en 1950 et 9,1 pour 1 000 en 2000) et l'immigration (plus de 100 000 personnes chaque année) concourent à cet accroissement du bilan démographique national.

Mais, dans l'ensemble, cette population vieillit et, dès 1985, la pyramide des âges a commencé à s'inverser en se rétrécissant à la base là où figurent les jeunes et adultes jeunes (jusqu'à cinquante ans).

La proportion des jeunes (les moins de vingt ans) était de l'ordre de 30,1 % en 1950 et elle n'est plus que de 25 % en 2000 pour atteindre à peine 20 % en 2050.

En revanche, l'« espérance de vie » s'améliorant, les personnes âgées de plus de soixante ans qui formaient 16 % de la population de la France en 1950 (sur 41 millions) étaient 20 % en 2000 et leur pourcentage augmente[1].

Se référant à une étude des Nations unies, Philippe Bourcier de Carbon, auquel ces pages doivent la quasi-totalité de la documentation et des constats qu'elles reproduisent ici, a tracé une courbe représentative du vieillissement passé, présent et, demain, probable, de la population française. Cette courbe fait la part des personnes de plus de cinquante ans dans l'ensemble de tous ceux qui ont eu, ont, et auront plus de vingt ans, et cela de 1950 à 2050. Le pourcentage des plus de cinquante ans était de 40 % en 1970, 44 % en 2002 et il devrait atteindre 47 % en 2010 et même approcher 55 % en 2030[2]. Selon l'Institut national de la statistique, signale Pascale Kremer, en 2050, le tiers de la population de la France aura soixante ans et plus. Pareil déclin n'est pas inéluctable.

Si l'État intervient, en assistant financièrement les familles nombreuses, les taux de natalité remontent aussitôt et la marche au suicide démographique est stoppée. Ce fut le cas, par exemple, en Suède, au cours des années 1983-1990 mais malheureusement, faute de ressources suffisantes, cette politique vitale pour le pays fut interrompue, les critères de Maastricht l'imposant. Au cours de la décennie précédente, le régime est-allemand ayant réagi à la dénatalité, le nombre

---

1. Pascale KREMER, « Dépopulation », *Le Monde*, 10 mars 2002, p. 14, d'un numéro spécial.
2. Philippe BOURCIER DE CARBON, « Conséquences économiques, sociologiques et politiques majeures du vieillissement démographique en France, en Europe et dans les pays développés » (janvier-février 2001).

des naissances annuelles était passé d'une moyenne de 160 000 à 180 000 à près de 250 000. Mêmes résultats obtenus en Hongrie, l'aide de l'État augmentant le taux de natalité. Le rattachement de la Sarre à l'Allemagne, en 1956, eut un résultat inattendu. Les prestations familiales étant, à l'époque, moins favorables outre-Rhin qu'en France, les Sarroises mirent au monde moins d'enfants.

À la veille de la Seconde Guerre mondiale, le nombre des décès dépassant celui des naissances et les hommes politiques de la IIIe République s'étant rendu compte de l'ampleur du péril avaient pris des mesures favorables à la repopulation du pays. En dépit des rigueurs de l'occupation et du pillage du pays par les Allemands, le régime de Vichy maintint ces dispositions et le général de Gaulle, dès 1945, en accentua l'efficacité[1] en dépit des lourdes charges que représentaient la reconstruction et la poursuite des hostilités en Extrême-Orient. Aussi les excédents des naissances sur les décès passèrent-ils de 60 000 environ durant la période 1926-1930 à plus de 320 000 en 1946-1950. Et ce n'est qu'en 1975-1976, sur ce versant sombre de la Ve République, alors que débutait l'entreprise de destruction du pays, que l'excédent des naissances sur les décès commença à décliner et que s'accentua le vieillissement de la population. Dans ce domaine également, les événements de mai 1968 avaient inauguré le déclin national qu'une succession de dirigeants malfaisants allait précipiter au cours des trente années qui suivirent.

Ils ne sont pas les seuls responsables de cette forme de malthusianisme démographique mais ils se sont montrés incapables d'enrayer les effets néfastes de la civilisation économico-individualiste du monde industrialisé, celui-ci d'ailleurs inégalement pénalisé par le dépeuplement, puisque les États-Unis, par exemple, société « avancée » s'il en est, en souffrent moins que les pays européens.

---

1. La « Sécurité sociale » voulue par le général de Gaulle accordait 40 % des ressources à la « branche famille ».

« Le monde développé, et singulièrement l'Union à quinze et le Japon présentent aujourd'hui des pyramides de populations en inversion rapide, trente années de sous-fécondité, insuffisante pour remplacer leurs générations, n'ayant cessé de réduire la base de leurs pyramides (vieillissement par le bas) tandis que, depuis au moins vingt-cinq ans, les progrès du recul de la mortalité se sont concentrés sur les personnes âgées de plus de cinquante ans, gonflant le sommet de leurs pyramides (vieillissement par le haut)[1]. » Bourcier de Carbon a aussi défini un rapport de vieillissement démographique en étudiant, pour l'ensemble de la planète, la relation existant entre les effectifs des personnes ayant dépassé l'âge de reproduction médian et le nombre de jeunes n'ayant pas encore atteint cette période de leur vie future, les moins de vingt ans. Les chiffres obtenus sont significatifs. En ce qui concerne l'Italie ce rapport (pour 100 jeunes de moins de vingt ans) est de 185, pour l'Allemagne 170, la France en étant à 128 et les États-Unis seulement à 100. Mais les pays à la population beaucoup plus jeune sont caractérisés par des indices très inférieurs : Chine : 58, Indonésie : 36, Inde : 34, ensemble des pays musulmans : 22 et 19 correspondant au continent africain. Pour une part, cette situation démographique explique à la fois l'affaiblissement du continent européen, le potentiel des pays en voie de développement et la stratégie des États-Unis en Asie-Pacifique et en Afrique.

Multiples et convergentes par leurs effets sont les causes de cette carence, somme toute vitale pour la nation et qui sont liées au « développement ».

– En Europe, et plus particulièrement en France, l'exaltation de l'individu aux dépens de la collectivité nationale, l'amenuisement du rôle et des pouvoirs de l'État, l'emprise croissante des activités commerciales et financières dénuées de tous scrupules sociaux, la précarité des aides que la nation peut encore fournir aux familles nombreuses préférant répartir les ressources disponibles sur le maximum d'électeurs,

---

1. Philippe BOURCIER DE CARBON, « Conséquences... ».

quelle que soit leur situation familiale, se conjuguent pour abaisser le taux de natalité national.

– Largement répandue, l'information incite à des comparaisons des conditions d'existence qui stimulent la quête d'une réussite matérielle que retarderaient, ou même compromettraient, de lourdes charges familiales.

– L'accès des femmes au travail hors domicile, justement afin de bénéficier de cette réussite matérielle, se révèle décisif. Quand elle a lieu, la première naissance n'est constatée, de nos jours, qu'à une trentaine d'années. « Près de 85 % des naissances annuelles, dans les pays de l'Union européenne, procèdent de mères âgées de vingt-cinq à trente-neuf ans révolus[1] »... si bien que la fonction de reproduction biologique n'est plus assurée que durant une quinzaine d'années (alors que dans les pays en voie de développement, principalement dans ceux cités précédemment, au très faible taux de vieillissement, cette même fonction s'étend sur les trois quarts de leur vie d'adulte, certes moins longue que celle dont bénéficient les femmes dans les sociétés « avancées »).

Quant à la fameuse parité voulue par le législateur, si elle reconnaît fort justement l'aptitude des femmes à exercer la quasi-totalité des activités humaines où la force musculaire n'est pas primordiale, elle n'en contribue pas moins à la baisse de la natalité. Comment rivaliser avec leurs homologues masculins, dans l'exercice de leurs diverses fonctions, s'il incombe aux femmes, de surcroît, les soins ménagers et surtout les lourdes charges, prolongées, de la maternité ? La parité serait une expression politique, une manifestation de démagogie afin de se concilier l'électorat féminin. Mais elle n'a de sens que si est écartée la « fonction de reproduction » telle que la qualifient de manière assez déplaisante les démographes. En sens inverse pourrait-on dire, dans la vie active, les femmes ont des atouts que n'ont pas les hommes et qui condamnent, eux aussi, la notion de parité. Nombreux sont

1. *Ibid.*

les exemples de brillantes carrières féminines qui doivent beaucoup à d'autres mérites que ceux du savoir, de l'intelligence et de l'ardeur au travail. Ils ajoutent tant à la parité, qu'il n'y a pas compensation mais disparité. Si l'on pardonne d'alléger ce sujet ingrat de quelques réflexions plaisantes, pour qu'il y ait au moins un semblant de parité encore faudrait-il que la vêture s'en accommode, que disparaissent fards, parfums, bijoux, industries de la mode, et publications correspondantes, et avec eux la grâce, l'élégance et la beauté, les agréments de la nature faisant place à la grisaille d'une arbitraire infériorité. Il n'en demeure pas moins que cette parité, si artificielle qu'elle soit, menace la pérennité de la nation. Les hommes politiques de la Ve République ne s'en soucient guère, puisqu'ils s'efforcent, depuis une trentaine d'années, de la reléguer dans l'histoire en lui substituant des attributions régionales.

— Passant en revue les causes du dépeuplement de la France Solène Doucet[1] mentionne, à juste titre, l'allongement de la durée des études, la chute du nombre des mariages et l'instabilité qui en résulte, les naissances hors mariage limitées par la précarité du couple, et la légalisation de l'avortement, probablement plusieurs centaines de milliers par an, l'ensemble amenuisant la descendance. Si depuis 1975, les femmes ont acquis 3 millions d'emplois, les hommes en perdant 1 million, en revanche, le taux d'activité des femmes passe de 75 % à moins de 40 % lorsqu'elles ont chacune deux à trois enfants à charge, estime Béatrice Majnoni d'Intignano[2]. La collectivité nationale — dans la mesure où elle existe encore — n'a rien à gagner à une pareille généralisation du travail à temps partiel. Les femmes au travail non plus, si bien que s'impose l'impasse aux naissances.

L'intervention de l'État, ou plutôt sa non-intervention, accélère le dépeuplement national. C'est ainsi qu'à des fins

---

1. *Permanences*, n° 366, novembre 1999, p. 7.
2. « Population active et taux d'activité », *Mémoire de l'Académie de Lyon*, 1999.

électorales, afin de « ratisser large », selon une expression couramment utilisée, la part des allocations accordées sous conditions de ressources – donc indépendamment des enfants à charge – qui était de 13,6 % en 1970 est passée à 66,5 % en 1998. En 1976, la part des prestations familiales qui était de 2 % du PIB est tombée à 1,4 % vingt ans plus tard[1].

« Les Caisses d'allocations familiales ont été orientées vers les opérations d'aide aux situations de pauvreté et de handicap : elles gèrent le RMI, l'allocation adultes handicapés, les prestations logement et d'autres encore, si bien que près de la moitié des allocataires ne sont pas des personnes ayant charge de famille[2]. »

Le dépérissement et le vieillissement de la population conduisent le pays à la dépendance. Bien qu'ils se défendent de le vouloir, les politiciens de la Ve République le préparent à devenir une région de l'État fédéral européen, un territoire ouvert à toutes les invasions sur lequel vivra une société multiculturelle dont l'amiral Michel Berger a écrit qu'elle ne pourra qu'être multiconflictuelle[3].

Le vieillissement de la population ne menace pas seulement le régime des retraites. Il transforme peu à peu l'économie et l'organisation sociale du pays dont il diminue le potentiel d'innovation et réduit progressivement la production. C'est donc qu'il l'appauvrit.

En ce qui concerne les retraites, Jacques Bichot a estimé que si, en 1950, pour un retraité la France avait près de cinq actifs (4,69), en 1990 l'État ne pouvait plus compter que sur 2,1 actifs pour en venir en 2010 à 1,65 actif seulement. Triste conséquence de sa « politique familiale », elle condamnerait le système de retraite par répartition, témoignage de la solidarité nationale. Mais l'objectif n'est-il pas de détruire l'idée de nation et de s'en remettre au système anglo-saxon

---

1. Solène DOUCET, *Permanences*, p. 7.
2. Jacques BICHOT, « Quelle politique familiale pour la France ? Plaidoyer pour une refondation », *Conflits actuels*, n° 6, automne 2000.
3. « Démographie et Défense », *Conflits actuels*, p. 30.

avec les aléas qu'il implique et dont les retraités subiront les incertitudes financières ? Au train où sont traitées les questions de démographie, en 2050, il faudrait travailler jusqu'à soixante-dix-sept ans pour financer les retraites.

« Selon le CREDOC, les personnes de plus de cinquante ans détiennent plus de la moitié du patrimoine des ménages, ils perçoivent déjà plus de 43 % du revenu des ménages avant impôts et ils en percevront plus de la moitié en 2005 », cite Bourcier de Carbon qui ajoute : « l'âge médian des votants a dépassé cinquante ans dans les consultations électorales nationales de plusieurs pays de l'Union et cet âge s'accroît d'un an tous les trois ou quatre ans, comme c'est le cas en Allemagne et en France. Aussi, les budgets sociaux vont-ils accroître de plus en plus les charges des personnes âgées de moins de quarante ans[1] », les incitant d'ailleurs au départ et en augmentant encore les obligations sociales de ceux qui restent.

Quant aux activités productives de la nation, le vieillissement de sa population limite la consommation, tarit l'industrie du logement, freine l'expansion à l'extérieur, exclut le risque et l'esprit d'entreprise au profit de la sécurité et aussi des loisirs, asservissant peu à peu la population en déclin aux productions de l'extérieur.

Plutôt que d'adopter des mesures favorisant les naissances, depuis un quart de siècle, les gouvernements successifs de la France ont préféré s'en remettre à l'immigration. Pour les entreprises qui ont survécu au grand naufrage industriel du pays c'était là un apport de main d'œuvre utile pour contenir les salaires en augmentant la masse des sans-travail. Quant aux politiques, ils espèrent bénéficier, assez rapidement, des votes des nouveaux venus exprimant leur gratitude aux partis ayant facilité leur accès à la nationalité française. Pour ceux qui gouvernent, qu'en souffre l'identité nationale, qu'augmentent chômage, insécurité et charges administratives et sociales, n'a guère d'importance.

---

1. Bourcier de Carbon, « Conséquences... ».

À New York, les Nations unies proposent un brassage général des populations. Les peuples en voie d'extinction recevraient sur leur territoire l'excédent des pays au taux de natalité élevé. Dans une certaine mesure ce serait souscrire au dessein des États-Unis de répandre la multiethnicité afin d'affaiblir et l'État et le sentiment national en leur substituant les lois du marché.

En théorie du moins, selon l'ONU, pour maintenir l'actuel rapport entre la population active et les retraités, il faudrait accepter des flux migratoires massifs. Annuellement, l'Union européenne recevrait près de 13 millions d'immigrés, le Japon devrait en admettre 10, l'Allemagne 3,4 et la France 1,7[1].

C'est donc bien d'invasion qu'il s'agirait. En une dizaine d'années seulement, sur le territoire que l'on nomme France, vivraient 20 % d'immigrés. Un autre peuple y aurait hérité d'au moins dix à quinze siècles d'efforts. Les divagations des experts de l'ONU présentent au moins le mérite de souligner l'ampleur du péril. Quant à l'immigration, un chapitre de cet ouvrage lui est consacré et le lecteur s'y reportera.

Remèdes.

Puisqu'il y eut en France, et dans d'autres pays, des mesures assez efficaces pour freiner dépeuplement et vieillissement, il doit être possible d'y avoir à nouveau recours sans envisager des dispositions aussi préjudiciables que celles qui viennent d'être évoquées.

Mais en un quart de siècle les carences gouvernementales ont singulièrement compliqué la situation. Elle n'existe plus la volonté nationale de redresser la nation après la défaite et l'occupation, cette ardeur générale, si manifeste à la fin des années 40 et durant les années 50. Les abandons de sou-

---

1. L'ONU préconise le recours à l'immigration, *Libération*, 22 mars 2000.

veraineté, les illusions entretenues par la « construction européenne », l'affaiblissement de l'État, l'émiettement des ressources de la nation par la décentralisation administrative et les charges financières qu'elle implique, la démagogie électorale, caractéristique des institutions de la Ve République, l'immigration incontrôlée et la coûteuse insécurité qu'elle entraîne, le renoncement scientifique, technique, industriel, militaire d'un État évanescent, toutes ces atteintes à la nation rendent beaucoup plus difficiles l'adoption et la pratique d'une politique familiale capable d'inverser une tendance suicidaire.

On objectera qu'en 1945 bien plus précaire était l'état dans lequel se trouvait le pays et qu'il a pu, cependant, consentir les sacrifices nécessaires à sa survie. À l'évidence il est des faits économiques et sociaux sur lesquels il sera impossible de revenir. Les femmes ne renonceront pas au travail dans l'entreprise, l'immigration ne sera pas tarie, l'espérance de vie continuera de s'allonger, et on imagine mal un gouvernement capable de libérer la nation du carcan européen et des multiples renoncements qu'il a imposés. Le peuple français n'est plus souverain puisqu'il s'est donné des dirigeants qui ont renoncé à l'être. N'étant plus maîtres de son économie, ses gouvernants ne sauraient faire face à des crises aussi graves – aux remèdes aussi coûteux – que le vieillissement démographique. Dans ce domaine comme dans bien d'autres, la France est à la remorque de l'Allemagne. Le « franc fort », associé au « mark fort » nécessaire à la réhabilitation de l'Allemagne de l'Est, a coûté à la France des centaines de milliers de chômeurs. Voici qu'outre-Rhin on renonce à l'énergie nucléaire et qu'en France on milite pour mettre fin à l'indépendance énergétique du pays. Soucieuse d'effacer jusqu'au souvenir de ses manifestations d'impérialisme guerrier, l'Allemagne s'est gardée de pratiquer une politique nataliste qui eût inquiété ses voisins. La France, docile, a emboîté le pas. Mais il y va de son existence. Le dépeuplement et le vieillissement qui l'accompagne sont mortels.

Il n'y a guère d'autre mesure que de rendre matériellement attractif le renouvellement des générations par un nombre suffisant de naissances. Cette politique de la « famille nombreuse » – même modestement nombreuse – a un prix. Les experts parlent d'une dépense nouvelle, annuelle, de 40 à 50 milliards d'euros. Ce qui reviendrait à augmenter les sommes allouées à la Sécurité sociale de 20 %, effort considérable demandé à la collectivité. Et à recentrer la politique familiale en relevant les allocations familiales. On procéderait par réduction ou exemption d'impôts, une aide particulière étant fournie aux couples démunis qui ne sont pas redevables de l'impôt. Compte tenu des charges nouvelles qu'exigeraient les retraites, avec un nombre de plus en plus élevé de bénéficiaires à l'espérance de vie croissante et un nombre de plus en plus réduit d'actifs cotisant, l'ajout du coût de cette politique nataliste imposerait, entre autres économies, la réduction drastique de la suradministration du pays, avec ses trop nombreuses et inutiles strates administratives[1]. Cette réforme indispensable sera évoquée dans le chapitre traitant des institutions du pays et dans l'annexe H consacrée à la décentralisation. Il est vraisemblable qu'un jour proche les Français se rendront compte du caractère impératif du retour à la politique nataliste[2].

---

1. Voir les propositions de Jacques BICHOT : « chaque actif recevrait des points de retraite en fonction de ce qu'il apporte à la génération montante » (*Conflits actuels*, p. 39).
2. Il est des partisans de l'adoption d'une loi constitutionnelle disposant que « tout citoyen mineur se voit reconnaître le droit d'être représenté par son tuteur légal dans tout scrutin officiel ».

3

L'européisation

Les origines.

Significatif aurait dû être le premier tour de l'élection présidentielle. Des millions de Français se sont déplacés pour aller voter, des milliards ont été dépensés au cours des consultations électorales, des heures et des heures de télévision, des milliers de pages de quotidiens, d'hebdomadaires et même de mensuels, ont anticipé, puis commenté, les résultats des scrutins.

Si, le 21 avril, près de 30 % des inscrits ont préféré ignorer l'élection, ou du moins n'y participer qu'à distance, le son et l'image les distrayant comme le ferait une épreuve sportive, bien peu de Français se sont rendu compte qu'élire un président de la République, ou leurs représentants dans les assemblées parlementaires, n'avait plus guère d'importance. La « construction européenne », les abandons de souveraineté qu'elle exige ont transformé en survivances anachroniques et la présidence de la République et le Parlement.

Le président de la République est, au plus, le gouverneur d'une province appelée France et formant une des régions administratives de l'Europe en passe de devenir une expression politique et les assemblées n'ont d'autre justification que d'assurer la subsistance de quelques milliers de parlementaires, d'assistants et de secrétaires. De même que le véritable exécutif n'est plus à l'Élysée et à Matignon, le législatif n'est ni au Palais-Bourbon ni au palais du Luxembourg. C'est à Bruxelles, en ce qui concerne la politique générale, à Francfort et à Berlin pour l'économie, à Washington pour ce qui a trait à la politique étrangère et l'éventuel recours à la force des armes, que résident les pouvoirs qui s'exercent sur les Français. Pas à Paris.

Les abstentionnistes ont donc trouvé dans la construction européenne la justification de leur désintéressement civique. N'ont-ils pas constaté que les accords de Schengen (1990) contribuaient à l'invasion du territoire national, la France n'ayant d'autres frontières que celles de ses voisins ? Ils ont souffert des rebuffades subies à l'étranger chaque fois que Paris tentait d'y intervenir, les pouvoirs locaux ne traitant qu'avec des États souverains. Il leur a fallu également s'accommoder des diktats de l'Allemagne imposant, aussitôt après Maastricht, la dislocation de la Yougoslavie (1991), exigeant que s'installe à Francfort la Banque centrale européenne (1993), refusant l'écu au profit de l'euro (1995), contraignant ses partenaires à adopter le pacte de stabilité (Dublin, 1996) et à souscrire au traité d'Amsterdam (1997) avant d'installer M. Duisenberg à la tête de la Banque centrale et d'obtenir, à Nice (2001), la supériorité numérique de ses représentants dans les instances européennes. Aussi, à l'issue de cette première consultation électorale de 2002, la gauche gouvernementale française, et à sa tête Lionel Jospin, ont payé le prix des abdications nationales délibérément consenties par François Mitterrand. Celui-ci s'était ainsi vengé des Français qui l'avaient tenu près d'un quart de siècle à l'écart du pouvoir. Il a exalté l'immoralité et la dépravation au sommet de l'État et aliéné la souveraineté de la nation, la sacrifiant tout entière au mythe de la « construction européenne », accentuant un déclin dont son prédécesseur avait pris l'initiative et que son successeur s'est empressé de précipiter.

Il faut à nouveau[1] rappeler ici une déclaration officielle lourde de conséquences. Le 27 novembre 1991, moins de deux semaines avant le « sommet » de Maastricht, l'adoption d'un texte mettant fin à l'indépendance nationale et arrêtant le calendrier du passage à la monnaie unique, M. Roland Dumas, alors ministre des Affaires étrangères, est venu informer l'Assemblée nationale de la politique du gouvernement. « La France, a-t-il dit, est déterminée à jeter les bases d'une union à vocation fédérale [...] nous avons pris pour Maastricht le parti d'une mutation fondamentale vers une entité supranationale. » « Nous », c'étaient M. Mitterrand et M. Dumas, ni les assemblées ni les Français n'ayant été, au préalable, consultés sur cette « mutation fondamentale ». Elle violait la Constitution dont le président de la République est censé être le gardien. C'était aussi faire bon marché des représentants de la nation qui n'avaient pas débattu de cette abdication nationale et, davantage encore, des Français dont la quasi-totalité n'avait pas pris connaissance du texte intentionnellement abscons du traité. M. Roland Dumas avait eu le front d'ajouter que « le choix de la France – en fait celui de Mitterrand et le sien – n'est pas un choix de circonstance ; il est délibéré et il s'inscrit dans la longue histoire de ce pays ». Chacun sait qu'en Ve République, l'enseignement de l'histoire a eu pour objet de la déformer, afin que naisse un pays nouveau, sans mémoire, ignorant les épreuves et les exploits qui contribuèrent, au cours des siècles, à former une spécificité nationale. Mais M. Dumas était en âge de savoir que ce pays s'était toujours dressé contre les empires pour être souverain dans les limites territoriales que la nature lui avait, en quelque sorte, assignées. Oui, ce « choix était bien délibéré » mais il ne s'inscrivait en aucune manière dans l'histoire de la nation. M. Dumas mentait délibérément et perpétrait un acte de forfaiture. Devenue une République bananière, la France de la Ve n'en a pas moins porté le même

---

1. P. M. GALLOIS, *La France sort-elle de l'histoire ?*, L'Âge d'homme, Paris, 1998, p. 137.

Roland Dumas à la présidence du Conseil constitutionnel afin d'y veiller au respect d'institutions qu'il venait de saborder.

Il est vrai que, depuis la signature du traité de Rome (mars 1957), d'un mouvement accéléré la France a glissé sur la pente des abandons de souveraineté. Afin d'être en mesure de pratiquer une politique commerciale commune et de gérer, en Europe, un marché intérieur où personnes, capitaux, marchandises circuleraient librement, le traité a créé des institutions supranationales. Les inspirateurs savaient où ces organismes communautaires allaient conduire le pays mais certainement pas les populations, absorbées par d'autres soucis que de prévoir la signification lointaine de ces écrits fondateurs.

Le traité de Rome a inauguré une politique élitiste, parfaitement hermétique aux peuples qui allaient en être les victimes, en rédigeant et en faisant approuver des textes inintelligibles, aux futures contraintes indiscernables par le commun des mortels. C'est le traité de Rome qui a mis sur pied la Commission, aux technocrates tout-puissants, en principe contrôlée par un Conseil des ministres, représentant les gouvernements des pays membres de la nouvelle Communauté, le Conseil des ministres que devaient assister des experts permanents. Une Assemblée parlementaire, aux membres désignés par les Parlements des pays de la Communauté, surveillerait les travaux de la Commission, tandis qu'une Cour de justice dirait le droit européen, s'empressant d'ailleurs de le déclarer « supérieur » au droit des États. Ces rouages de la machine européenne, initialement destinés à faire fonctionner un marché commun, exercent aujourd'hui les pouvoirs législatifs, exécutifs et judiciaires de l'Union européenne, sans parler, bien sûr, du pouvoir de la Banque centrale et de la gestion de la monnaie unique. Selon la méthode des « petits pas » illustrée en d'autres temps et en d'autres circonstances par Henry Kissinger, l'Assemblée européenne était déjà devenue, en 1986, dans le cadre de l'Acte unique, le Parlement de l'Union européenne.

À juste titre, dans un récent ouvrage[1], Margaret Thatcher a attribué au traité de Rome à la fois l'origine et les développements ultérieurs de la « construction européenne ». « Il s'agit de la décision d'un certain nombre de politiques d'Europe continentale [...] de construire une structure supranationale qui interdirait une future guerre en Europe. Dans ce but la France et l'Allemagne seraient étroitement associées, d'abord par l'économie puis, peu à peu, politiquement... C'était la base de la première phase du plan européen – avec la communauté européenne charbon-acier créée le 18 avril 1951 – conçue par Jean Monnet et Robert Schuman. Ce plan apparaissait dans le fameux préambule au traité de Rome, signé le 25 mars 1957, préambule qui visait même "une union plus étroite". Et la démarche a gagné en force jusqu'à ce jour, un État fédéral européen étant sur le point d'être créé [...] c'étaient les idées de Monnet, Schuman, De Gasperi et Adenauer, et non celles de Thatcher (ou même de de Gaulle et de Erhard) et, en fin de compte, elles l'ont emporté. »

Il est surprenant qu'à l'époque aucun grand responsable politique, y compris le général de Gaulle, n'ait entrevu à quel « machin » l'engrenage européen allait conduire. Il était normal que Jean Monnet, admirateur des États-Unis, ait milité en faveur de la construction européenne. Et aussi Adenauer et De Gasperi représentants de pays vaincus et avides d'effacer les méfaits du national-socialisme pour l'un, du fascisme pour l'autre. Quant à Robert Schuman, il était tout naturellement tourné vers l'Est, vers une Allemagne à la fois redoutée et envoûtante.

Certes, l'argument majeur, encore tenu pour tel aujourd'hui, a été le maintien de la paix. Monnet ne s'est pas rendu compte des conséquences – ou a voulu les ignorer – de la militarisation de l'atome, qui imposait qu'on renonce à l'épreuve de force[2]. Il devait pourtant savoir que

1. *Statecraft*, Harper Collins, Londres, 2001, p. 325.
2. Août 1943 : à Alger, Jean Monnet déclare : « Il n'y aura pas de paix en Europe si les États se reconstituent sur la base de la souveraineté nationale. »

la France s'efforçait de rejoindre la Grande-Bretagne dans le camp des « puissances nucléaires moyennes », d'autant qu'en juillet 1956 Guy Mollet l'avait officiellement annoncé. En réalité, ce n'était pas la paix que visait l'ancien directeur général du Plan, mais bien la mise sur pied des États-Unis d'Europe, dont la paix serait, croyait-on, une des conséquences. Alliés aux forces soviétiques et britanniques pour libérer l'Europe, les États-Unis avaient fait preuve d'une impressionnante puissance industrielle en matière d'armement. Et, rapprochée des conditions d'existence existant sur le sol du vieux monde, l'abondance dont bénéficiait la population des États-Unis incitait à y voir un modèle de société à substituer à celles qui, en Europe, s'étaient révélées désastreusement fratricides. D'où la doctrine de Monnet, devenue un virus, un virus mortel pour la France.

Lorsque éclate la Première Guerre mondiale, Jean Monnet a vingt-six ans. Il est réformé et conserve son poste au ministère du Commerce. Il y négociera, avec les Britanniques, puis avec les Canadiens et les experts des États-Unis, les achats d'aliments, d'équipements et d'armements nécessaires à la France en lutte contre l'envahisseur. En 1939, il a cinquante et un ans et il est trop âgé pour l'incorporation. De surcroît entre les deux guerres, il est devenu un banquier international. Il s'est même chargé, en 1935, d'assainir les finances de la Chine de Tchang Kaï-chek. Le hasard des dates de naissance et du déroulement des événements internationaux permet un rapprochement inattendu entre le comportement de Jean Monnet et celui de Raymond Aron. Celui-ci, à Londres, déclarait, sans doute en manière de boutade, qu'il était trop intelligent pour porter un fusil et il est certain que Jean Monnet pouvait rendre plus de services en tant que négociateur que sous les armes. Comme Raymond Aron, Jean Monnet était fasciné par le monde anglo-saxon. À Londres, financé par l'Intelligence Service, Aron avait créé en 1940 le mensuel *La France libre* destiné à diviser les Français libres, puis, au cours des années 60, il fut l'avocat, rémunéré par la CIA, des thèses américaines fustigeant la politique d'indépendance du général de Gaulle. De même, nommé par le général de Gaulle commissaire à l'Armement du gouvernement provisoire, à Alger, Jean Monnet usa des relations qu'il entretenait avec la Maison Blanche pour demander à Roosevelt d'écarter de Gaulle du pouvoir, car, « avec lui, la paix revenue, il ne serait pas possible de construire l'Europe ». Ces deux hommes pétris d'intelligence appartenaient à cette catégorie d'intellectuels français qui, devançant le cours des événements, estimaient dépasser la nation et, plus particulièrement Jean Monnet, entendaient l'inclure dans un plus vaste ensemble que géreraient économistes et financiers internationaux.

Un quart de siècle après la fin de la Seconde Guerre mondiale, l'idée européenne ayant fait son chemin, Edmond de Rothschild écrivait dans la revue *Entreprise* du 10 juillet 1970 les lignes suivantes[1] : « L'Europe de l'Ouest, c'est-à-dire les six pays du Marché commun, plus la Grande-Bretagne, peut-être l'Irlande et les pays scandinaves [...] vont construire une Europe politique fédérale ; mais, parce que chaque individu éprouve le besoin de se situer dans un milieu restreint, il s'identifiera à une province, que ce soit le Wurtemberg ou la Savoie, la Bretagne, l'Alsace-Lorraine ou le pays Wallon. Dans ces conditions, la structure qui doit disparaître, le verrou qui doit sauter, c'est la nation. » Lors d'une cérémonie à la mémoire de Jean Monnet, le chancelier Helmut Kohl rejoignait le financier : « Cette date [31 décembre 1992] marque l'achèvement du Marché commun et elle ne cesse de se rapprocher, tout dépend que [...] d'ici là, nous ayons fait les préparatifs nécessaires [...] l'an prochain, sous la présidence de l'Espagne et de la France, d'importantes décisions devront être prises qui entameront profondément la souveraineté des États membres [...] il faut que le Parlement européen [...] puisse se développer pour devenir un instrument sans cesse plus puissant au service de

---

1. Cité par Henry COSTON, *Le Traquenard européen de Jean Monnet*, H. Coston éditeur, Paris, 1993, p. 42.

l'intégration européenne [...] bâtissons les États-Unis d'Europe. » Servile, François Mitterrand s'empressa de répondre à l'attente des Allemands. Le 25 mars 1987, célébrant le trentième anniversaire du funeste traité de Rome, le président français s'était écrié : « Préparons enfin le moment où l'Europe, dotée d'un pouvoir politique central, décidera elle-même de sa sécurité. » Helmut Kohl écrira aussitôt que « François et moi-même, nous nous accordons sur tous ces points ». Ce pouvoir politique central, ce serait bien évidemment à l'Allemagne de l'exercer. L'année suivante, s'adressant aux officiers de la Bundeswehr, Helmut Kohl se moquait ouvertement des déclarations de son « ami François » : « Laissez-moi vous dire avec la plus grande clarté : nous ne voulons pas remplacer la sécurité procurée par l'Alliance et par l'OTAN par des structures européennes autonomes[1]. »

À Bonn, puis à Berlin dès qu'elles avaient été émises, l'on avait saisi le parti que l'Allemagne pourrait tirer des thèses de Jean Monnet. Mais il fallut attendre mai 1968 et l'élimination du général de Gaulle pour exploiter sans entraves le mythe européen du banquier américano-français. Significatif est ce texte de Pierre Lavery publié sous le titre « Une conception de l'Europe 1942-1969 » : « Bien qu'elle fût inscrite dans le traité [de Rome] on tenta de nous faire payer cette politique agricole plusieurs fois, y compris de notre consentement à une véritable mutation institutionnelle que la Commission avait inventée à son profit. Il fallut, avant même cette incroyable initiative, réagir à diverses pratiques tendant à opérer un glissement vers un système supranational et, après la sérieuse crise de 1965, se prémunir entre le retour de tels abus par les arrangements de Luxembourg. Ayant voulu aller subrepticement au-delà du traité de Rome, la Commission fut contrainte de renoncer à ses projets et se vit imposer une interprétation raisonnable du traité. ». Non seulement les successeurs du général de Gaulle se révélè-

---

1. *Espoir*, Plon, Paris, n° 18, 1997, p. 7.

rent incapables « d'imposer à la Commission une interprétation raisonnable du traité » mais ils encouragèrent les prétentions allemandes en surenchérissant sur l'« idée européenne ». Répondant ainsi à l'attente de l'Allemagne, c'était aussi recueillir l'approbation des États-Unis. On y est opposé à toute manifestation de nationalisme et, par extension, au protectionnisme que les États peuvent exercer s'ils sont indépendants et souverains. Les États-Unis s'accommoderaient aisément d'une Europe sans frontières, un vaste territoire de consommateurs soumis aux lois du marché. Restait à l'Allemagne à généraliser cette conception de l'Europe sans en être elle-même la victime. Elle est en passe d'y parvenir en étant l'interlocutrice privilégiée de la superpuissance sur ce versant du vieux monde – au grand dam de Londres – et en s'arrogeant la gestion de ce territoire européen progressivement « dé-étatisé ».

Voici quelques dates clés de la « construction européenne ». Celle-ci évoluant alors conformément aux desseins de la politique allemande[1].

– *9 et 10 décembre 1974.* Sommet européen de Paris. Afin de « démocratiser » tant que se peut l'Assemblée de Strasbourg, il est décidé que ses membres seront élus au suffrage universel.

– *6 et 7 juillet 1978.* Conseil européen de Brême. Helmut Schmidt et Valéry Giscard d'Estaing veulent substituer au « serpent monétaire européen » un système monétaire particulier à la « construction européenne ». « Je me suis battu pour faire reconnaître à la Communauté la capacité monétaire », déclarera Jacques Delors. Cette capacité monétaire sera finalement incluse dans l'Acte unique sept ans plus tard.

– *14 juin 1985.* Accord conclu à Schengen sur la libre circulation dans l'espace Schengen, celui des pays membres,

---

1. À la décharge du comportement de l'Allemagne, il faut reconnaître qu'elle défend tout simplement ses intérêts. Un intérêt national dont les dirigeants de la Ve République n'ont pas la moindre idée. Voir l'annexe C, « Le nouvel empire allemand ».

dont les frontières intérieures sont supprimées. Cet accord aura été négocié discrètement, en dissimulant aux peuples concernés les conséquences de cette nouvelle atteinte à leur souveraineté. L'application de la Convention de Schengen fut retardée de mois en mois pour n'être applicable qu'à partir de mars 1995. Ce fut une décision pour le moins malheureuse favorisant tous les trafics et dont les Français mesurent une des conséquences avec les incidents de Sangatte qui démontrent combien a été désastreuse la décision de confier à d'autres le soin de contrôler les accès au territoire national. Mais l'objectif n'est-il pas de supprimer la nation ?

– *3 et 4 décembre 1985.* Rencontre européenne de Luxembourg. Les représentants des dix gouvernements de la Communauté décident de réviser le traité de Rome en orientant son « interprétation » vers le fédéralisme. Le texte de l'Acte unique est adopté en dépit de l'opposition du Premier ministre britannique. Il ne s'agira plus de coordonner les économies des pays membres mais de procéder à l'intégration de ces économies et de les ouvrir sous la forme d'une unité économique au marché mondial. Aux dépens des prérogatives des États qui ne peuvent plus pratiquer une politique économique spécifiquement nationale.

– *1er juillet 1987.* L'Acte unique entre en vigueur.

– *2 et 3 novembre 1989.* Anticipant de quelques jours sur la destruction du mur de Berlin (9 novembre), Helmut Kohl annonce que son pays veut l'Union politique de l'Europe. Il prend aussi position pour exploiter la puissance accrue de l'Allemagne dont approche la réunification.

– *9 et 10 décembre 1991.* Sommet de Maastricht. Dans un cadre atlantique, le fédéralisme européen se trouve implicitement inscrit dans un traité et les États-nations condamnés. Les gouvernements s'entendent sur le calendrier du passage à la monnaie unique.

– *7 février 1992.* Signature du traité de Maastricht. Entretemps, afin de se conformer à l'esprit de Maastricht, la France a accepté sous la pression allemande (17 décembre 1991) de reconnaître l'indépendance de la Slovénie et de la Croatie démantelant la République fédérale yougoslave et déclenchant quatre ans de guerre dans les Balkans. La population française approuvera – sans y avoir rien compris – le traité de Maastricht par une faible majorité (51,01 %).

– *29 octobre 1993.* Sommet de Bruxelles. L'Allemagne obtient l'installation de l'Institut monétaire européen à Francfort.

– *18 septembre 1995.* L'Allemagne impose à ses partenaires un Pacte de stabilité qui sera adopté au sommet de Dublin. (Les États-membres dont le déficit public dépasserait les 3 % du PIB seraient passibles d'une amende : 0,2 % du PIB, amende à laquelle s'ajouterait une pénalité financière égale au dixième du dérapage rapporté aux 3 % de référence.) L'Allemagne atteignant un déficit public de l'ordre de 2,7 % de son PIB aurait pu faire l'objet d'une procédure d'alerte. Il n'en a rien été. Dans l'Union il est des États « plus égaux » que d'autres.

– *15 et 16 décembre 1995.* Sommet de Madrid. Les conférents décident d'éliminer l'écu et d'adopter l'euro, l'Allemagne le souhaitant. La Commission de Bruxelles estime que, désormais, les économies encore dites nationales sont en réalité interdépendantes, les États membres de l'Union n'ont donc plus à mener de politique monétaire, ce qui implique la liberté complète des mouvements de capitaux. La finance et les multinationales peuvent se réjouir, les « délocalisations » leur conviennent, pour les capitaux et aussi pour le travail, là où les salaires sont bas.

– *16 et 17 juin 1997.* Rencontre d'Amsterdam. L'objet de ce sommet est d'amenuiser encore les pouvoirs des gouvernements et d'accroître ceux de la Commission afin qu'elle devienne un gouvernement européen *de facto*. Le Parlement européen, en compensation, désignera le président de la Commission. En réalité la quasi-totalité du pouvoir législatif est confiée à la Commission.

Aucune de ces dispositions n'est conforme, pour la France, à ses institutions. Mais elles ont été violées tant de fois que personne ne s'en soucie. De toute manière, la Vᵉ République est devenue une survivance destinée à faire vivre confortablement ceux qui exercent des fonctions factices sans point d'application, le pouvoir politique étant ailleurs, hors du territoire français. À son tour, la France subit le sort de bien des peuples européens qui furent vassaux d'une capitale étrangère : Rome, Madrid, Vienne voire Ratisbonne du temps du Saint-Empire.

– *2 mai 1998.* Wim Duisenberg, imposé par l'Allemagne, prend ses fonctions à la présidence de la Banque centrale européenne à Francfort.

– *11 décembre 2000.* Rencontre de Nice. Schröder y a joué les Gustav Stresemann et le président français les Aristide Briand. Le chancelier allemand a obtenu de mettre un terme à la parité de la représentation des grandes puissances au profit de l'Allemagne. Celle-ci de surcroît ne réduira pas, comme la France, le nombre de ses représentants au Parlement, mais les augmentera. Toujours en raison de l'élargissement de l'Union, les grands États n'auront qu'un commissaire au lieu des deux qui siégeaient à la Commission. Il a été arrêté qu'en 2004 une conférence intergouvernementale déciderait de l'avenir de l'Europe politique, le prochain sommet de Laeken devant proposer des mesures d'adoption des institutions européennes à « l'élargissement ». En dépit du refus irlandais d'approuver les principales dispositions de ce texte, elles ont été déclarées valables alors que le traité de Nice aurait dû être caduc et renégocié. Mais l'attitude de l'Irlande est considérée sans importance, tant il est admis, dans le cadre de l'Union européenne, que les règles sont faites pour ne pas être suivies.

– *15 et 16 mars 2002.* Conseil européen de Barcelone. Après les recommandations et les engagements d'usage dans les rencontres au sommet des dirigeants de l'Union, Barcelone aura consacré la mise à mal du service public. Et cela dans les domaines essentiels de l'activité d'un pays : l'énergie, les transports, la communication qui auraient dû relever de l'État et non du secteur privé parce qu'il s'agit du service de la collectivité nationale. Et qu'il n'y a aucune raison que celle-ci soit la victime d'intérêts commerciaux privés.

En ce qui concerne l'énergie, les débats ont porté sur la phase finale de l'ouverture des marchés du gaz et de l'électricité. (Libre choix du fournisseur par les consommateurs européens autres que les ménages, soit 60 % environ du marché, et cela à partir de 2004.) Afin de consommer le démantèlement du service public, les eurocrates – suivis par les responsables politiques – avaient décidé de dissocier l'acheminement et la production, ouvrant ainsi la voie à des activités rémunératrices au secteur privé et dont il faudra que le public fasse les frais, le rôle de l'État étant amenuisé d'autant. La France s'est déjà inclinée devant cette exigence américano-européenne (démantèlement de la SNCF avec le Réseau ferré gérant l'infrastructure et une SNCF limitée à l'exploitation). En ce qui concerne le transport aérien, l'on en viendrait à un « ciel unique » dont la gestion serait sans doute assurée par l'Allemagne, comme il en est de l'économie et de l'armement. Enfin le sommet de Barcelone s'est attaqué à la « déréglementation des télécommunications et de l'audiovisuel » afin de « développer la concurrence dans un cadre européen sans distorsions », les lois du marché s'y exerçant sans que l'État, c'est-à-dire la volonté populaire, intervienne. Restait l'endoctrinement des foules. « Le Conseil européen a pour objectif un système d'enseignement qui d'ici à 2010 sera une référence mondiale. » Ce qui signifie dans la pratique que l'enseignement fera la promotion de la « dimension européenne ». En ce qui nous concerne, ce n'est plus l'histoire de France – déjà mise à mal depuis des décennies – qui sera enseignée, mais l'histoire européenne, cela afin d'extirper les racines de la nation, celle-ci étant destinée à disparaître. On comprend que MM. Chirac et Jospin se soient félicités d'avoir communié dans une même entreprise de démolition de l'État-nation France.

Au sommet de Laeken, les 14 et 15 décembre 2001, les chefs d'État ou de gouvernement des Quinze avaient signé une déclaration commune faite de constats et de questions qu'aurait à résoudre la Conférence intergouvernementale préparée par une Convention présidée par Valéry Giscard d'Estaing, assisté de MM. G. Amato et J.-L. Dehaene.

La déclaration commune débutait par un mensonge. Voici sa première phrase : « L'Union européenne est une réussite. Depuis plus d'un demi-siècle l'Europe vit en paix. » Les Quinze ne se souviennent plus des guerres des Balkans déclenchées par l'Allemagne, principale puissance de cette Union européenne, ni du rôle misérable qu'y ont joué les pays de l'Union. Même M. Mitterrand, fervent « Européen », avait proclamé la responsabilité du gouvernement de Bonn mais Maastricht – qui venait d'être signé – imposait que l'on fît mine d'ignorer les manœuvres du grand partenaire d'outre-Rhin. Après avoir loué la « réussite de l'Union européenne », les rédacteurs de la déclaration avouent ses échecs : « Le citoyen demande une approche qui fasse de l'Europe un phare pour le monde [...] qui se traduise par plus d'emplois, une meilleure qualité de vie, moins de criminalité, une éducation de qualité et de meilleurs soins de santé. Il ne fait pas de doute que l'Europe doive, à cette fin, se ressourcer et se réformer. » Et voici récusée la « réussite ». Suivent des séries de questions posées à la future Convention. Elles sont si nombreuses et si diverses qu'on se demande à quoi servent les quelque 15 000 fonctionnaires de la Commission s'ils n'ont pas été capables de les soulever et d'y proposer des réponses depuis que « l'élargissement » est décidé, c'est-à-dire depuis des années.

En réalité, la « construction européenne bute sur ses incohérences ». Le prochain élargissement les met en évidence en opposant centralisation et diversité.

Selon une méthode éprouvée les Quinze s'en sont remis à une Commission – la Convention Giscard d'Estaing – pour résoudre la quadrature du cercle... un jour. Ayant amorcé avec succès le déclin précipité de la France, au cours de son septennat M. Giscard d'Estaing était tout désigné pour agencer celui de la « construction européenne », rendant ainsi à la France un inestimable service.

Quant aux incohérences, elles furent dénoncées par Carré de Malberg[1] bien avant que le virus Jean Monnet fasse son œuvre : « deux souverainetés ne peuvent se concevoir sur le même sol, la souveraineté des États membres exclut celle de l'État fédéral qui, par la suite, cesse d'être un État et se résout à une simple confédération ! Laquelle confédération n'existe nulle part tant elle se révélerait inférieure à la fois face aux États-nations et aux États fédérés. »

Les incohérences ? Il en est d'autres plus ou moins ouvertement évoquées par le questionnaire de Laeken. Par exemple, celles qui impliquent « l'élargissement », ou celles qui surgissent lorsque se pose la question de la pérennité de la monnaie unique, de la politique agricole commune, du recours à la force des armes face à des périls spécifiques, inégalement perçus par les membres de l'Union. Enfin, et surtout, l'impossible élaboration des institutions transformant une expression géographique en entité politique et démentant la définition de Carré de Malberg.

Pour les tenants de la « construction européenne », l'élargissement de l'Union est, à l'évidence, une nécessité politique et morale, et aussi le gage d'une réussite économique : le fameux marché de près de 500 millions de consommateurs. Il ne serait pas concevable de construire une union politique avec un certain nombre de pays ayant appartenu à ce que fut l'Alliance occidentale, ralliée à l'économie de marché, en laissant à l'écart ceux que le sort des armes ou que le choix politique avaient rangés dans le camp du marxisme-léninisme et de l'économie planifiée.

Cependant, l'élargissement ne fait pas l'unanimité. Les populations privilégiées craignent l'amenuisement des avantages dont elles bénéficient en raison des charges nouvelles qu'il leur faudra longtemps assumer. Quant aux candidats à l'adhésion, s'ils en apprécient l'intérêt, ils redoutent les

---

1. « Contribution aux théories générales de l'État », cité par Jean-Marc FERRY, « La souveraineté postnationale », *Esprit*, n° 281, janvier 2002, p. 138.

rigueurs de la réglementation européenne et la perte de souveraineté qu'impliquera leur ralliement. Conduite dans l'ensemble des pays de l'Europe géographique, en 2001, une enquête sur l'état des opinions avait révélé les réserves, voire l'hostilité aussi bien que l'assentiment des populations à l'élargissement. C'est ainsi que 76 % des Hollandais et 54 % des Allemands avaient exprimé des opinions défavorables, la concurrence des bas salaires pratiqués à l'Est leur apparaissant redoutable. Si à 70 % les Roumains avaient hâte de devenir membres de l'Union, en revanche, un Estonien sur cinq seulement se déclarait attiré par l'Europe de Bruxelles[1]. Mais les obstacles ne sont pas levés : en Hongrie et en République tchèque les salaires moyens sont de l'ordre du dixième des rémunérations des travailleurs allemands. Un rapport Barnier précisait que le revenu moyen de l'habitant des régions les moins prospères d'une Europe politique « élargie » n'atteindrait pas 30 % de la moyenne européenne de l'Europe des Quinze. Formant 16 % de la population totale, les citoyens de Bulgarie, d'Estonie, de Hongrie, de Lettonie, de Lituanie, de Pologne, de Roumanie et de Slovénie, citées par ordre alphabétique, auraient un revenu moyen par habitant qui serait de l'ordre de 40 % de la moyenne de l'Europe à 27. « Si l'Europe passe à 27, pouvait-on lire dans *Le Monde*[2], plus du tiers de la population vivra dans des pays où le PIB par habitant sera inférieur à 90 % de la moyenne de l'Union à quinze. » Étudiant « l'élargissement » les experts des Nations unies ont estimé qu'il faudrait aux pays de l'Est européen, associés à l'Union, entre vingt et trente ans pour rattraper, techniquement, l'économie des plus avancés de l'Europe de l'Ouest, telles l'Allemagne ou la Grande-Bretagne, et cela en dépit d'une croissance supérieure à

---

1. Au début de 2001 se portaient favorables à l'élargissement : 36 % des Allemands, 35 % des Français, 31 % des Britanniques, mais 59 % des Européens de l'Est approuvent l'adhésion à l'Union.
2. *Le Monde*, 20 mars 2001, pages économiques IV.

celle, modérée, des États européens « développés ». À ceux-ci le coût de l'élargissement sera difficilement supportable. L'« agenda » 2000 avait estimé la dépense à près de 500 milliards de francs à répartir sur six ans. Plus réaliste, le professeur François-Georges Dreyfus évalue à 30 ou 40 milliards d'euros la somme qu'il faudra consacrer pendant douze ans, de 2004 à 2015, à la réhabilitation des quelque soixante-six millions d'habitants des pays assurés d'une prompte association à l'Union, c'est-à-dire les Estoniens, les Polonais, les Tchèques, les Hongrois, les Slovaques et les Slovènes, au PIB individuel annuel moyen de 5 000 euros, 22 200 euros pour la moyenne des Quinze. François-Georges Dreyfus fixe à 10 ou 11 milliards d'euros la contribution annuelle de la France à cet élargissement partiel de l'Union européenne, partiel puisque n'y figurent pas encore la Roumanie, la Bulgarie, la Lettonie, la Lituanie, Malte et Chypre et qu'il faudra majorer la facture précédente de la somme que coûtera leur adhésion.

Les trois quarts des fonds structurels de l'Union sont alloués aux régions de l'Europe au développement « retardé », c'est-à-dire à celles dont le PIB par habitant est inférieur à 75 % de celui de la moyenne européenne. Aussi est-il vraisemblable que la contribution financière des pays membres, fixée à 1,27 % de leur PNB, se révélera insuffisante pour faire face au coût de l'élargissement, même si, selon les vœux de l'Allemagne et des quatre ou cinq gouvernements européens qui se placent dans son sillage, les sommes allouées au soutien de la politique agricole commune étaient fortement réduites. Il reviendrait alors aux budgets nationaux des pays agricoles de compenser la carence communautaire. Pour la France ce sera une lourde charge. Il lui faudra, à la fois s'accommoder de la concurrence agricole des nouveaux pays admis dans l'Union, payer une note énergétique accrue par la réduction de l'énergie d'origine nucléaire que lui impose la démagogie des Verts, accentuant la dépendance de la France à l'égard des pays pétroliers, et remettre en état un appareil militaire mis à mal au cours du dernier septennat (voir annexes D et E[1]) sans parler du prix social du vieillissement de sa population.

La Commission de Bruxelles est également placée devant de semblables contradictions. Le cas de la Pologne, candidate à l'entrée dans l'Union, en est une illustration. En 2001 en Pologne, le chômage dépassait les 16 % de la population active et la croissance annuelle atteignait péniblement 1,2 %. Le pays compte presque 2,5 millions d'exploitations agricoles employant 20 % de la population.

Les agriculteurs polonais réclament la même assistance financière que celle dont bénéficient leurs homologues des Quinze. Bruxelles refuse. Non seulement la Commission prépare l'admission de la Pologne au sein de l'Union mais elle entend en modifier les structures socio-économiques pour les rendre compatibles avec celles des États plus développés. Et, en particulier, mettre fin à l'émiettement de l'agriculture polonaise, qui a près de 2,5 millions d'exploitations, chacune de surfaces limitées (comprises, pour la majorité, entre sept et dix hectares, avec une minorité d'entreprises travaillant vingt à vingt-cinq hectares). De surcroît, en Pologne, le travail étant modestement rétribué[2], si les paysans polonais percevaient l'aide communautaire au même taux que les fermiers des Quinze, ils seraient beaucoup plus avantagés financièrement que les autres salariés, ce qui ébranlerait la cohésion sociale du pays. (À parité de pouvoir d'achat, le Polonais n'est qu'à 40 % de la moyenne de la population des Quinze.) Aussi dans un premier temps, la Commission ne consentirait aux Polonais que 15 à 20 % de l'assistance fournie dans le cadre de la PAC aux agriculteurs des Quinze, discrimination fort mal acceptée à Varsovie, bien que l'on

---

1. Annexe D, « De Gaulle : la France désarmée, un jouet » et annexe E, « Tarir les ressources naturelles de la France ».
2. Salaire moyen : 2 500 francs mensuels, trois fois plus que le salaire roumain moyen.

doive y recevoir une aide financière de 20 milliards d'euros[1]. À moins que Bruxelles reporte à 2010 ou 2015 l'octroi des mêmes aides en sachant que, d'ici là, il ne restera plus grand-chose de la PAC actuelle[2].

Autre casse-tête pour la Commission : la carence en blé des pays méditerranéens, Grèce, Espagne, Italie. L'Union européenne y a remédié en achetant du blé russe et ukrainien, le climat ayant favorisé les régions voisines de la mer Noire, le grain slave a été vendu 25 à 30 % au-dessous du cours mondial.

En 2001-2002, la culture du blé n'étant plus subventionnée, l'Union européenne aurait été obligée d'importer 7,1 millions de tonnes, n'en exploitant plus que 5,8 millions. « Nous avons perdu 50 % de nos débouchés en Italie », proteste l'Office interprofessionnel des céréales[3]. Et le Français moyen s'interroge sur le fonctionnement de la politique agricole commune. Il se souvient des terres mises en jachère et de l'obligation dans laquelle se trouve l'Europe d'acheter aux États-Unis la nourriture du bétail et, maintenant, à la Russie et à l'Ukraine de quoi faire le pain quotidien.

Au devoir moral d'associer les pays de l'Est et du Sud-Est de l'Europe à l'Union s'ajoute l'intérêt économique que présentent plus de 100 millions de consommateurs. Leurs pays doivent être rééquipés, leurs infrastructures rénovées, leurs activités industrielles et commerciales stimulées par l'investissement d'origine étrangère. En revanche, ils offrent une main d'œuvre de qualité, produisant intelligemment à bas prix, attirant à la fois les capitaux et les délocalisations, avec leur fâcheuse résonance sur l'emploi dans les pays aux salaires élevés. Aussi, au cours des dix dernières années, 100 milliards d'euros ont-ils été investis en Europe centrale

---

1. Arnaud LEPARMENTIER, « L'inquiétude gagne les campagnes polonaises à la veille de l'entrée dans l'Union européenne », *Le Monde*, 12 février 2002, p. 6.

2. On notera que les pays européens hors zone euro ont eu, en 2001, une croissance moyenne double (5 à 6 %) de celle des pays de l'euro.

3. *Les Échos*, 19 mars 2002, p. 6.

et méridionale, laquelle a réalisé 70 % de ses échanges avec les Quinze.

À elle seule l'Allemagne compte pour 30 % des investissements d'origine européenne et pour 40 % des sommes qu'elle investit dans les pays émergents. Hongrie, République tchèque, Slovénie sont les principaux bénéficiaires des crédits allemands. Les Italiens se sont tournés vers la Roumanie et les Américains et les Asiatiques vers la Hongrie et aussi vers le Sud-Est européen. Mais devant les États-Unis, l'Allemagne figure au premier rang des investisseurs, la France ne comptant que pour 6 % du montant total. Ce constat pose une question à laquelle Didier Doucet s'est efforcé de répondre[1] : l'élargissement de l'Europe est-il un risque pour le Sud ? L'investissement et l'aide – sous toutes ses formes – seront-ils détournés au profit quasi exclusif des pays d'Europe centrale et orientale ? L'élargissement ouvrant à l'Allemagne plus particulièrement 100 millions de consommateurs, également producteurs de biens faisant l'objet d'échanges commerciaux, se révèle, en fin de compte, une affaire allemande, dont la France, par sa contribution à la vaste entreprise de réhabilitation, fera les frais, dans une certaine mesure aux dépens du Sud. Et il s'agit, cette fois, d'une opération beaucoup plus onéreuse que le rééquipement de l'Allemagne de l'Est.

L'élargissement va rassembler des pays aux dimensions, à la population et aux économies, très différentes. C'est faire de l'Europe, entité politique, une mosaïque d'empire bien davantage qu'une fédération à la population relativement homogène, telle que l'avait rêvée Jean Monnet. Le traité de Nice y conduit qui entérine la domination des États les plus peuplés, l'Allemagne et la Turquie, une fois celle-ci admise dans l'Union ainsi que le souhaite le président français... et surtout Washington. La diversité ? Si le PIB par habitant est, à Chypre, proche de 12 000 dollars, dépasse 9 000 dollars à

---

1. *L'Élargissement de l'Europe : un risque pour le Sud?*, L'Harmattan, Paris, 2000.

Malte, il n'atteint pas 4 000 dollars en Pologne et en Slovénie, 3 500 dans les pays baltes et 2 000 dollars en Roumanie et en Bulgarie. Les investissements étrangers accentuent ces différences, les Lettons ayant reçu 1,5 milliard de dollars en 2000, mais la Hongrie, 23, la Bulgarie, 4 et la Pologne, 50. Le numéro de juin 2001 de *L'Expansion* avait dressé un tableau des différents coûts des produits de consommation courante dans les pays du « grand marché commun » européen. À Amsterdam, un kilo de viande est payé seulement 2,90 euros, mais 10,8 à Helsinki. Un tube d'aspirine coûte 10,20 euros à Paris, mais 3,7 à Athènes. Il faut dépenser 20,1 euros pour effectuer une course de dix kilomètres en taxi à Luxembourg alors qu'il n'en coûtera que 4,5 euros en Grèce. Pour des achats importants en France le paiement par chèque s'impose dans 50 % des cas, mais seulement pour 9,2 % en Allemagne et 0,8 % en Grèce. En Autriche et au Portugal, plus de 50 % des paiements sont effectués en espèces et, respectivement, 5 % et 18,5 % par chèque ; la carte de crédit a beaucoup d'adeptes aux Pays-Bas (près de 60 %), peu en Autriche (21 %) et encore moins en Grèce (3,8 %). Ajoutons les langues. Onze sont déjà officielles. Qu'en sera-t-il après le passage à vingt-sept ? Qui peut avancer l'idée de l'égalité des langues dans cette gigantesque Babel ? L'unification par la monnaie unique ? « Je suis absolument hostile au plan tendant à instituer en Europe une monnaie unique... Faire une monnaie unique, cela veut dire que nous n'aurions plus de politique budgétaire nationale, plus de politique sociale indépendante, plus de politique de défense indépendante. » C'est M. Jacques Chirac qui prononça ces fortes paroles en avril 1990. Le même mois, M. Alain Juppé surenchérissait : « Qui dit monnaie unique et Institut d'émission unique dit perte de souveraineté dans des domaines aussi essentiels que la politique économique au sens large, c'est-à-dire la politique monétaire, la politique budgétaire et fiscale. Or, nous n'avons jamais accepté cette logique fédérale qui aboutit à la disparition de la souveraineté des États dans un domaine extrêmement important. »

Six ans plus tard, M. Pierre Moscovici, socialiste, joignait encore sa voix au chœur des « adversaires » de la monnaie unique : « Ce qu'on nous propose aujourd'hui est-ce vraiment une monnaie unique ? N'est-ce pas, plutôt, une construction autour du seul mark, géré selon les règles allemandes : extrême rigueur budgétaire, absence de politique de croissance, pouvoir absolu de la Banque centrale. » Si la girouette tourne, c'est que le vent a tourné, aurait dit Edgar Faure s'il avait été le témoin des retournements dont sont capables les fossoyeurs du pays. Car ces politiciens prêts à sacrifier l'intérêt national à leur intérêt personnel n'ont pas tardé à céder aux pressions de l'Allemagne et à celles des maîtres de la finance et du commerce. Au diable la souveraineté nationale, la dépendance de l'économie du pays, de sa défense, de sa politique sociale ! Il s'agit, pour eux, de fondre la nation dans le magma européen, d'en faire une des régions d'un nouvel empire, dont Berlin serait la capitale après que l'Allemagne eut utilisé Bruxelles pour détruire les États afin d'en venir à cette Europe fédérale réclamée par Helmut Kohl et qui lui sera offerte par François Mitterrand et consorts. Qu'on garde en mémoire la déclaration du 27 novembre 1991... « Nous avons opté pour une entité supranationale », affirmait Roland Dumas.

La classe politique française majoritaire, et aussi en nombre, les minoritaires ont adopté l'euro et l'ont fait accepter par la population, celle-ci étant d'abord réticente. Mais le virus Jean Monnet a exercé ses ravages. Outre-Rhin, encore que les Allemands semblent regretter le mark, leurs dirigeants tiennent à l'euro, instrument principal de leur stratégie de mainmise sur l'Europe géographique. Préparant le Congrès de Nuremberg, le parti social-démocrate, le SPD, avait écrit que « dans une économie mondialisée, l'Europe, grâce à l'euro, devient plus attractive pour y investir ». Différente est la réalité. Dressant le bilan des mouvements de capitaux au cours de l'année 2000 *Le Figaro*[1] avait chif-

---

1. Pages économiques IV, 23 février 2001.

fré le déficit européen. Les investissements étrangers en Europe (investissements directs et portefeuilles étrangers en Europe) étaient proches de 600 milliards d'euros – 595,7 plus précisément. Mais les investissements comparables européens à l'étranger avaient été 730,1 milliards d'euros. Soit un déficit de 143,4 milliards d'euros. Et les réserves de change de la Banque centrale avaient été amputées de 18,1 milliards d'euros. S'il ne s'agit pas de la fuite des capitaux devant l'euro, ça y ressemble. Chiffres à l'appui, Erik Izraelewicz l'a démontré[1] : « [l'euro] devait déclencher des restructurations. La plupart sont nées avant l'euro. Depuis l'euro, c'est la préférence des grands groupes industriels pour les États-Unis (Daimler, Vivendi, Alcatel, Bertelsmann, Deutsche Bank, Carrefour, tous ont cherché leurs alliés hors de l'Euroland, en Grande-Bretagne, en Suisse, aux USA, l'euro concourt à la "décapitalisation" de l'Europe [...] les marchés boursiers européens ont davantage plongé que leur équivalent américain. »

Bien que les dirigeants des pays européens, ceux de l'Euroland, ne cessent de proclamer la puissance de l'économie européenne, la première du monde, disent-ils, ils oublient que le dollar est la monnaie de près de 3 milliards d'habitants de la planète, l'Euroland n'en comptant que 475 millions. Et ils ne disent pas, comme le rappelle fort opportunément *Le Figaro*[2], que la plupart des 60 000 multinationales usent de la devise américaine portant la zone dollar à un PIB de 14 900 milliards de dollars, la zone euro n'atteignant pas la moitié de ce chiffre avec 6 400 milliards de dollars. Il faut ajouter à ce constat un complément décisif : c'est en dollars que commercent les pays producteurs de pétrole et de gaz. Ils ont tout intérêt à un dollar fort afin d'augmenter leur pouvoir financier sans avoir à accroître la

---

1. *Les Échos*, 27 juin 2001, p. 52.
2. Pages économiques IV, 22 mars 2001. En avril 2001, 38 % des transactions de change s'effectuaient en euros alors qu'en 1995 la part des différentes devises nationales de l'Euroland atteignait 60 %.

production, donc en ménageant leurs ressources en énergie fossile. Importateurs de pétrole, les États-Unis ont aussi intérêt à disposer d'un dollar fort afin qu'il leur en coûte moins. Enfin, achetant leurs produits alimentaires hors de la zone dollar, bien des pays pétroliers entendent bénéficier d'un dollar fort... et en ce qui concerne l'Europe, d'un euro faible. Aussi, le destin de l'euro dépend-il, au moins pour une part, de la rente pétrolière. Les investissements qu'elle permet devraient, normalement, soutenir le dollar et non l'euro.

Les États-Unis importent bien davantage qu'ils n'exportent. En 2001, le déficit de leur balance des comptes atteignait 417 milliards de dollars. Et ce sont les investisseurs étrangers avec leur apport quotidien de quelque 1,5 milliard de dollars qui financent l'appétit de consommation de la population des États-Unis[1]. Leur monnaie étant mondiale, ils sont assurés de l'afflux de capitaux grâce au potentiel d'enrichissement que permet leur économie. Les investisseurs n'entendent pas perdre leur capital, si bien qu'ils tiennent, eux aussi, à la fermeté de la devise américaine. De surcroît, les États-Unis peuvent emprunter encore, et en dollars, accentuant la demande de leur monnaie et en maintenant ainsi la valeur. Toutefois la baisse du dollar stimulerait leurs exportations et, entraînant la hausse de l'euro, aurait l'effet inverse aux dépens des producteurs de l'Euroland.

La preuve est faite que la valeur de la monnaie unique européenne dépend davantage de celle du dollar que de l'état de l'économie des pays de l'Euroland. Lors de la récente crise américaine, l'augmentation du chômage outre-Atlantique et la dépréciation de la devise nationale, l'euro avait repris quelque vigueur. Fort honnêtement, M. Wim Duisenberg avait déclaré que la montée de l'euro « était due davantage à la faiblesse du dollar qu'à la force de l'euro ». Lorsque, en février 2002, le marché américain clôturait plusieurs jours

---

1. Les États-Unis, avec moins de 5 % de la population mondiale, s'adjugent 20 % des importations.

durant à la hausse, l'euro s'était replié à 0,85 dollar. La monnaie unique, proclamaient les euro-enthousiastes, limitera l'inflation et réduira le nombre des sans-emploi. À peine était-elle en circulation que repartait l'inflation[1] et qu'en Allemagne et en France augmentait le chômage. La Banque centrale européenne estimait qu'à la fin de l'année 2002 la croissance augmenterait... mais à condition que soit « manifeste la reprise de l'économie américaine ». L'euro monnaie faible a ses partisans. Les exportateurs s'en réjouissent. D'autres s'en inquiètent, affichant leur satisfaction lorsque la dépréciation du dollar fait remonter la valeur de la monnaie unique européenne. Il n'en demeure pas moins certaines incohérences de la politique française – et allemande – jamais évoquées par les tenants d'un euro faible. Par exemple : comment concilier le renoncement programmé à l'électricité d'origine nucléaire et le recours accru aux coûteuses énergies fossiles (pétrole et gaz) qu'il faudra acquérir à l'étranger en les payant en dollars avec des euros faibles ?

Tous les Allemands ne sont pas convaincus de l'intérêt que présente la monnaie unique pour une Union européenne qui n'est pas un État... et qui n'est pas près de l'être. Le professeur Wilhelm Hankel[2], qui enseigne la politique monétaire à l'université de Francfort, ville où siège la Banque centrale européenne, est formel : « L'euro est un suicide qui va profiter au dollar [...] la Banque centrale ne pourra jamais définir un taux d'intérêt qui convienne à tous les pays de l'Union... Le taux actuel est trop bas pour les pays à plus forte inflation, comme l'Irlande ou le Portugal [...] il est trop élevé pour des pays en récession, comme l'Allemagne [...] l'Union monétaire supprime les barrières protectrices que sont les taux de change. Cela va favoriser l'implanta-

---

1. Les augmentations des prix des produits de consommation courante passeraient de 1 % à 5 % (*Le Figaro économique*, 29 mars 2002, p. 1).
2. *Marianne*, 7 au 13 janvier 2002, p. 37. Propos recueillis par Thomas Schnee.

tion des entreprises dans les zones à bas salaires et entraîner une baisse généralisée du niveau des salaires. Résultats : une augmentation du chômage et de la dette politique et une détérioration des systèmes de protection sociale. » Le professeur Hankel aurait pu ajouter que la monnaie unique interdit les ajustements en fonction des productivités, c'est-à-dire les dévaluations, ne laissant aux gouvernements que la ressource de réduire les salaires.

Avec un euro contesté, tributaire du dollar bien davantage que son rival, l'Union européenne doit faire face au malaise de son agriculture. Sans attendre 2006, les Allemands voulaient réformer la politique agricole commune, l'élargissement faisant de son « adaptation » ainsi que l'écrit Mme Künast, ministre de l'Agriculture, une pressante obligation. Il s'agit à la fois de réduire le coût de la PAC pour l'Allemagne plus particulièrement, et de mettre fin à l'agriculture intensive qu'elle subventionne. Les aides financières destinées à maintenir les cours et à indemniser les exploitants des terres mises en jachère seraient supprimées, ou au moins, durant une période intérimaire allouées à un confus « développement rural » auquel, d'ailleurs, souscrit la France depuis trois ans. Mais, au moment où sous la pression de l'Allemagne et avec l'assentiment de la plupart des pays du nord de l'Europe, l'Union entend réduire la charge que représente son agriculture, les États-Unis annoncent l'augmentation des subsides de l'État à ses fermiers. Le *farm bill* ajouterait quelque 18 milliards de dollars aux 350 milliards d'aide annuelle du gouvernement fédéral à son agriculture[1]. La décision du président Bush est contraire à la conception qu'il affiche de la liberté du commerce. Elle va pénaliser davantage encore les pays en voie de développement dont, à leur désavantage, elle va concurrencer la production. Les pays agricoles de l'Union à Quinze, dont la France, vont en souffrir d'autant plus qu'à l'est de l'Europe, l'élargissement

---

1. Paul BLUSTEIN, « Who Really pays to Helps US Farmers ? », *New York Herald Tribune*, 6 mai 2002, p. 1.

leur promet des jours particulièrement difficiles. Déjà, ainsi que mention en a été faite précédemment, le blé russe et le blé ukrainien privent la France du marché que formaient les pays méditerranéens. La Pologne, la Hongrie produiront encore pendant longtemps à des prix très inférieurs à ceux pratiqués en France.

La « construction européenne » et les renoncements que lui ont consentis les hommes politiques de la Ve République – sur son versant sombre – vont ajouter l'agriculture à la destruction des activités qui faisaient la richesse de la France et qui ont été mentionnées dans les premières pages de cet ouvrage (renoncements industriels et commerciaux : machines-outils, textiles, électronique ménagère, constructions navales, marine marchande, pêche, sans parler de l'industrie nucléaire, de l'informatique et des dizaines de milliers de petites et moyennes entreprises qui ne peuvent résister à la concurrence des pays à la main d'œuvre bon marché). Ainsi se réalise la prédiction de Hitler et sont suivis les conseils de John Kennedy quant à l'avenir de la France devenue terre de loisirs, vaste *Disneyland* où les peuples majeurs innovateurs et travailleurs viendraient se distraire.

La « défense européenne » ou, plus exactement, la faculté pour l'Union européenne de recourir, le cas échéant, à la force des armes, est une illusion et même une coûteuse absurdité.

Une illusion car, encore faudrait-il que les Quinze, et demain, les Vingt-Sept, perçoivent, tous, qu'ils sont simultanément menacés pour qu'ils acceptent de fournir leur contribution à l'effort militaire requis. Face à un tel péril, s'il était un jour matérialisé, le système de la Défense collective révélerait sa vulnérabilité et son inefficacité. L'« ennemi », lui solidement structuré et centralisé, aurait tôt fait de devancer la laborieuse mise sur pied d'un appareil de combat à la mesure de la menace qu'il brandirait.

C'est une coûteuse absurdité parce que les événements relativement récents démontrent que les membres de l'Union européenne sont tout au plus capables de fournir des contingents armés à la superpuissance américaine qui les place sous son autorité et les utilise pour atteindre des objectifs qui lui sont propres. Ce fut le cas lors de la guerre du Golfe, en Somalie, dans les Balkans et en Afghanistan. Le mythe de la « défense européenne » a surtout servi à démanteler les moyens militaires des nations européennes lorsqu'elles étaient souveraines. En matière d'armement, le potentiel industriel collectif révèle ses carences et, par exemple, la Grande-Bretagne, l'Italie et les Pays-Bas ont préféré acquérir un avion de combat américain (le *Lockeed-Martin* F 35) plutôt qu'un appareil conçu et construit en Europe et il a fallu une dizaine d'années de palabres pour que l'Union européenne se décide à construire une flotte d'avions de transport militaire – que l'Italie refuse maintenant d'acquérir. Les Quinze ne réussissent guère qu'à consacrer moins de la moitié des sommes que les États-Unis, déjà forts d'une gigantesque panoplie, allouent à l'entretien et à la modernisation de leurs armées. Militairement, en Europe, l'Union, loin de faire la force, la défait. À cet égard, l'exemple de la France qui a bradé son industrie d'armement et démantelé sa force nucléaire, est significatif. L'annexe D est consacrée au déclin des armes de la France. Il est vrai que, se préparant à devenir une province, plus ou moins morcelée et amputée, de l'Europe politique, il n'y a pas lieu pour elle de disposer d'une force armée autre qu'une gendarmerie, voire une milice.

Après l'euro et son pouvoir unificateur contesté, après l'élargissement et la charge exorbitante qu'il implique, après aussi la sécurité extérieure qu'une mosaïque de peuples ne saurait collectivement assurer, se pose la question des institutions. Logiquement, avant de s'engager dans la « construction européenne », il eût été expédient de les définir afin que les peuples sachent quel serait leur destin, vers quels objectifs ils auraient à unir leurs efforts. Mais c'eût été révéler l'inacceptable et la méthode Jean Monnet s'imposait : lier peu à peu les gouvernements par des textes compliqués, dont les populations ne peuvent saisir la finalité et dont les dirigeants s'accommodent dans la mesure où ils « arrangent » leur carrière. Et nous voici arrivés au moment où les responsables politiques sont emportés par la tornade européenne que leur intérêt, leur ignorance et leur lâcheté ont déclenchée sur les territoires de l'Europe géographique. À Laeken, il a donc été décidé de créer une « Convention » chargée de définir l'avenir institutionnel de l'ensemble des pays de l'Europe, voire des peuples voisins, à l'extérieur de ses limites géographiques. Ayant fait peu de cas de l'intérêt national pendant son septennat, M. Valéry Giscard d'Estaing était tout désigné pour en diriger les débats. On cherche un fossoyeur à la République moribonde.

Les Allemands, les Italiens, les Belges insistent pour que soit construite une Europe fédérale. Le président de la République française également puisqu'il réclame une Constitution européenne et même un président européen. Si ce président n'est pas une potiche (et dans ce cas, s'il l'était, à quoi bon créer cette éminente fonction ?), il dirigera un gouvernement que la Commission de Bruxelles est prête à matérialiser.

Sur ce qui se prépare, à l'insu des peuples, M. Moscovici, ex-ministre des Affaires européennes, était le mieux qualifié pour faire la lumière. Il tenait déjà les institutions (provisoires, ou plutôt intérimaires) créées par les pères fondateurs – entendez Jean Monnet et Robert Schuman – pour géniales. Il est vrai que, conduisant la France à la dépendance, au déclin, à la fragmentation voulus par l'Allemagne, elles préparaient la fin de l'État, la vassalisation de la population française, donc, à l'Europe politique – ce qui était, en quelque sorte, le « job » rémunérateur de M. Moscovici et qui sera celui de ses successeurs. « Il faut aller vers les États-Unis d'Europe car il s'agit bien, dans l'Europe, de nous fédérer. Et de nous fédérer en respectant les États[1]. » Obligation,

---

1. « Il faut aller vers les États-Unis d'Europe », *Le Monde*, 28 février 2002, p. 6.

selon M. Moscovici, qui est à l'évidence une contradiction, un non-sens ou, comme dirait plus sereinement M. Jean-Pierre Chevènement, un oxymoron.

Faisant mine d'innover MM. Chirac et Jospin, aussitôt suivis par la classe politique et par les médias ont proposé d'insérer la France dans une fédération d'États-nations, structure institutionnelle qui n'existe pas, qui n'existera jamais parce qu'elle est une vue de l'esprit. Certes, elle présente l'avantage grâce aux deux termes antinomiques qu'elle rassemble, de plaire aux tenants de l'Europe politique puisque le mot « fédération » y figure et aussi aux partisans de l'indépendance des États formant l'Europe géographique. Cette formule de complaisance, racoleuse à souhait, est aussi inconséquente que celle de M. Jospin déclarant au Cercle d'accueil de la presse étrangère, le 28 mai 2001, qu'il entendait « faire l'Europe de demain sans défaire la France ». S'enferrant dans ses contradictions, le Premier ministre avait rassuré les euro-sceptiques en ajoutant : « Fédération signifie pour certains un exécutif européen qui tirerait sa légitimité du seul Parlement européen. Cet exécutif aurait le monopole de la diplomatie et de la défense et les États actuels le statut des Länder allemands ou des États fédérés américains. La France ne saurait accepter [...] cette conception de la Fédération. » Mais il fallait aussi répondre à l'attente des euro-enthousiastes, d'où l'affirmation suivante : « Parce que je ne suis pas un Européen tiède, je ne veux pas d'une Europe fade. » Ni chaude, ni tiède, ni froide, l'Europe de M. Jospin est un attrape-nigaud. Ce jour-là, en veine d'inepties, le Premier ministre avait affirmé qu'« il voulait une Europe forte [...] capable de faire entendre sa voix grâce à une politique étrangère commune », cela après avoir déclaré tout aussi fermement qu'« il ne pouvait souscrire à un exécutif européen qui aurait le monopole de la diplomatie et de la défense ». En France, l'incohérence tient lieu de politique. Pas en Allemagne où l'on appelle un chat un chat et l'Europe future une fédération... germanique ou encore l'extension à l'Europe géographique des Länder allemands. C'est ainsi que, reprenant l'antienne d'Helmut Kohl (« L'Europe est l'avenir de l'Allemagne »), Rudolf von Thadden, sympathique historien que Marc Ferro invitait souvent à ses remarquables entretiens sur « l'histoire parallèle », écrivait : « La formule de fédération des États-nations combine intelligemment euro-sceptiques et euro-optimistes. Elle n'est pas stupide et elle est même réaliste si, en pratique, il faudra bien défaire la France [...] pour faire l'Europe. »

J.-C. Casanova[1] fait chorus : « L'Europe ne devra donc être qu'une fédération d'États-nations qui, en certains domaines, ont fusionné leurs souverainetés et restent, dans l'absolu, libres de la reprendre [...] les cantons suisses restent souverains dans les matières qu'ils n'ont pas déléguées à Berne, de même, les États-nations européens resteront souverains dans les domaines qu'ils ne délégueront pas. » Ainsi, M. Casanova offre à la France le sort des cantons suisses. Belle perspective. Elle ne déplairait pas aux États-Unis dont l'auteur de cette peu séduisante analogie soutient souvent les desseins, comme le fit Raymond Aron lorsqu'il était financé par la CIA.

Elle sourit à M. Schröder, « suscite l'Union sacrée en Allemagne », lorsque le chancelier affirme : « Il n'y a pas d'alternative a plus d'intégration et d'européisation » et pour cela, la Commission deviendrait un véritable exécutif et le Conseil des ministres une deuxième Chambre du Parlement. Le discours est du 30 avril 2001. Aussi, le 8 mai suivant, en écho, M. Chirac s'est-il déclaré favorable à une fédération d'États-nations : « Je crois que dans le contexte de la mondialisation, pour mieux faire entendre notre voix, pour défendre nos intérêts et nos valeurs, nous devons aller vers davantage d'Europe [...] l'objet d'une Constitution (européenne), c'est aussi de proclamer nos valeurs communes telles qu'elles figurent dans la charte des droits fondamentaux, et, au-delà, d'identifier le projet qui nous unit. » On

---

1. « Les ambiguïtés européennes de Jospin », *Le Figaro*, 6 juin 2001, p. 14.

saisit mal comment une France ayant consenti tous les abandons de souveraineté et ne représentant guère dans cette Europe plus de 8 % du pouvoir politique « serait mieux à même de défendre ses intérêts ». À Cahors, le 9 février 2001, le président de la République avait déjà repris à son compte cette formule d'États-nations. « L'inventeur » en serait M. Jacques Delors et il ne semble pas que son inanité ait été perçue par tous ceux – et ils sont nombreux – qui s'y réfèrent.

Plus sérieusement M. Guy Carcassonne avait écrit dans *Le Monde*[1] :

« Où va-t-on ? Est-ce une fédération, une fédération d'États-nations, une confédération ? [...] Une Constitution c'est, avant tout, l'organisation démocratique de l'exercice du pouvoir. Si les États-Unis ont pu se donner une Constitution avant même que le pays existe réellement, c'est parce qu'il existait un territoire presque vierge qui n'attendait que d'être conquis. Rien de tel ici où un pouvoir européen n'a pas la ressource de s'imposer en massacrant quelques tribus locales. »

L'allusion aux États-Unis est, ici, de circonstance. C'est parce qu'ils sont devenus une terre de prospérité où s'est édifiée une hyperpuissance que, sur notre versant du monde, il y a tant de thuriféraires d'une « construction européenne » qui aboutirait à des États-Unis d'Europe.

Mais, pour « construire » les États-Unis d'Amérique, il n'a pas été nécessaire de « défaire » des États inexistants, seulement d'éliminer, par les armes, les autochtones. De ce côté-ci de l'Atlantique l'alternative est claire : ou bien les États membres de l'actuelle Union disparaissent pour devenir des divisions administratives et font place à un État européen et cet État sera en mesure de rivaliser avec les grandes puissances aux institutions similaires, ou bien les États membres de l'Union demeurent à demi souverains et s'en remettent à un gouvernement supranational du soin d'exer-

---

1. 24 mars 2001, p. 21.

cer une souveraineté diminuée parce que partagée et, dans ce cas, cette construction politique – dont il n'existe aucun exemple – se trouvera en situation d'infériorité manifeste face aux puissances depuis longtemps centralisées et gouvernées sans partage.

Afin d'échapper aux impératifs d'une telle alternative, les « européistes » ont eu recours à la notion de subsidiarité. D'après le dictionnaire, ce qui est subsidiaire est seulement accessoire, secondaire, mineur. Aussi la question se pose-t-elle : Pour eux, à quel niveau s'appliquerait la subsidiarité ? Serait-ce aux États-nations devenus des divisions administratives et qui, dans ce cas, n'auraient que des attributions réduites, mineures, de gestion locale, ou bien ce serait l'État supranational dont les fonctions relèveraient de la subsidiarité et le gouvernement de cet État n'aurait que des pouvoirs limités. Et l'on imagine mal à quoi il servirait en n'offrant à la compétition internationale que l'étalage de ses faiblesses. Aussi n'existe-t-il aucune échappatoire à l'alternative et, sur un même territoire, il ne peut y avoir deux niveaux où s'exerce la souveraineté, du moins si les peuples qui habitent ce territoire entendent bénéficier de la puissance politique, à l'instar des peuples concurrents.

La fédération d'États-nations n'a de sens que s'il n'y a pas de pouvoir fédéral ou si les États membres ne sont pas des États-nations mais des provinces, des Länder. L'analogie américaine étant souvent évoquée, la France serait tout au plus la Louisiane de l'Europe fédérale ou, à l'opposé, la France devenue un État et Washington (en l'occurrence Berlin) lui étant une capitale étrangère.

L'absurde concept de la fédération des États-nations a été accompagné, faute de mieux, du recours à la Confédération. Il n'en existe pas davantage, nulle part dans le monde. En 1781, les tout jeunes États d'Amérique du Nord en avaient fait la brève expérience. Sept ans plus tard, devant les carences du système, ils s'empressèrent d'y renoncer au profit de l'État fédéral, au pouvoir central, depuis sans cesse renforcé.

Avant de présider la Convention pour l'avenir de

l'Europe, Valéry Giscard d'Estaing avait exposé, avec force contorsions verbales, ses idées – contradictoires – sur la « construction européenne » : « Pour l'Europe future, c'est le schéma constitutionnel allemand, inspiré par les États-Unis et qui fonctionne [en Allemagne] de manière satisfaisante depuis 1949. La grande Europe est trop diverse pour se mouler dans des structures fédérales. Les États européens, y compris l'Allemagne, sont trop petits pour peser sur les décisions de la Communauté internationale. Ces deux données objectives commandent les choix du futur : une communauté européenne à structure fédérale, construite à l'intérieur de l'aménagement plus vaste de la grande Europe. Après tout ce n'est pas autrement que s'organise le continent américain. » Comprenne qui pourra. Ce galimatias illustre les incohérences de la « construction européenne ». On se demande également à quel titre une Convention non représentative de la volonté populaire pourra proposer de donner des institutions aux peuples divers de l'Europe géographique.

Il faudra bien venir à « dé-construire » cette extravagante et suicidaire « construction européenne ». L'Allemagne, qui en est maintenant le moteur, a compris qu'à des fins nationales elle pouvait exploiter l'illusion européenne. Pêle-mêle, la crédibilité des Français, l'intérêt des États-Unis, le poids de l'histoire et aussi le gigantisme démographique de la zone Asie-Pacifique sont à l'Allemagne autant d'atouts dans son entreprise de domination. Le bon sens commande, au contraire, de fonder l'harmonie de cette Europe géographique sur l'entente et la coopération d'États souverains, aux gouvernements émanant des suffrages de leurs populations respectives, gouvernements à l'autorité suffisante pour répondre aux attentes de leurs ressortissants, notamment en plaçant les lois du marché à leur service et non l'inverse, ce à quoi se résout la « construction européenne » (voir annexe F, « Le bêtisier européiste »).

Remèdes.

– En faveur de l'européisation de la France l'argument du « repli sur soi », de la « frilosité » est souvent avancé. Démonstration dépourvue de sens. C'est au contraire l'abdication, les abandons de souveraineté, le fait de s'en remettre à un pouvoir supranational qui est un acte de « frilosité ». Renoncer à l'indépendance et à l'exercice de l'autorité qu'un gouvernement détient de suffrages de son peuple est un acte impardonnable de lâcheté.

– Mettre en évidence les contradictions de la « construction européenne », la vanité de vouloir transformer une expression géographique en une entité politique qui ne peut être que le résultat d'une lente évolution et non de traités aux arrière-pensées plus ou moins nationalistes. Il n'est pas concevable de « comprimer » le temps par des textes visant à construire en quelques décennies une force politique centralisée sur des diversités millénaires.

– Démontrer l'inanité d'une « construction européenne » qui aboutirait à rassembler sous une même autorité prétendue européenne Irlandais et Turcs, Suédois et Marocains et pourquoi pas Allemands et Israéliens. Ce serait de surcroît tenter de niveler des différences, des spécificités qui ont assuré la prééminence de l'Europe durant des siècles. Déjà, le « nivellement » opéré par Bruxelles produit ses effets néfastes.

– Insister sur l'impossibilité de construire un État « européen » sans que disparaissent les structures étatiques des pays membres de cet État « européen », la souveraineté s'exerçant sans partage et la subsidiarité étant un leurre car elle affaiblirait l'État supranational doté d'institutions qui n'existent nulle part.

– Démontrer que, face à des États structurés, pleinement souverains tels les États-Unis, demain la Chine, l'Inde, d'autres encore à l'important potentiel de développement et que dirige un gouvernement exerçant son autorité sans partage, la « construction européenne » n'aboutirait qu'à une formule gouvernementale hybride aux évidentes faiblesses.

– Dénoncer les traités de Maastricht, d'Amsterdam, de Nice, se libérer du carcan du pacte de stabilité, rétablir les frontières et sortir des accords de Schengen qui permettent tous les trafics et portent atteinte à la souveraineté de la France.

– Revenir sur la coûteuse décentralisation administrative qui, en France, prive l'État des ressources qu'il devrait consacrer à l'ensemble de la collectivité nationale, ressources actuellement dispersées régionalement. À l'heure de la mondialisation et des affrontements entre de grands ensembles politiques, la France tout entière, centralisée et non parcellisée et affaiblie d'autant, devrait former une région de l'Europe et non une mosaïque de petites régions. Si l'Allemagne milite en faveur de la régionalisation, c'est afin de fragmenter ses partenaires et de les affaiblir pour mieux les dominer.

– Renoncer à l'intégration des moyens industriels et, en matière d'armements, en revenir à des accords entre États, à des alliances de circonstance et à une stimulante concurrence. Mettre un terme à la dégradation du service public, conquête sociale et gestion plus morale de certains secteurs essentiels de l'État : énergie, armement, infrastructures, eau.

– Les réalisations de la France souveraine, centralisée, de la période 1956-1968 énumérées précédemment alors qu'étaient très inférieurs les prélèvements obligatoires, témoignent du potentiel français. Le passage des ans ne l'aurait pas entamé si le pays avait été gouverné en fonction de ses réalités et non au profit de l'illusion européenne. L'Europe est une expression géographique et, si parfois elle a été un phare pour le reste du monde, c'est grâce à sa diversité et même à ses rivalités internes. L'atome militaire est venu à point pour mettre un terme aux velléités belliqueuses de l'Allemagne, en ce qui concerne, du moins, les oppositions séculaires. Aussi, la « construction européenne », et le rêve d'empire qu'elle implique, sont-ils un archaïsme, scellant le destin de la France. Tout est archaïsme dans une « construction européenne » censée préparer l'avenir : archaïsme la régionalisation, l'émiettement des peuples, archaïsme l'ignorance des exigences de la démocratie, archaïsme les textes ésotériques intelligibles seulement pour les spécialistes, archaïsme enfin le rêve d'empire que dissimule mal l'Allemagne. Aussi faut-il que la France se libère du carcan européen et retrouve la liberté d'être elle-même.

4

L'immigration

De nos jours le mot « immigration » déclenche une cascade d'expressions plus ou moins appropriées, davantage inspirées par la passion que par la raison : misère des migrants et carences politiques et socio-économiques des pays d'origine, trafic des « passeurs » d'une part, rejet des arrivants par les autochtones des terres convoitées, frontières, xénophobie, racisme, d'autre part.

Ce dernier mot n'aura pas de place dans les pages qui suivent. Il n'existait pas il y a moins d'un demi-siècle et c'est l'engouement du peuple allemand pour le national-socialisme qui lui a donné accès au dictionnaire. Le racisme est devenu un argument politique bien davantage qu'il est un sentiment largement partagé, y compris et surtout dans les pays les mieux nantis. Il traduit une artificielle notion de supériorité ethnique que démentent la science et l'histoire[1]. Admettons, en revanche, la xénophobie, attitude aussi vieille que l'humanité et aussi répandue que la vie humaine. Quel qu'il soit, rarement bienvenu, l'étranger dérange. Il fait redouter l'altération de l'ordre établi au cours des ans par

---

1. Importante est la contribution anglo-saxonne, au cours du XIXe siècle, à l'eugénisme qui inspira plus tard les pires déviations morales, politiques et sociales.

les « installés », ou plus simplement la modification de leur « habituel ». À l'encontre de l'« étranger », la xénophobie est d'autant plus véhémente que sont différentes les mœurs de son pays d'origine. Cette différence, ou plutôt cette diversité est dans l'ordre des choses, elle concourt au développement de l'humanité, à sa lente civilisation.

Les peuples doivent ce qu'ils sont à la géomorphologie des lieux où ils ont vécu et où ils vivent, aux influences qu'ils ont exercées les uns sur les autres, à l'histoire en général et à celle de chacun d'eux en particulier. Ils sont aussi divers que le milieu physique dans lequel ils ont évolué. Le cloisonnement naturel de leur espace individuel par le relief, la mer, le fleuve, la nature du sol, l'influence civilisatrice de l'eau, source de vie, à la fois obstacle et voie des échanges, le climat aussi ont façonné différemment les peuples. S'ajoutent à l'œuvre de la nature celle du temps, les épreuves et les succès partagés renforçant les particularismes pour conduire finalement à la nation.

Dans une œuvre magistrale intitulée le *Secret de l'Occident*[1], David Cosandey a mis en évidence l'inanité de la notion de supériorité de certains groupements humains sur d'autres, pour ne pas parler de la supériorité d'une race sur l'autre en sacrifiant au jargon politique et polémique. L'auteur fonde sa démonstration sur la comparaison des connaissances et des réalisations de quatre civilisations, allant de celle de la Chine à celle de l'Islam en passant par la Grèce et l'Inde. Simultanément, ou successivement, ces civilisations ont atteint un apogée prestigieux en matière d'érudition et de création, l'une aidant partiellement l'autre, mais chacune apportant son lot d'innovations, toutes les quatre prouvant l'égale capacité du génie humain, sous toutes les latitudes, ou plutôt sous tous les méridiens, les climats et la géomorphologie entrant en ligne de compte ainsi que souligné précédemment.

1. Arléa, 1997.

En Chine, huit siècles avant l'ère chrétienne, à l'époque où, en Grèce naissait la démocratie, apparaissait la monnaie dans les échanges commerciaux, l'astronomie et les mathématiques étaient des sciences établies.

Plus tard, mais quelque vingt-deux siècles avant Darwin, l'évolution des espèces admise, la circulation du sang démontrée, l'atome pressenti. On allait bientôt savoir que la Lune était à l'origine des marées, appliquer à la navigation l'aiguille aimantée indiquant le sud, doter les navires d'un gouvernail d'étambot, les soldats de l'arbalète, et le cheval du harnais de poitrail triplant sa puissance de traction. Trois siècles seulement après Jésus-Christ les savants chinois tenaient la Terre pour une sphère, usaient du papier, traçaient des cartes localement précises, tandis qu'une industrie naissante allait utiliser la force hydraulique, le métier à tisser, alors que, depuis longtemps déjà, l'on savait comment obtenir de l'acier, enrichir les sols par de l'engrais avant d'inaugurer l'ère de la poudre et, en 1300, de construire des canons en bronze.

La Grèce n'était pas en reste. Six siècles avant l'ère chrétienne, Pythagore jonglait avec les nombres irrationnels, Milet était la capitale mondiale de la philosophie et de la science. Au IVe siècle avant le Christ, Platon et Aristote apporteront à l'humanité un formidable savoir dont elle usera durant un millénaire. Au IIIe siècle avant notre ère, par le plus ingénieux des procédés de calcul et d'expérimentation, Ératosthène, en Égypte, sera capable de mesurer la longueur de la circonférence terrestre, consacrant un déjà vieux savoir sur la sphéricité de la Terre. À la même époque, Archimède inventait la vis sans fin, précisait la valeur de Π définissant les caractéristiques mathématiques des coniques. De gigantesques machines de siège étaient construites, inventée la baliste à air comprimé, mais bien après qu'Alcméon de Crotone eut aussi attribué au cerveau le siège de la raison et découvert le nerf optique. Mais il faudrait plusieurs pages pour énumérer seulement les principaux apports à la civilisation de cette terre si prodigue en génies.

Bien avant l'expédition d'Alexandre, l'on savait, en Inde, et cela depuis le VIIIe siècle avant l'ère chrétienne, travailler le fer et obtenir l'acier. La composition de la matière et l'atome, tenu pour insécable, étaient également admis. Les mathématiciens y inventeront le zéro et la numérotation dont use le monde aujourd'hui. Trois siècles avant l'ère chrétienne, il existait des hôpitaux où l'on soignait gratuitement hommes et animaux et où opéraient des chirurgiens. Les lettrés savaient que la Terre tournait sur elle-même et s'exerçaient au calcul trigonométrique, invention indienne. Π avait été calculé avec trois décimales exactes. Cinq siècles avant le Christ le savoir des astronomes de Mésopotamie avait inspiré les lettrés indiens, les orientant vers les disciplines mathématiques où ils excellèrent.

Sur ces terres de Mésopotamie et d'Égypte, prodigieusement riches en savoir et en art, l'Islam saura transmettre à l'Occident l'érudition des civilisations antérieures ou contemporaines en y ajoutant son apport. Ce fut le cas, en ce qui concerne les mathématiques, l'astronomie (l'observatoire de Samarkand) la médecine (circulation du sang), l'optique, la physique (théorie de l'arc-en-ciel d'un physicien iranien) mais aussi la navigation maritime, l'industrie textile, l'architecture. Au XIVe siècle Ibn Khaldoun sera, chronologiquement, le premier géopolitologue, et Ibn Battouta, émule de Marco Polo, un voyageur découvreur des différentes civilisations.

Mais à la fin du XIVe siècle, débute le déclin général. David Cosandey fixe même « l'échec techno-scientifique de l'Islam à partir du XIe siècle causé, d'une part, par le manque de stabilité de sa division politique et, d'autre part, par son déclin économique, dû, entre autres causes, à sa défaite face aux civilisations voisines. Ces deux éléments se sont renforcés mutuellement[1]. »

Les civilisations, en s'interpénétrant, s'enrichissent mais, également, se combattent et, en particulier, l'expansion mari-

---

1. David COSANDEY, p. 183.

time de l'Espagne, du Portugal, le développement des explorations et du commerce de l'Europe chrétienne ont contribué à la stagnation scientifique et technique des pays de l'Islam.

Il eût été par trop sommaire de traiter de l'immigration sans évoquer, auparavant, par cette longue digression, l'unité du génie humain... À des époques très différentes, en des lieux spécifiques, les mêmes questions ont été posées, auxquelles une civilisation puis une autre se sont efforcées de répondre positivement. Les objectifs des investigations humaines ont eu les mêmes objectifs : l'homme, l'environnement terrestre, l'univers, et semblables ont été les réponses. Souvent, l'oubli est venu ensevelir une vérité à peine découverte. Cependant, avec des moyens différents, mais avec la même intelligence, des siècles plus tard, cette vérité a été rétablie par une autre civilisation, marquant l'unité des capacités universelles de l'homme.

Mais, si diverses sont les civilisations que leur brassage se révèle explosif. Le passage des ans, la multiplication des moyens de communication aidant, tend à la fois à plus de compréhension et à davantage de spécificité. L'image aujourd'hui largement répandue des conditions dans lesquelles on vit, partout dans le monde, rapproche et éloigne. Elle suscite l'intérêt, l'indulgence, voire la compassion chez les uns, l'ambition, la convoitise, la jalousie chez les autres. Ces contradictions sont dans l'ordre des choses. Sous toutes ses formes le progrès technique accentue les particularismes socio-économiques s'il tend à rapprocher les cultures, tout en mettant en évidence les disparités des différentes sociétés, estompant l'uniformité fondamentale des humains.

Au lieu de 75 millions de migrants dans le monde en 1965, il y aurait, de nos jours, près de 200 millions, dont 12 à 15 % illégaux. L'industrie correspondante se développe et elle rapporterait annuellement près de 15 milliards de dollars aux mafias qui se livrent au trafic des hommes[1]. Vieilles comme l'humanité sont les migrations. Mais si celles de la fin du XXe siècle et du début du suivant ont une ampleur particulière, c'est que les moyens d'information ont vulgarisé des comparaisons parfois insoutenables entre l'opulence dont bénéficie une minorité et la précarité, voire la misère des autres. De surcroît, les guerres, les coups d'État, l'instabilité politique, la brutalité des dictatures et aussi la dislocation de l'Union soviétique à laquelle s'ajoute l'affaiblissement des États en Europe, à la fois archipel de richesse et territoire de séjour et de transit pratiquement sans frontières, ont incité au départ et offert une bien tentante destination. Ajoutons la baisse des taux de natalité, le vieillissement des autochtones et l'appel de main d'œuvre que crée ce dépérissement de la vitalité de la plupart des pays formant l'Europe géographique. Elle est devenue zone de basse pression démographique et les hautes pressions qui règnent aux alentours y déversent leur trop-plein d'audacieux et, surtout, de malheureux en quête d'une vie plus décente. Aussi un demi-million d'étrangers sont-ils acceptés en Europe tandis que presque autant s'y introduisent illégalement. Bien que poreuses, les frontières érigées par l'accord de Schengen arrêteraient cependant chaque année quelque 250 000 nouveaux arrivants. La désastreuse politique menée dans les Balkans par l'Allemagne et la France a créé, en Bosnie-Herzégovine et en Albanie, de larges accès à l'immigration clandestine. Le littoral méditerranéen, aussi difficile à contrôler que la frontière séparant les États-Unis du Mexique, est abordé par des dizaines de milliers d'émigrants que ni la Grèce, ni l'Italie, ni l'Espagne ne savent écarter de leurs rivages.

 Excellant dans la représentation imaginaire de la réalité *Le Monde*[2] a publié un texte fabulateur sur le contrôle de l'immigration, texte signé par Claire Tréan : « Le domaine

---

1. « Profession émigré », *Courrier international*, 6 au 12 juillet 2000.
2. *Le Monde*, 9 juin 2002, p. 14.

dans lequel l'Europe a le plus avancé ces dernières années est celui du contrôle aux frontières et de la lutte contre l'immigration clandestine. Les accords de Schengen signés (en 1985) ont donné un coup d'envoi à une coopération policière étroite entre pays membres... » En réalité l'Europe a tellement « avancé » que, depuis 1999, 44 000 personnes de cent dix-sept nationalités différentes ont échoué à Sangatte, la majorité d'entre elles ayant finalement réussi à gagner l'Angleterre. Si ces émigrants ont transité par Sangatte, c'est bien que les pays chargés de veiller aux frontières de l'Union européenne ont été incapables de les arrêter et que la coopération policière « étroite » entre membres était plutôt relâchée. D'ailleurs, un policier belge confiait à un journaliste du *Herald Tribune*[1] : « Nous n'avons pas de frontières pour les criminels, mais nous en avons pour la police. » En matière d'« étroite coopération », on peut mieux faire. Autre preuve : si, 1 450 personnes furent « interpellées » à Calais en 1996, il y en eut 9 500 en 1999. D'ailleurs, on a pu lire dans *Le Monde* du 20 juin 2000 (p. 10) : « La politique d'asile d'immigration commune commence à être intégrée dans la politique communautaire (traité d'Amsterdam, 1997)... Le système de Schengen fonctionne mal. » Ses conséquences sont aussi à l'origine des mouvements de farines animales qui coûtèrent si cher à la société et plus particulièrement aux agriculteurs du cheptel contaminé.

La question se pose. Philippe Bourcier de Carbon (INED) l'a formulée comme suit : « La France a-t-elle vocation à devenir, comme les États-Unis, le Canada, l'Australie, l'Argentine, un pays d'immigration ? » Et faut-il y répondre positivement à l'insu de l'opinion qui n'est pas consultée ? Or, il ne s'agit pas seulement de la France mais de l'Europe géographique tout entière. La densité moyenne d'occupation de son territoire est encore relativement élevée si on la compare à celle des autres continents. Ses peuples ont chacun, et aussi en commun, une histoire millénaire et leurs parti-

---

1. *New York Herald Tribune*, 4 décembre 2001.

cularismes persistent bien qu'atténués par des siècles d'échanges et, pour nombre d'entre eux, par une même origine confessionnelle, une culture aux traits semblables plus nombreux que l'affirmation de leur diversité. Rien de commun avec les territoires des Amériques et de l'Australie où, en quelque sorte, le monde a commencé à se « mettre en place », occupant le « quasi-vide » à partir des grandes expéditions maritimes des XVe et XVIe siècles.

Compte tenu du dépeuplement des pays de l'Europe géographique[1] (ceux de l'Union européenne passant de 375 millions à 311 en 2050) et de l'appauvrissement aggravé des pays pauvres, l'ONU avait émis deux hypothèses sur le repeuplement du continent européen, par l'afflux des populations des régions instables où aux trop faibles investissements pour satisfaire les besoins élémentaires de leurs habitants. Se référant aux travaux des Nations unies[2], Jean-Pierre Chevènement avait retenu l'arrivée de 47 millions de migrants d'ici 2050 qui maintiendraient, un temps, à son niveau actuel la population de l'Union et cité l'hypothèse haute de l'ONU, selon laquelle il faudrait accueillir 79 millions d'émigrants pour que demeure constant le nombre des actifs, c'est-à-dire la population de quinze à soixante-quatre ans. Déjà, entre 1950 et 1990 les résidents d'origine étrangère – première génération – étaient passés de 5,1 million à 17 millions, formant 4,5 % de la population européenne au lieu de 1,9 % quarante ans plus tôt[3].

---

1. Les indices de fécondité actuels des principaux pays européens sont rappelés ci-après : Allemagne : 1,36 ; Espagne : 1,24 ; France : 1,89 ; Grande-Bretagne : 1,65 ; Italie : 1,23 ; moyenne de l'Union européenne : 1,5 (au lieu du minimum 2,1).

2. Joseph Grimblat, auteur du rapport de l'ONU estimait que d'ici à 2050 il faudrait 700 millions d'émigrés en Europe pour maintenir le taux des retraites sans augmenter les cotisations ! La France en recevant près de 2 millions chaque année.

3. Dossier sur la politique d'immigration en France, 2002.

Mais les fortes migrations envisagées ne seraient-elles qu'un palliatif, les migrants adoptant plus rapidement les taux de fécondité des pays d'accueil qu'ils n'assimilent leur culture et leurs mœurs ? Dans l'affirmation, il faudrait en venir à un flux continu de nouveaux arrivants puisqu'il y aurait incompatibilité entre une natalité et un niveau de vie tous deux élevés. À moins que ce procédé de repeuplement ne conduise à l'appauvrissement des pays ainsi repeuplés. Selon Maurice Allais, l'intégration d'un travailleur étranger mobiliserait des ressources quadruples de son salaire. Et s'il obtient le regroupement familial (son épouse et trois enfants, en moyenne) la somme nécessaire pourrait, selon les cas, atteindre dix à vingt fois son salaire. L'immigration devient alors une démarche fort coûteuse, à la fois pour le pays d'accueil et pour celui de l'émigré qui perd une partie de sa population active. Reste, et il est important, l'aspect humanitaire des migrations. Certes, l'Europe ne peut remédier à toute la misère du monde, selon la formule consacrée, mais elle ne peut y demeurer indifférente. En 2000, les pays de l'Union européenne auraient reçu 390 000 réfugiés, du moins officiellement, les clandestins étant plus nombreux encore. La plupart fuyant les territoires en guerre (Irak, Yougoslavie, Afghanistan) et aussi la sévérité des régimes politiques de leurs pays d'origine (Iran, Chine, Turquie, Maghreb, Afrique noire). Tout naturellement les États riches les attirent. La France, pour sa part, en aurait reçu près de 40 000 au cours de l'année. Aux États-Unis, l'on constate sans déplaisir la puissance d'attraction de la relative prospérité européenne. « En 1999, seules 30 000 personnes ont demandé asile aux États-Unis au lieu de 127 000 en 1993, mais plus de 365 000 l'ont fait en Europe. Le démantèlement de l'Union soviétique en est une des causes... la faiblesse de l'Europe favorise les trafics... facilite les accès. Les voyages (des réfugiés) sont moins coûteux, 25 000 dollars peut-être, au lieu de 50 000, pour un Chinois allant aux États-Unis. D'Athènes à Amsterdam, pas de passeport... une année de travail en

Grande-Bretagne correspond en rétribution à huit années en Chine[1]. » D'après l'Office français pour la protection des réfugiés et apatrides[2], en 2001, 47 291 demandes d'asile ont été présentées auxquelles il faut ajouter environ 20 000 personnes persécutées sollicitant aussi le séjour en France. La prise en charge par le pays de ces malheureux lui a coûté, en 2001, 1 329 millions de francs. L'Allemagne a dû gérer 88 363 dossiers de demandeurs d'asile, la Grande-Bretagne, le même nombre à quelques centaines près, la Belgique 24 550, mais l'Italie, l'Espagne, moins de 10 000 chacun, la Grèce, moins de 6 000.

Manifestement, le Nord attire les « déplacés » du Sud, majoritairement des Sri-Lankais, des Tchétchènes, des Ukrainiens, des Kurdes, des Mauritaniens, des Congolais, des Maghrébins.

La France faisant partie de l'Union européenne et, à son détriment, participant activement à la « construction européenne », il importe, avant d'aborder plus spécifiquement l'immigration en France, de passer rapidement en revue l'attitude de ses principaux partenaires face au même phénomène social.

Allemagne.

La loi de 1913 a soumis la nationalité allemande au droit du sang. Cette loi a été amendée récemment afin d'accorder, aussi, dans d'étroites limites, les bénéfices de la loi du sol. Si la population allemande a augmenté régulièrement, passant de 63 millions en 1910 à 83 en 2000, le taux de natalité actuel ne permet même plus de remplacer nombre pour nombre les générations. Aussi l'Allemagne a-t-elle accueilli près de 8 millions d'étrangers (un peu plus de 9 % de la population totale) et admet-elle 40 000 à 50 000 entrées

---

1. *New York Herald Tribune*, 3 juillet 2000, p. 1.
2. *Le Figaro*, 6 mai 2002, p. 17.

irrégulières. Edmond Stoiber, alors candidat à la Chancellerie, avait déclaré que son pays ne pouvait plus « intégrer » davantage d'étrangers. (2 millions de Turcs, autant d'Allemands de souche venant de l'étranger, 1 960 000 demandeurs d'asile, 1 850 000 ressortissants des autres pays de l'Union européenne, 360 000 réfugiés, 250 000 personnes entrant en Allemagne à la faveur du regroupement familial.) Il convient de n'ouvrir les portes qu'à des scientifiques et à des experts nécessaires à l'industrie et à l'économie allemandes. Le professeur Birg de l'université de Bielfeld[1] faisait remarquer que 25 % des enfants d'immigrés quittaient l'école sans diplôme. Entre vingt et vingt-cinq ans, 3 % seulement entraient à l'université alors que 17,3 % des étudiants allemands y avaient accès... Dans les grandes villes, en 2010, la majorité des moins de quarante ans sera d'origine étrangère, conséquence désastreuse pour l'économie et pour la société. Significatif à cet égard est le rapport chômeurs nationaux-chômeurs immigrés puisqu'en 2001 il était de 9 %- 18 %. « Si les émigrés veulent vivre durablement en Allemagne, ils doivent s'adapter à la culture allemande [...] et parler la langue nationale », estime le parti minoritaire CDU.

Grande-Bretagne.

Le ministre de l'Intérieur britannique entend qu'avant d'être naturalisés les immigrés acquièrent au moins une modeste maîtrise de la langue anglaise. L'immigration légale atteint 3,8 % de la population totale avec quelque 2 200 000 étrangers, mais le nombre des clandestins serait près de cinq fois plus élevé et les demandeurs d'asile approcheraient les 100 000. L'état de l'économie britannique, le libéralisme social dont Londres fait preuve, enfin la plate-forme d'envol pour le Nouveau Monde que constituent les îles Britanniques,

---

1. *Le Monde économique*, 20 mars 2001, p. III.

les désignent comme destination privilégiée du flux des migrants. Le rapport entre les chômeurs nationaux et les chômeurs d'origine étrangère est voisin de celui constaté en Allemagne : 7 %-12 %. Le gouvernement britannique a proposé à la Conférence de Luxembourg de juin 2002 de soumettre l'importance de l'aide aux pays en voie de développement à leur coopération en matière d'immigration.

Espagne.

Environ 800 000 immigrés y vivraient en situation régulière (soit 1,4 % de la population totale). En revanche, près de 250 000 formeraient l'immigration clandestine. Le rapport entre les chômeurs nationaux et les chômeurs immigrés est le même que celui enregistré en Allemagne.

En 2001, Madrid a expulsé 45 000 personnes et sanctionné près de 10 000 arrivants irréguliers. La situation géographique qu'occupe l'Espagne, proche de l'Afrique, l'expose à tous les trafics associés à l'immigration. Entre Tanger et la côte espagnole, en cinq ans, les corps de quelque 4 000 émigrés noyés ont été repêchés chaque année, 100 000 Africains tentent de gagner l'Europe par l'Espagne. Au moins trois cents réseaux mafieux auraient été démantelés. Au Sommet de Luxembourg la présidence espagnole a annoncé de nouvelles mesures destinées à décourager l'immigration : suppression du séjour automatiquement accordé après cinq années de présence sur le sol espagnol, regroupement familial restreint, permis de séjour limité à deux ans, obligation de parler l'espagnol.

Italie.

Elle se trouve géographiquement, et en ce qui concerne l'immigration, dans une situation voisine de celle de l'Espagne. Elle a admis un peu plus d'immigrés en situation régulière et compte également davantage de clandestins (probablement 250 à 300 000). En revanche le rapport entre les chômeurs nationaux et les chômeurs immigrés est l'inverse de celui généralement observé dans les autres pays de l'Union : 11 %-6 %. Comme Madrid, Rome veut lutter contre l'immigration sauvage et, à cette fin, faire prélever leurs empreintes digitales aux arrivants, limiter à deux ans leur permis de séjour et freiner le regroupement familial en fonction de la nature des liens familiaux et de l'âge des enfants.

Pour mémoire, quelques autres repères : le Danemark compte 7,4 % d'immigrés. La Suisse en a 20 % de sa population mais 6 % d'entre eux sont nés sur le territoire helvétique. Les « voisins » y sont les plus nombreux : 360 000 Italiens, 210 000 Yougoslaves. Enfin, depuis plusieurs années l'Australie reçoit annuellement une moyenne de 80 000 immigrants.

La France et l'immigration.

En 1997, Paul Lambert publia un ouvrage magistral sur l'immigration en France[1]. Il était politiquement non conforme, c'est pourquoi les médias se gardèrent d'inciter les Français à en prendre connaissance. Pourtant, l'auteur exposait à la fois les causes et les conséquences de l'immigration massive et proposait des mesures capables d'y mettre un terme, dans l'intérêt de la France mais aussi à l'avantage des pays d'origine des migrants. En Ve République dévoyée, les propositions de Paul Lambert ne pouvaient être prises en considération. C'eût été aller à l'encontre du dessein des « élites politiques » du pays cherchant à accélérer le déclin de la nation afin d'en faire une région, éventuellement elle-même morcelée, de l'Europe politique. Le coût des mesures sociales que nécessite l'immigration et celui du chômage qui en résulte, ajouté aux charges créées par le vieillissement de

---

1. *La France aliénée*, « Godefroy de Bouillon », Paris, 1997.

la population, absorbent une part importante des ressources de la nation, réduisant d'autant celles qu'elle aurait dû consacrer au développement scientifique, industriel, commercial, la préparant ainsi à devenir une région.

Avant de tenir compte des événements survenus depuis la parution du livre de Paul Lambert, les idées qu'il y expose, intéressant toujours l'actualité, seront brièvement rappelées ci-après.

Par démagogie, il y a une trentaine d'années, les dirigeants du pays ont dispensé les Français des travaux pénibles ou peu rémunérateurs, le plus souvent les deux à la fois. Il était plus apprécié de toucher des allocations de chômage que d'exercer des fonctions mal rétribuées ou exigeant d'excessifs efforts physiques. Il existait des peuples prêts à accepter d'accomplir ces besognes plutôt que de supporter, chez eux, la misère. Nos belles âmes, certes bien involontairement, sacrifiaient à la notion de supériorité d'une population sur une autre, en l'occurrence des Français sur les peuples émigrants. À nous, Gobineau si vilipendé ! Un exemple : les deux tiers au moins des chauffeurs de taxi parisiens sont étrangers, ou récemment naturalisés. Est-ce là un travail trop pénible ou insuffisamment rétribué pour que des Français acceptent de l'exercer ? Paul Lambert s'étonnait que la technique n'ait pas permis d'alléger l'effort des éboueurs, ceux-ci étant majoritairement des Noirs qui seraient contraints d'exercer une activité à la fois pénible et mal payée.

En 1970, il s'agissait encore de poursuivre l'industrialisation du pays et une main d'œuvre abondante permettrait d'y parvenir sans augmentation des salaires. Mais l'industrialisation traditionnelle était dépassée et l'on en était à l'ère postindustrielle, celle de la « Silicone Valley ». Or, la main d'œuvre sollicitée ne possédait pas les compétences requises pour des activités postindustrielles. Résultats : augmentation du chômage et des charges afférentes. (Le professeur Milloz avait calculé le coût des « étrangers » y compris les immigrés européens, les statistiques de l'INSEE ne distinguant

L'IMMIGRATION 103

pas les immigrés extra-européens. Il fixait à 211 milliards, en 1989, le coût total, chiffrant l'écart entre les prestations reçues et les impôts, taxes et cotisations payées[1].)

D'après les études de M. Jean Mottin, ancien conseiller d'État, la France comptait 322 500 chômeurs réels en 1970, mais plus de 1 million, cinq ans plus tard. Quant au nombre des immigrés réels, durant la même période, il avait augmenté de près de 1,8 million. En 1985, la France devait supporter la charge de 3 millions de chômeurs réels et celle de près de 3 millions d'immigrés supplémentaires. Et, en 1993, il y aura deux fois plus de chômeurs et trois fois plus d'immigrés qu'il n'y en avait en 1970. La comparaison des courbes représentatives du chômage et de l'immigration a conduit Paul Lambert à estimer qu'un million d'immigrés en moins aurait réduit de 780 000 le nombre de chômeurs[2].

Les pays d'émigration en pâtissent dans la mesure où, formés en France, ces émigrants ne retournent pas chez eux y contribuer au développement de leur terre d'origine. Les avantages matériels qu'ils obtiennent ne compensent pas toujours, et de loin, le malaise que ressent l'étranger. Selon sa civilisation et surtout, nous le verrons, selon sa confession, l'adhésion complète aux mœurs du pays de refuge se révèle le plus souvent chimérique. Nous devrions le comprendre, nous qui avons été colonisateurs, nous efforçant non pas d'adopter les mœurs locales mais de les faire évoluer vers les nôtres. Le principe d'égale valeur intrinsèque – pour chacun de ceux qui s'y identifient – de toutes les civilisations vouait à l'échec la colonisation. Comme le sera l'assimilation, en nombre – non pas, bien sûr, individuellement –, des différentes civilisations auxquelles appartiennent les

---

1. *Ibid.*, p. 75-76.
2. En France significatif est le rapport entre le pourcentage de chômeurs nationaux rapproché du pourcentage d'émigrés chômeurs. Au début de 2002, ce rapport était le suivant : 10 %-23 %. Autre source : sur 1,6 million de population active étrangère on compterait 365 000 chômeurs.

migrants. À condition de ne pas dépasser un certain seuil numérique, difficile à déterminer.

La quête d'une main d'œuvre bon marché peu regardante quant aux tâches qui lui étaient assignées, si pernicieuse qu'elle ait été pour la France, pour les migrants et pour leurs pays d'origine a fait place à une politique de repeuplement, à son tour source de conflits et dont il n'est pas évident qu'elle contribue à l'enrichissement qu'on en attend[1].

Pour maintenir seulement à son niveau actuel le nombre de ses « actifs », l'Allemagne devrait accueillir, chaque année, 460 000 émigrés. Le chancelier Schröder a envisagé un compromis entre une politique d'appel de main d'œuvre et une politique de repeuplement en pratiquant le système des quotas au bénéfice de nouveaux arrivants « qualifiés » auxquels serait fourni, comme aux États-Unis, avec leur « carte verte », un permis de travail et de séjour. En France, le droit du sol et le regroupement familial n'autorisent pas cette politique. D'après le rapport de Patrick Weil le flux migratoire vers la France avait été de l'ordre de 100 000 personnes par an[2]. Encore élevé, le taux de chômage ne facilite pas une stratégie de repeuplement par le recours à l'immigration massive, bien qu'en ce domaine la situation démographique de la France soit moins désastreuse que celle de l'Allemagne. En ce qui concerne le marché du travail, il lui manquerait quelque 110 000 « actifs » supplémentaires chaque année, chiffre quelque peu incompatible avec celui

---

1. Fort pertinemment, Paul Lambert a écrit dans *Les Échos* (29 juin 2001, p. 53) : « On estime à 300 000 le flux annuel d'immigrés. Or, le flux annuel des expatriations serait de 13 milliards de francs, voire de 50 milliards selon une autre estimation. Tout se passe comme si les plus dynamiques fuyaient à l'étranger la charge supplémentaire occasionnée par l'arrivée de gens non qualifiés. »

2. C'était en 1997. De source plus récente (rapportée par le *Courrier international* du 6 au 12 juillet 2000), aux 1 157 000 Maghrébins en situation régulière, s'ajouteraient déjà 100 000 à 300 000 clandestins.

du chômage[1], des nationaux (9 à 10 %) comme avec celui des émigrés (23 %). À la fin d'octobre 2000 les étrangers, les actifs et les inactifs, les travailleurs, les chômeurs et leurs familles totalisaient 4 820 000, en chiffres ronds, du moins selon la statistique officielle[2] (et sans tenir compte des clandestins). L'État avait fourni les ordres de grandeur suivants :
Étrangers nés à l'étranger : 2 750 000 ; étrangers nés hors de France, ayant acquis la nationalité française : 1 560 000 ; étrangers nés en France : 510 000. Au début du millénaire l'INSEE avait estimé à 1 270 000 le nombre des Maghrébins, à 600 000 celui des Portugais ; à 380 000 les Italiens, à 305 000 les Espagnols et à 180 000 les Turcs. Quant à la population d'origine subsaharienne, elle avait progressé de 43 % en dix ans pour atteindre environ 400 000 personnes. Au moment où paraîtront ces pages ces chiffres, déjà sous-estimés, seront très largement dépassés.

La majorité des émigrants est donc de confession musulmane et l'Afrique leur terre d'origine... La relative proximité géographique, la colonisation française et la francophonie, les épreuves des deux guerres mondiales partiellement partagées font tout naturellement de la France le pays d'accueil privilégié. La suppression des frontières internes de l'Union sanctionnée par les calamiteux Accords de Schengen facilite les migrations que l'on ne sait plus contrôler et les trafiquants prospèrent et prolifèrent[3].

1. L'Institut national des études de démographie estime qu'en France « il n'y a pas 22 millions de personnes au travail sur 60 millions. Le pourcentage des travailleurs effectifs dépasse à peine 55 % de la population en âge de travailler, au lieu de 70 à 75 % en Scandinavie et aux États-Unis. En France, la réserve d'actifs potentiels serait de 7 à 8 millions ».
2. *Le Monde*, 18 novembre 2000, p. 8.
3. Dans son rapport sur le budget 2001 de la police, Louis Mermaz signalait les démantèlements des réseaux de « passeurs » : vingt-six filières en 1998, vingt-sept en 1999, dix-neuf au cours, seulement, du premier semestre de 2000. Pour un Africain le coût du « passage » varie entre 10 000 et 20 000 francs, 40 000 pour un Irakien, 100 000 pour un Chinois. La France n'était guère capable que d'expulser 20 % des clandestins identifiés. Élisabeth LÉVY, *Marianne*, 27 novembre 2000.

En dépit de ces liens, de ces facilités matérielles, du repeuplement du territoire français et de la politique sociale généreuse de la France, demeurent les différences de mœurs et les obstacles confessionnels qu'accentue le pourcentage élevé d'émigrés rapporté au nombre des autochtones. Dans sa *France africaine*, J.-P. Gourevitch chiffrait à 6 ou 8 millions le nombre des musulmans en France avant 2010. Et prédisait qu'en 2 060 les résidents musulmans atteindraient 50 millions. Déjà, en 2000, une enquête de l'institut d'opinion Louis-Harris, résumée par *Le Monde* du 16 mars 2000, révélait que 60 % des personnes interrogées estimaient qu'il y avait trop d'étrangers, aujourd'hui, en France, notamment trop d'Arabes, selon 63 % des sondés. Aussi 70 % d'entre elles se déclaraient-elles xénophobes. Évidente est la contradiction entre le sentiment quasi général des Français – y compris ceux qui ont acquis récemment la nationalité française – et la politique officielle fondée sur le « droit du sol encourageant les émigrés à demander la naturalisation » dès qu'ils en remplissent les modestes conditions.

Mais la nature de ces migrations, de cette irrésistible montée du sud vers le nord, outre les coûts et le chômage qu'elle implique, présente les inconvénients de l'incompatibilité des mœurs implicite dans les civilisations différentes. En particulier l'origine africaine et la confession de la majorité des migrants.

L'Afrique est devenue une terre de violence. La vie humaine y a peu de prix, la nature n'y est guère respectée et la colonisation n'y a pas toujours exercé l'action civilisatrice qui la justifiait. Elle y a découvert des richesses insoupçonnées, sources de rivalités, de conflits, voire de coupables ingérences. Patiente, la population souffre de l'instabilité politique, des coups d'État à répétition, des famines, des maux de la guerre. Et cela du nord au sud, de l'Algérie déchirée aujourd'hui à l'Afrique du Sud, hier, en passant par la zone des Grands Lacs, le Soudan, la corne orientale de l'Afrique, l'Angola, le Congo, le Nigeria, la Côte-de-l'Or, d'autres encore, car presque tous les États du continent ont été en conflit, les populations déplacées et, trop souvent, massacrées.

Si la solidarité internationale devait se manifester massivement, c'est bien en faveur de cette région du monde au potentiel humain et matériel si abondant. Mais en Afrique et en Europe, les conditions d'existence sont si différentes que l'émigration d'origine africaine, pour être accueillie comme il convient qu'elle le soit, devrait être limitée, l'arrivant adoptant peu à peu les mœurs d'« en haut » et non, bien sûr, l'accueillant celles d'« en bas », géographiquement s'entend. À l'évidence, la solution réside dans le développement local où abondent les richesses naturelles.

Quant à la confession, l'islam, elle est d'autant plus respectable qu'elle inspire plus d'un milliard d'êtres humains. Mais elle n'est guère compatible avec les règles en vigueur dans les sociétés occidentales entendant s'en remettre de plus en plus à la pratique de la démocratie.

Divers, divisés, souvent opposés les uns aux autres, avant tout soucieux de défendre leurs intérêts individuels, les pays musulmans n'en ont pas moins une doctrine commune, confessionnelle, dans une certaine mesure plus déterminante que ne l'avait été, naguère, la chrétienté. Cette doctrine récemment (en 1970), Alija Izetbegovic, futur président de Bosnie-Herzégovine, l'avait définie dans sa *Déclaration islamique* :

> La plus brève définition de l'ordre islamique le définit comme *l'unité de la foi et de la loi...* Le Musulman n'existe pas en tant qu'individu. S'il veut vivre et demeurer musulman il doit créer un milieu, une communauté, un ordre. *Il doit transformer le monde, ou alors c'est lui-même qui sera transformé.* L'Islam est une croyance et en même temps une philosophie, une éthique, un ordre des choses, un style, une atmosphère. En un mot, une manière de vivre intégrale.
> *L'ordre islamique, c'est l'unité de la croyance et de la politique.* D'où des conclusions importantes. La première est sans doute *l'impossibilité du lien entre l'Islam et d'autres systèmes non islamiques. Il n'y a pas de paix, ni de coexistence entre la reli-*

gion islamique et les institutions sociales et politiques non islamiques... L'Islam exclut clairement le droit et la possibilité de la mise en œuvre d'une idéologie étrangère sur son territoire. *Il n'y a donc pas de principe de gouvernement laïque et l'État doit être l'expression et le soutien des concepts moraux de la religion.*
Nous ne commencerons pas par la conquête du pouvoir mais par la conquête des hommes [...] nous devons être, tout d'abord, des prédicateurs et, ensuite, des soldats... *Le mouvement islamique doit, et peut prendre le pouvoir dès qu'il est numériquement assez fort pour qu'il puisse non seulement détruire le pouvoir non islamique existant mais aussi être en mesure de construire ce nouveau pouvoir islamique.*

Près d'un quart de siècle après avoir rendu publique cette profession de foi, avec l'aide politique et militaire des États-Unis, Alija Izetbegovic a réussi à « détruire le pouvoir non islamique » en Bosnie-Herzégovine et à y « construire le nouveau pouvoir islamique ». Rappelons que la *Déclaration islamique* a précédé de peu l'instauration, en Iran, du régime intégriste de la République islamique fondée par Khomeiny[1].

Identification de la foi à la loi, refus de toute laïcité, pas de coexistence entre l'islam et une autre confession, prise de pouvoir dès qu'il est possible d'y parvenir, autant d'inquiétants principes manifestement inconciliables avec ce que les démocraties appellent leurs valeurs. Lors du Rassemblement annuel de l'Union des organisations islamiques en France (fin avril 2000), Jean-Pierre Chevènement avait annoncé qu'il souhaitait « intégrer définitivement le culte musulman dans le cadre laïque et favoriser l'émergence d'une instance centrale représentative de l'islam, par un processus prudent et progressif ». Mais, traitant de la « politique générale d'immigration en Europe », le ministre acceptait bien un certain métissage « à condition de maîtri-

---

1. Avec la légèreté et l'incohérence de sa politique étrangère, la France de Valéry Giscard d'Estaing avait accru l'audience de Khomeiny, et celle de Mitterrand, aidé Izetbegovic à créer un nouvel État musulman dans les Balkans. Deux démarches contraires à l'intérêt national.

ser les flux et à condition que nos valeurs ne soient pas mises en cause par les arrivants : liberté de croyance, monogamisme, égalité homme-femme, secret des suffrages, liberté d'expression »... autant d'exigences démocratiques qu'ignorent la plupart des États musulmans.

Si la *Déclaration* d'Alija Izetbegovic, encensé par nos « philosophes », inspire toujours une large fraction de fidèles de l'islam, unir les deux civilisations au sein d'un même État reviendrait à vouloir résoudre la quadrature du cercle. Or, les événements récents indiquent davantage un radicalisme politico-religieux qu'une ouverture vers les fameuses valeurs occidentales.

L'histoire rend compte des origines et des causes de l'écart croissant entre les deux civilisations. Elle relate les manifestations du profond sentiment de frustration des pays musulmans colonisés. S'y opposent aujourd'hui, les fastes de la rente pétrolière et la dépendance dans laquelle l'énergie fossile que possèdent ces pays tient les puissances industrialisées, hier, triomphantes.

« Nous sommes asservis, écrivait Izetbegovic, à un moment, en 1919, il n'existait aucun pays musulman indépendant. Nous sommes illettrés, aucun pays musulman, entre les deux guerres, n'a compté plus de 50 % de lettrés. Au moment de son indépendance le Pakistan s'est trouvé avec 75 % d'analphabètes. Nous sommes pauvres, le revenu national par habitant est de 220 dollars [...] et 70 dollars en Indonésie. Nous sommes une communauté divisée [...] les richesses se sont progressivement accumulées entre les mains d'un nombre restreint. » À qui la faute ? Aux colonisateurs, aurait sans doute répondu Izetbegovic si la question lui avait été posée.

En 1970, alors que le futur président de la Bosnie-Herzégovine exposait ses doléances, la situation des pays musulmans avait changé et elle allait évoluer rapidement en leur faveur. Lors de la crise de Suez, en 1956, l'Égypte avait constaté que les deux superpuissances de l'époque, soucieuses de ménager les gouvernements détenteurs de vastes ressources énergétiques, volaient à son secours. De surcroît, les livraisons de pétrole ayant été suspendues, les économies des puissances assaillantes, la France et la Grande-Bretagne, en avaient fortement souffert.

Dix-sept ans plus tard, Henry Kissinger agença la guerre du Kippour afin qu'ayant senti le « vent du boulet », l'État d'Israël, toujours militairement victorieux, en vienne à composer avec ses voisins musulmans. La crise du pétrole qui suivit le déclenchement des hostilités mit en évidence, une seconde fois, la fragilité des pays industrialisés et, par conséquent, le pouvoir que confère aux pays musulmans pétroliers le contrôle de l'énergie indispensable au développement des États acquéreurs. La guerre froide avait amené les États-Unis à rechercher l'alliance de l'Islam croyant face au matérialisme marxiste-léniniste. Et, durant la guerre soviéto-afghane, Washington ravitailla les résistants intégristes, et un certain nombre d'entre eux obtiendront la citoyenneté américaine... et ils militeront dans les réseaux d'Al Qaeda. Dès 1945, Roosevelt avait noué des liens étroits avec les Saoud d'Arabie, ce pays devenait le principal allié arabe de la superpuissance. La guerre du Golfe, dont Riyad allait être une des bénéficiaires – en s'appropriant le quota de production pétrolière de l'Irak –, renforça encore les relations entre Washington et le gouvernement saoudien, mais déclencha une sourde opposition des populations contre la présence massive des contingents des États-Unis en terre sainte, stimulant ainsi les mouvements intégristes.

Lors du conflit des Balkans, et sur l'initiative de l'Allemagne précipitant le démantèlement de la République fédérale de Yougoslavie, les États-Unis avaient bien tenté de compenser le soutien qu'ils fournissaient à l'État d'Israël par la création de la Bosnie-Herzégovine à direction musulmane. Mais, l'échec des Accords d'Oslo, l'aggravation du conflit israélo-palestinien allaient exacerber l'opposition des mouvements intégristes à la politique des États-Unis. Les événements du 11 septembre 2001 révéleront l'ambiguïté du comportement de l'Arabie Saoudite et décideront une

« déchirante révision » de la politique des États-Unis en ce qui concerne les pays musulmans. Leur situation, en général, n'est plus celle évoquée par Alija Izetbegovic. La puissance politique et économique conférée par la rente pétrolière et gazière, la dépendance dans laquelle leurs ressources énergétiques tiennent les pays développés, les puissants investissements arabes dans les activités industrielles, économiques, bancaires de ces pays – et les emplois qu'ils suscitent – la position stratégique, enfin, qu'occupent les États musulmans, de l'Atlantique au Pacifique, formant une zone d'interposition entre l'Occident industrialisé et l'Asie-Pacifique en rapide développement, placent les peuples musulmans sur le devant de la scène internationale.

En somme, pour eux, une troisième expansion après celle des VIIe et VIIIe siècles et celle de l'Empire ottoman. Aussi, les fidèles, fiers de leurs civilisations et de la considération retrouvée, ne sont-ils pas disposés à renoncer à leur identité et à leurs croyances au profit d'un Occident laxiste, aux mœurs pour le moins relâchées.

Bernard Lewis[1] a parfaitement situé l'origine du divorce des deux civilisations lorsqu'il a écrit les lignes suivantes : « Mahomet lui-même exerçait ses fonctions – non en vertu d'une autorité conditionnelle et consensuelle... – mais au nom d'une prérogative religieuse absolue. La source de l'autorité passait de l'opinion publique à Dieu lui-même qui l'avait conférée à Mahomet, Son apôtre élu. Ce transfert détermina l'ensemble de l'histoire du gouvernement musulman et de la pensée politique musulmane. » Et les siècles n'ont pas altéré cette pensée politique. Paradoxalement, le pétrole l'a renforcée.

D'ailleurs le Coran et les hadith ne sont-ils pas, ainsi que l'a écrit Izetbegovic, une « manière intégrale de vivre » ? Que signifierait la consultation populaire ? Se détourner des prescriptions de la Loi serait apostasier et y être conforme démontre qu'inutile est le recours à l'avis de la population.

---

1. *Les Arabes dans l'histoire*, Aubier, Paris, 1993, p. 56.

Démocratie et laïcité n'ont guère de sens devant cette conception de la société.

Ce développement s'explique par l'importance de l'immigration musulmane. Le dynamisme démographique, l'assurance nouvelle que confère le rôle grandissant des pays de l'Islam, enfin l'attrait des richesses mieux partagées en Europe sont autant d'incitations à l'expansion territoriale. Aujourd'hui l'or noir y concourt. Demain, son épuisement devrait précipiter cette migration, prodrome de l'invasion.

En ce qui concerne la France, les dispositions prises au cours du dernier quart de siècle ont eu pour conséquences convergentes l'appauvrissement démographique du pays et l'amenuisement des facultés d'assimilation des nouveaux venus. Une absurde incohérence : « l'appel d'air » d'un côté, le refoulement de l'autre. La « construction européenne » est la principale cause de cette faillite politique.

– Il est courant lorsque l'on traite de l'immigration d'évoquer les États-Unis, pays multiethnique, riche de la variété des dizaines de millions d'émigrants qui sont à l'origine de sa puissance. Mais la multiethnicité – dont un général américain s'étonnait qu'elle ne soit pas généralisée sur le territoire européen – n'est pas sans conséquences. Aux États-Unis, outre leurs lois sévères, la peine de mort, l'arbitraire policier, le port d'arme individuel autorisé dans plusieurs États, l'ordre est parfois rudement établi. Selon une tradition qui doit beaucoup à la « ruée vers l'ouest », il y est admis que chacun peut défendre ses acquis matériels par tous les moyens, y compris les armes. En Europe, cette étape de l'évolution des sociétés est, depuis longtemps, dépassée. Jusqu'à ce que s'étende l'insécurité, c'était le cas en France. Mais Schengen a permis tous les trafics et facilité l'installation de milliers d'indésirables. Autre exemple, souvent utilisé : la puissance d'intégration, le succès du « melting pot ». C'est oublier que, si l'étranger arrive aux États-Unis dans l'espoir d'y acquérir par le travail une aisance qu'il ne peut obtenir sur sa terre d'origine, il est mû par un autre souhait : détenir un jour une parcelle, une infime parcelle de la puissance de la superpuissance mondiale. Il sera fier d'appartenir à la plus forte des collectivités humaines et de contribuer, même modestement, à la renforcer encore.

En revanche, de nos jours, lorsque l'émigrant gagne le territoire français, c'est afin d'y trouver du travail et de bénéficier des généreuses prestations sociales qui accompagnent son séjour. Venant généralement d'un pays au régime autoritaire il constate avec condescendance qu'il va vivre sur un territoire sans frontières, sans monnaie nationale, relevant de l'extérieur pour le législatif, l'économie, la défense, à l'exécutif faible, incapable d'assurer la sécurité de ses propres citoyens, reniant son passé par angélisme ou par lâcheté[1], enclin aux loisirs, écarté par ses nombreuses carences des grandes décisions internationales, bref un territoire ayant à peine le statut d'une province. Aussi cet émigrant estime-t-il que ses conceptions antérieures de la société valent bien, valent mieux, que celles, nouvelles, pour lui, qui prévalent en France. Il rechigne à en observer les lois, en critique les mœurs et la citoyenneté n'a guère d'autres attraits que les avantages matériels qu'elle confère encore. Il faut bien que les Français paient le prix des abandons de souveraineté qu'ils ont consentis en sacrifiant au mythe européen.

Autre conséquence : la fascination qu'exerce l'Europe politique. La France ne serait que l'antichambre, aisément atteinte, de la future citoyenneté européenne. Comme le font

---

1. Créé par Michel Rocard, le HCI devait étudier les questions et les enjeux de l'immigration. Dans son rapport sur l'islam dans la République son président, Roger Fauroux, a écrit : « Intégrer les musulmans vivant sur notre sol dans la République, c'est enrichir la nation française de nouveaux apports religieux et culturels et continuer le perpétuel travail de recomposition et d'hybridation qui l'a constituée depuis le début de sa longue histoire [...] il faut mettre en place, dans les cantines des repas sans porc [...] l'octroi d'autorisation d'absence le jour de l'Aïd el-Kébir [...] le port du voile n'est pas incompatible avec la laïcité... » On croyait les socialistes plus pointilleux sur la séparation de l'Église et de l'État. Manifestement M. Fauroux ne connaît ni Izetbegovic, ni Khomeiny, ni le régime saoudien et la propagande qu'il finance.

déjà les Corses, autant s'adresser à Bruxelles aux dépens de Paris, dont les pouvoirs restants ne sont qu'une réminiscence du passé. En quelques mots, grande est l'incompatibilité entre la « construction européenne » et l'assimilation des émigrés. La France souveraine aurait été capable d'appliquer une politique de l'immigration conforme à ses intérêts alors que les abandons de souveraineté qu'elle a consentis la transforment en un territoire d'occupation, puis de conquête[1].

Remèdes.

Après ce qui a été accompli en France depuis une trentaine d'années, et, plus généralement en Europe, dans le cadre de la « construction européenne », il n'y a point de solution radicale aux multiples problèmes créés par l'immigration.

En faisant l'audacieuse hypothèse d'une France recouvrant sa souveraineté et capable, à nouveau, de légiférer en fonction de l'intérêt d'une nation ressuscitée, à l'évidence, les mesures à prendre seraient les suivantes :

– En priorité stimuler la natalité par le retour à une politique favorisant les familles nombreuses. Devant les membres de l'Académie des sciences morales et politiques, Claude Bébéar avait fort opportunément traité de la situation démographique de la France : « il faudrait 900 000 naissances annuelles, et il y en eut 780 000 en 2000. En 50 ans les prestations familiales ont diminué de près de 70 %. Elles devraient être de 3 % du PIB au lieu de 1 % aujourd'hui [...] à comparer aux 20 % consacrés aux retraites et à la santé. »

– Mettre un terme à la politique de repeuplement par l'immigration et se contenter de l'accueil aux réfugiés poli-

---

1. À juste titre Jacques Chirac a souligné que l'Europe était désormais le meilleur des boucliers pour sauvegarder les identités nationales, a écrit M. Henri Plagnol, député UDF qui n'a encore rien compris à la signification des abandons de souveraineté et de la suppression des frontières quant à la « sauvegarde de l'identité nationale » (*Le Figaro*, 7 mai 2002, p. 20).

tiques et aux émigrés en quête d'emploi, sous certaines réserves pour ces derniers.

– Fixer le nombre de travailleurs étrangers admis en fonction du chômage des autochtones. Il est moralement inacceptable et matériellement coûteux d'ajouter des chômeurs potentiels à ceux qui sont déjà sans emploi.

– Reprendre le principe du « retour rétribué » en ajoutant au pécule de départ le service des allocations gagnées en France.

– Favoriser l'émigration-formation, c'est-à-dire un séjour à « durée déterminée » contribuant à l'acquisition de connaissances dont bénéficiera le pays d'origine au retour de l'émigré. Renoncer, par conséquent, aux quotas que l'Allemagne envisage de pratiquer et qui ont cours aux États-Unis. La sélection ainsi opérée appauvrit en main d'œuvre les pays d'origine, les privant de capacités, voire de talents, dont ils ont besoin pour leur développement.

– Revenir sur le « droit du sol ». Si le droit du sang, la nationalité par filiation est intangible, l'automaticité de la naturalisation est une facilité qui ne correspond à aucune réalité humaine mais dépend du hasard : des déplacements des géniteurs. En revanche, la durée du séjour est un gage d'attachement à la terre d'immigration et, sans donner un « droit », elle devrait contribuer à l'obtention de la nationalité française mais après l'avoir demandée. Le lieu de naissance ne peut constituer un droit.

– Aborder enfin de front le problème que pose la marche vers le Nord de la population du Sud, les migrations d'Afrique vers l'Europe. En commençant par les rives de la Méditerranée. Voici, à cet égard, quelques chiffres significatifs :

– Au cours du XXe siècle la population de la France a été multipliée par 1,5 ; celle de l'Italie par 1,7, de l'Espagne et du Portugal, chacune par 2. Mais, en revanche les Marocains sont 6,5 fois plus nombreux, les Algériens 6 fois plus ainsi que les Tunisiens. La population turque a été multipliée par 4,2, celle de l'Égypte par 5,2.

Pour le prochain demi-siècle, les démographes prévoient que les Égyptiens seront près de deux fois plus nombreux et les Turcs dépasseront les 100 millions.

Or, la plupart des pays du littoral méditerranéen sont adossés au désert. Les ressources énergétiques dont disposent certains d'entre eux (Algérie, Libye) ne sont pas inépuisables. Elles disparaîtront bien avant que diminue leur vitalité démographique.

Avant même la fin du siècle, il est probable que l'ensemble de la population des pays d'Afrique du Nord et du Proche-Orient méditerranéen aura augmenté de plus de 100 millions, tandis que celle de l'Europe sera réduite d'autant. Aussi il est urgent d'étendre les surfaces fertiles en gagnant sur le désert, afin de tendre vers l'autosuffisance alimentaire de ces peuples. Y pourvoir serait leur fournir dès maintenant du travail et tarir peu à peu leur montée vers le Nord. Aujourd'hui, la technique permet l'exploitation des richesses hydrauliques profondément enfouies ainsi que le démontre quotidiennement la capture des richesses énergétiques.

Le dessalement de l'eau de mer a fait ses preuves, notamment en Arabie Saoudite. La solution la plus humaine au problème des migrations envahissantes réside pour une large part dans l'eau et les ressources alimentaires qu'elle procure. Tous les pays de l'Europe géographique sont concernés par un mouvement migratoire qui, après avoir partiellement remédié à leur infirmité démographique, ne manquera pas de les appauvrir.

L'entreprise est ambitieuse, mais elle correspond à l'intérêt des deux civilisations.

Ce sont là des lieux communs, évidents pour beaucoup d'entre nous, mais sans déterminer, pour autant, le passage à l'action. Pourtant, outre le tarissement des migrations, l'investissement et la production augmenteraient en même temps que le nombre et les besoins individuels des consommateurs, atténuant les inégalités socio-économiques qui existent de part et d'autre de la Méditerranée.

5

Les institutions

Depuis quarante-quatre ans, les Français se déclarent satisfaits, non pas de la Constitution dont en son temps la nation a très majoritairement (79,3 % de oui) approuvé le projet, mais d'une interprétation très particulière du texte de cette Constitution (du 4 octobre 1958, révisée à plusieurs reprises). Les politiques, naturellement les juristes et, aussi dans les médias, les spécialistes de ces questions savent qu'entre la lettre du texte constitutionnel et la manière dont il est appliqué grande est la différence. L'opinion publique, en général, l'ignore et, d'ailleurs, ne s'en soucie guère. Peu lui importent les textes ; les résultats de la gestion des affaires du pays, seuls, décident de son comportement. Et l'usure aidant, l'abstention aux consultations électorales témoigne de la contradiction : à la fois l'approbation et le désaveu. En somme l'adhésion à un système et l'indifférence ou l'opposition aux actions de ceux qui le mettent en œuvre.

D'après la Constitution le gouvernement, que dirige le Premier ministre, détermine et conduit la politique de la nation (article 20). Il dispose, à cet effet, de l'administration et de la force armée. Le Premier ministre est responsable de la Défense nationale (le Secrétariat général de la Défense nationale lui est directement rattaché). Il détient le pouvoir exécutif puisque, selon l'article 21, il assure l'exécution des lois. Avec les membres du gouvernement il a également l'initiative des lois (article 39) et le pouvoir législatif que lui confère cette décision constitutionnelle. C'est au Parlement, dont le Premier ministre est l'émanation majoritaire, qu'il reviendrait de déclarer l'état de guerre (article 35) ainsi que l'état de siège (article 36).

En revanche, ce n'est donc pas le président de la République qui *détermine* et *conduit* la politique de la nation. Il assure seulement, par son arbitrage, le fonctionnement régulier des pouvoirs publics ainsi que la continuité de l'État (article 5). Il est le garant de l'indépendance nationale, de l'intégrité du territoire, du respect des traités. C'est dire qu'il arbitre les différends qui pourraient surgir dans l'appareil politique et administratif du pays mais nulle part il n'est précisé que le président conçoit et fait exécuter la politique dont dépend le destin de la nation. Être garant de l'indépendance nationale, c'est en être responsable mais comment pourrait-il exercer cette responsabilité ? D'autant qu'un passé récent montre qu'il a signé des traités qui aliènent cette indépendance nationale, avec l'accord des assemblées ou de la population lorsqu'elle est consultée par référendum (traité de Maastricht). Le président nomme le Premier ministre et, sur la proposition de celui-ci, les autres membres du gouvernement (article 8). Il préside le Conseil des ministres et promulgue les lois. Il peut soumettre au référendum tout projet de loi portant sur l'organisation des pouvoirs publics, mais sur proposition du gouvernement, donc du Premier ministre, cela pendant la durée des sessions ou sur proposition conjointe des deux assemblées (article 11). Après avoir consulté le Premier ministre et les présidents des deux assemblées, il peut prononcer la dissolution de l'Assemblée nationale (article 12). Mais il n'a pas le droit de procéder à une seconde dissolution au cours de l'année qui suit les élections qu'il a provoquées.

Le président signe les ordonnances et les décrets délibérés en Conseil des ministres, il nomme aux principaux emplois civils et militaires, accrédite les ambassadeurs et il est le chef des armées et, à ce titre, préside les conseils et comités supérieurs de la Défense nationale, mais d'après l'article 20 c'est le Premier ministre, chef du gouvernement, qui *dispose* de la force armée.

En cas de grave menace pesant sur les institutions, l'indépendance de la nation, l'intégrité de son territoire ou l'exécution de ses engagements internationaux, le président doit prendre les mesures exigées par les circonstances, mais après consultation *officielle* du Premier ministre, du président des assemblées et du Conseil constitutionnel (article 16).

Le président a le droit de faire grâce. Il préside le Conseil supérieur de la magistrature, mais cette présidence est honorifique puisque la loi constitutionnelle du 3 juin 1958 précise (article 1, § 4) que l'« activité judiciaire » doit demeurer indépendante pour être en mesure d'assurer le respect des libertés essentielles telles qu'elles sont définies par le préambule de la Constitution de 1946 et par la Déclaration des droits de l'homme à laquelle il se réfère.

Enfin, le président négocie et ratifie les traités. Il est (seulement) informé de toute négociation tendant à la conclusion d'un accord international non soumis à la ratification (article 52).

Les deux articles 15 et 51, le premier stipulant que le président est le chef des armées et le second qu'il négocie et signe les traités, sont-ils à l'origine du « domaine réservé », pratique présidentielle aux funestes conséquences pour la nation ?

En 1958, les nouvelles institutions de la France n'ont pas été conçues et rédigées après une guerre perdue mais au cours d'une révolte dont l'issue ne faisait guère de doute car il s'agissait d'une lutte pour l'indépendance et qu'après les défaites militaires de 1940, de 1954 et de 1956, les Français percevaient confusément qu'il leur fallait se résoudre au repli sur eux-mêmes.

Ils allaient s'en remettre à un général, à la stature d'homme d'État, certes, du soin de mettre un terme au conflit. Et, en France, grandes sont les préventions contre le pouvoir politique lorsqu'il relève du militaire. Aussi, les rédacteurs du texte constitutionnel firent-ils preuve d'une grande prudence. Il s'agissait de dissiper toute équivoque sur la nature démocratique des futures institutions. Membre d'une Assemblée élue au suffrage universel, le Premier ministre déterminerait et conduirait la politique de la nation, le président arbitrant les différends, représentant l'État mais ne le dirigeant pas à sa guise. Le titre II du texte de 1958, relatif au président de la République, diffère peu du titre V qui a le même objet dans la Constitution de la IVe République (27 octobre 1946) à ceci près qu'en 1946 il n'était pas « l'arbitre du fonctionnement régulier des pouvoirs publics », ni le « garant de l'indépendance nationale », mais « il prend le titre de chef des armées », précisait l'article 33.

Dans ses *Mémoires d'espoir*[1], le général de Gaulle a donné du président de la République une tout autre image que celle qui ressort de la lecture du texte constitutionnel de 1958. « Que désormais, le chef de l'État soit réellement la tête du pouvoir, qu'il réponde réellement de la France et de la République [...] qu'émanent réellement de lui toute décision importante aussi bien que toute autorité, qu'il puisse, par son seul gré, dissoudre l'Assemblée nationale [...] enfin qu'il doive être élu par un collège beaucoup plus large que le Parlement, cela est admis par chacune des instances consultées. » Ce n'était ni l'esprit ni la lettre de la Constitution approuvée par les Français. Le général considérait le gouvernement comme un état-major de techniciens dont le Premier ministre serait le chef et qui aurait pour mission de faire appliquer les décisions du chef de l'État. À celui-ci de concevoir la politique du pays afin qu'elle réponde aux attentes de la population mais aussi, par-dessus elle, que cette politique traite du long terme, maîtrisant la complexité d'un monde auquel la population absorbée par le quotidien ne saurait faire face.

---

1. Tome I., *Le Renouveau*, Paris, Plon, 1970.

Et comment, constitutionnellement chef des armées, le général n'aurait pas « disposé de la force armée » ? Comment aurait-il pu ne pas diriger sa planification, faire procéder à son équipement, veiller personnellement à la mise en œuvre de ses unités ? De même comment « répondre réellement » de la France en n'intervenant pas sur la scène internationale, y exposant ses volontés qu'il identifiait à celles de l'ensemble du peuple français ?

Ce n'est pas de la Constitution de 1958 que se sont inspirés les successeurs du général de Gaulle mais bien de sa conception de la conduite des affaires de la France pour, hélas !, étaler leurs insuffisances et, au-delà de la destruction de l'œuvre du Général, ravaler la nation au rang d'une région, elle-même parcellisée. Démagogue et cherchant à renforcer l'opposition au régime instauré par le Général, François Mitterrand s'était empressé, une fois à l'Élysée, de se comporter en monarque, à son profit et à celui de sa cour, mais en précipitant le déclin de la France. Et après avoir eu le front d'écrire : « Qu'est-ce que la Ve République sinon la possession du pouvoir par un seul homme [dans *Le Coup d'État permanent*[1]], j'appelle le régime gaulliste dictature parce que, tout compte fait, c'est à cela qu'il ressemble, parce que c'est vers un renforcement continu du pouvoir personnel qu'inéluctablement il tend, parce qu'il ne dépend plus de lui de changer le cap. »

Les événements qui se sont déroulés durant les quatre premières années de la Ve République sont sans doute à l'origine de la décision du Général de modifier la Constitution afin que le président de la République soit élu au suffrage universel[2], par un « collège si large » qu'il était formé par la nation tout entière.

Ce fut d'abord le succès remporté lors du référendum relatif à la ratification des Accords d'Évian, approuvés par

---

1. Paris, Plon, 1964.
2. Loi n° 62-1292 du 6 novembre 1962. Article 1er : « Le président de la République est élu pour sept ans au suffrage universel direct. »

90,7 % du corps électoral (avril 1962)[1]. Puis, le mois suivant, la démission des ministres MRP, à la suite de la déclaration du général de Gaulle sur les perspectives ouvertes par une « Europe intégrée ». La fragilité des combinaisons de partis politiques au gouvernement venait d'être mise à nouveau en évidence. Enfin, le 22 août, l'attentat du Petit-Clamart menaça la vie du chef de l'État parce qu'il avait conduit à terme une politique qu'en définitive il jugeait seule conforme à l'intérêt de la nation. D'où, à ses yeux, la nécessité de disposer d'une légitimité accrue par le vote populaire et non pas seulement par le choix d'un collège politique relativement restreint. Le 8 juin 1962, d'ailleurs, donc avant les tragiques événements du 22 août, le Général avait ainsi annoncé la réforme : « l'accord direct entre le peuple et celui qui a la charge de le conduire est devenu, dans les temps modernes, essentiel à la République. » L'attentat ajouta une dimension émotionnelle à la consultation. Dans ses *Mémoires d'espoir*, le général de Gaulle insistait sur la mission unique et régalienne du président de la République et « la nécessité d'en faire l'homme de la nation, revêtu, aux yeux de tous comme aux siens, d'une responsabilité capitale, correspondant justement à celle que lui attribuent les textes. Sans doute faudrait-il, en outre qu'il voulût porter la charge et qu'il en fût capable [...] le succès n'est possible que si le talent trouve son instrument et rien n'est pire qu'un système tel que la qualité s'y consume dans l'impuissance. » Est-ce « la continuité de l'État » à laquelle a fait allusion le Général lorsqu'il évoque les « textes » ? Malheureusement, la clairvoyance dont il fit preuve en mettant en doute la capacité de ses successeurs « à porter la charge » ne l'a pas amené à renoncer à temps à l'élection au suffrage universel du président de la République, mode d'élection qui allait se révé-

---

1. Après la confiance que les Français témoignèrent au général de Gaulle, 75,3 % du corps électoral ayant approuvé, le 8 janvier 1961, le projet d'autodétermination de l'Algérie qu'il avait soumis à leur jugement.

ler désastreux pour la nation et aux conséquences diamétralement opposées à celles que le Général en avait attendues. D'ailleurs, bien que cette élection plaise à l'opinion, en principe satisfaite de désigner elle-même le chef de l'État, le référendum mobilisa bien la population puisqu'il y eut plus de 21 millions de votants sur 27,5 millions d'inscrits, mais le « oui » ne recueillit « que » 61,8 % des suffrages. La plupart des partis politiques avaient fait campagne contre la dyarchie qui s'installait dans les institutions en redoutant l'extension des pouvoirs d'un président désigné par le suffrage universel[1]. Ils n'avaient pas tort dans la mesure où il serait pour le moins aléatoire d'élire systématiquement l'oiseau rare, le « talent trouvant son instrument » avec une Constitution ainsi retouchée... et, en fait, bouleversée de fond en comble. Se croyant capables de se hisser jusqu'à la stature du Général – et y trouvant leur compte –, ses successeurs ont conduit le pays à sa perte en s'attribuant des capacités que ne leur accordait pas la Constitution.

Les méfaits de la loi du 6 novembre 1962.

Bien que le général de Gaulle ait su, admirablement, se servir de la télévision, il ne s'est guère soucié des conséquences qu'aurait un jour son utilisation généralisée, à la fois sur l'état d'esprit de la population et sur l'issue des

---

1. Connaissant l'opposition des « partis », le Général s'en était remis à l'article 11 de la Constitution : « le Président de la République, sur proposition du gouvernement, pendant la durée des sessions ou sur proposition conjointe des deux Assemblées, peut soumettre au référendum tout projet portant sur l'organisation des pouvoirs publics... » et ignorer l'article 89 qui stipule : « le projet ou la proposition de révision doit être voté par les deux Assemblées en termes identiques [...] toutefois le projet de révision n'est pas présenté au référendum lorsque le Président de la République décide de le soumettre au Parlement convoqué en Congrès... » L'article 11 permet de contourner les assemblées et de s'adresser directement au peuple (la souveraineté nationale appartient au peuple... article 3).

consultations électorales. Nous verrons qu'il y a incompatibilité entre l'élection du président de la République au suffrage universel et l'information par l'image. En France, au milieu des années 60, entre 5 et 6 millions de téléviseurs informaient, instruisaient et distrayaient la population. Depuis, leur nombre est au moins quatre fois plus élevé, tout au moins dans la mesure où l'image est régulièrement regardée et où elle façonne le mécanisme de la pensée et sert de référence en ce qui concerne la formation de l'opinion.

À la différence de l'écrit exigeant une attention soutenue et mobilisant la réflexion, l'image est affective. Elle n'exige pas d'effort de compréhension, elle exclut le raisonnement, emporte aisément la conviction parce qu'elle communique des faits et non des pensées. Elle ne passe pas pour traduire l'opinion de ceux qui la projettent sur l'écran bien qu'elle puisse être agencée, perfide et, par effet de répétition et de dramatisation de l'événement, abusivement intentionnelle. L'absence d'images, la non-évocation d'un événement est un moyen de « désinformation » d'autant plus utilisé qu'il est, apparemment, innocent. Et aujourd'hui, un événement qu'ignore la télévision n'existe pas. L'absence d'image trompe tout autant que l'image « construite » à dessein. La succession rapide d'images reproduisant des faits d'ordre différent leur accorde une même importance alors que l'écrit permet de les hiérarchiser. Il en résulte une déformation de la réalité. Elle s'ajoute à l'omission qui tronque cette réalité déjà aliénée.

Efficace instrument d'action culturelle de masse par l'enseignement facile qu'elle dispense au plus grand nombre, la télévision détient ainsi un pouvoir égalisateur en illustrant les séduisantes conceptions d'une société particulière, celle qui dispose financièrement et techniquement des plus puissants moyens de diffusion. Si le marxisme tenait la culture pour un instrument de la classe dominante, il en va de même avec le capitalisme, la télévision concourant à l'ouverture des marchés. Si elle révèle les diversités, elle tend également à les niveler. Socio-économiquement, elle suscite des comparaisons d'autant plus mobilisatrices que sont plus évidentes la précarité des uns et l'abondance dont bénéficient les autres. Dans un monde où sont fort inégales la répartition des ressources naturelles et les aptitudes locales des êtres humains dans leur quête du « mieux-vivre », l'image télévisée déclenche l'envie ou la résignation, la révolte ou les migrations vers les zones terrestres plus clémentes. Au passage, mentionnons la généralisation de la violence à laquelle contribue la télévision. L'inusuel – sévices, cruauté, meurtre – attire une large audience et fait recette, d'où son exploitation en économie de marché. Banalisant la violence, l'image télévisée donne à penser qu'elle n'est pas l'exception mais une manifestation normale de la vie en société et qu'il convient d'y recourir pour s'y insérer... le pistolet au poing. Lui en est redevable l'insécurité grandissante.

Cette digression, incongrue dans un chapitre consacré aux institutions, a pour objet d'évoquer la puissance de l'image télévisée. Elle intervient dans la plupart des aspects de la vie des peuples, y compris, et de manière déterminante, lors des consultations électorales[1].

L'image répand l'aspect physique du candidat, escamotant ses capacités intellectuelles et ses vertus morales, présentant la forme et ignorant le fond. Peu importe le projet politique, trop compliqué pour être compris dans sa signification immédiate et, à fortiori, dans ses conséquences à terme. Si Bernard Tapie l'avait voulu, il eût été, pour un parti politique, le candidat idéal à l'élection au suffrage universel. Porté par sa

---

1. Malheureusement, les chaînes de télévision qui, en France, ont la plus grande audience – qu'elles soient privées ou qu'elles relèvent de l'État – concourent à l'abrutissement général de la population en faisant la part belle aux faits divers. En images, elles illustrent les constats de Pierre Lazareff selon lequel « le sang à la une ça fait vendre ». Restent quelques rares émissions de qualité diffusées par FR3, la 5ᵉ chaîne et Arte. L'État, dans ce domaine également, a renoncé à sa mission éducatrice, s'en remettant à la loi du « fric ». Avec l'interprétation quasi monarchique des institutions de la Vᵉ République, les gouvernements successifs ont intérêt à anesthésier l'opinion. Et ils s'y emploient.

carrure athlétique, le visage avenant, la sympathie qu'il inspire naturellement, son habileté à conduire les magouilles du sport contemporain, l'aisance avec laquelle il s'est joué du fisc et a transgressé les lois ont été autant d'attraits pour les Français qu'amusent les déboires de la maréchaussée. Autre atout, le football qui, en Ve République dévoyée, tient lieu de rayonnement national et dont les joueurs remplacent les prix Nobel que le pays n'est plus capable de briguer[1].

Les élémentaires conditions physiques réunies, il reste aux médias à diffuser le discours du candidat. S'il veut obtenir la majorité des suffrages, il lui faut faire assaut de démagogie, flatter l'électeur, répondre à ses attentes du moment – quitte à compromettre un avenir auquel il faut se garder de faire allusion –, exalter l'individu aux dépens de la collectivité nationale, capital trop abstrait qu'il faut sacrifier à d'immédiats dividendes.

La démagogie remplace la notoriété acquise au service de la nation. Faute d'avoir fait ses preuves, le candidat doit ouvrir de riantes perspectives bien qu'il sache que sa démarche est sans fondements. Le général de Gaulle n'aurait pas dû ignorer qu'en s'en remettant à l'élection du président au suffrage universel il allait inscrire dans les institutions l'obligation de démagogie. S'étant illustré dans la paix et dans la guerre, il n'avait pas à courtiser l'électeur et il pouvait mépriser le mécanisme électoral démagogique qui accompagne l'élection du président au suffrage universel. Mais il a bien été le seul à jouir de ce privilège.

1. Les « constitutionnalistes » (en réalité le général de Gaulle) avais-je écrit, œuvrèrent dans l'extraordinaire. En effet, bien inconsciemment, ils firent un surprenant pari : tous les sept ans, voire tous les quatorze ans, se présenterait aux suffrages des Français un homme hors du commun et dont des circonstances exceptionnelles, telle, par exemple, une guerre mondiale, auraient mis en évidence des capacités, elles-mêmes surprenantes... c'était spéculer sur l'anormal et pour le moins manquer de bon sens car le quotidien ne peut être, en permanence, extraordinaire. Il eût fallu comprendre que c'est avec le « tout-venant » que vivent les peuples, y compris lorsqu'ils choisissent ceux qui doivent les gouverner. (Pierre M. GALLOIS, *Le Sablier du siècle*, Paris, L'Âge d'homme, 1999, p. 554).

Principal instrument de la quête des suffrages, la télévision est mobilisée par les candidats. Ils savent qu'apparaître le plus souvent possible sur l'écran familial, c'est créer un lien affectif avec l'électeur et cela quel que soit leur discours, l'image en escamotant la signification. Des visites à domicile en quelque sorte, au cours desquelles les candidats s'efforcent de se montrer souriants, chaleureux même, tout proches, en somme en amis haut placés qui « vous veulent du bien ».

L'exercice du pouvoir avantage les « sortants ». Bien avant que ne commence officiellement la campagne, ils multiplient les manifestations publiques, inaugurations, visites de chefs d'État, réunions internationales, afin que leur personnage, dont la télévision reproduit l'image, gagne en familiarité dans la population. Jean-Pierre Chevènement avait fait remarquer qu'entre le 1er janvier 2002 et la fin du mois de février suivant, Lionel Jospin était apparu durant 8h59 sur les écrans des chaînes de télévision françaises, Jacques Chirac pendant 7h52 alors que les autres candidats avaient dû se contenter d'y figurer moins de deux heures (1h48 pour J.-P. Chevènement, une heure, respectivement pour Bayrou et Mamère, moins encore pour les autres[1]).

Profondément marqué par l'impuissance des gouvernements de la IIIe République et par l'instabilité ministérielle de la IVe, le général de Gaulle avait voulu que le chef de l'État ne dépende pas des combinaisons des partis politiques, mais de la volonté de la population à laquelle il faisait bien davantage confiance qu'à ses élus. C'était une grave erreur d'appréciation. Une assemblée de notables étant bien moins sujette au pouvoir de l'image que ne l'est la population. Le Général avait sous-estimé la puissance d'endoctrinement de la télévision s'il ne pouvait pas prévoir que les médias en général deviendraient les porte-parole des entreprises multinationales, les exigences du marché l'emportant pour elles sur les intérêts d'une nation évanescente et d'un État en que-

---

1. *Le Monde*, 8 mars 2002, p. 12.

nouille. « Les candidats pouvaient, autrefois, imposer leur agenda aux médias, a écrit J.-P. Gourevitch[1], aujourd'hui ce sont les médias qui contraignent l'agenda. » Sous Pompidou, les médias étaient au service de la France. La multiplication des médias, leur nouvelle importance, le fait qu'ils fonctionnent comme des micro-sociétés autonomes, de dimension internationale leur donnent un pouvoir qui les rend incontournables. La cotation permanente à laquelle les candidats sont soumis a indéniablement un effet sur la température de l'opinion. Les sondages « chauffent l'opinion ». C'est souligner les dangers du recours au suffrage universel pour l'élection présidentielle d'autant que le général de Gaulle ayant interprété à sa façon, et pour le service de l'État, le texte constitutionnel de 1958, ses successeurs, s'en croyant capables, et surtout s'y complaisant, ont surenchéri sur les pouvoirs qu'ils détenaient directement du peuple, mais en définitive pour le trahir et faire peu de cas de sa souveraineté[2].

Un exemple, deux fois cité dans les pages précédentes, a encore sa place ici tant il est illustratif. Il s'agit de l'insolente désinvolture de M. Roland Dumas, allant devant les assemblées le 27 novembre 1991 et parlant au nom de François Mitterrand – champion du coup d'État permanent et des abus de pouvoir – pour annoncer : « La France est déterminée à jeter les bases d'une union à vocation fédérale [...] une mutation fondamentale. » Les articles 2, 3 et 5 de la Constitution du 4 octobre 1958 avaient été violés... Pour les deux compères, l'onction de l'élection au suffrage universel plaçait le président bien au-dessus de la Constitution. En d'autres temps, M. Monnerville eût crié à la forfaiture. En Ve République dévoyée, il ne s'agissait sans doute que

---

1. *Le Monde*, 12 mai 2002.
2. Lorsqu'il s'agissait pour eux d'adopter des dispositions qu'ils tenaient pour contraires à la volonté de la majorité du corps électoral, ils se gardèrent de recourir au référendum. D'ailleurs, même le référendum peut être trompeur, le pouvoir disposant des moyens d'endoctrinement de l'opinion et en interdisant l'usage aux opposants.

d'un acte de « bonne gouvernance »... une mutation fondamentale imposée au peuple qui n'avait pas à être consulté.

Installant une dyarchie en France, la loi du 6 novembre 1962 a contribué aux abandons de souveraineté, à l'affaiblissement de l'État, à sa vassalité politique, diplomatique, économique, militaire, à la dislocation de la nation, aboutissant ainsi à une situation tout autre que celle espérée par le fondateur de la Ve République. Qu'on en juge :

1. Le général de Gaulle avait voulu que, tenant ses pouvoirs directement du peuple, le président de la République fût au-dessus des partis politiques. Après lui et même de son temps, ce ne fut pas le cas. Ni Valéry Giscard d'Estaing, ni François Mitterrand, ni Jacques Chirac n'exercèrent leurs fonctions en dehors des partis politiques. Ils en émanèrent les uns et les autres, leur furent redevables de leur élection. François Mitterrand et Jacques Chirac fortifièrent leurs partis respectifs afin d'être assurés d'une majorité à l'Assemblée nationale. Avant les dernières consultations électorales, le président déclara à plusieurs reprises qu'il était le chef de l'opposition, du parti formant l'opposition.

2. Le général de Gaulle ne souhaitait rien tant que de rassembler les Français. L'élection du président au suffrage universel les divise et la division persiste. Tous les sept ans, et maintenant tous les cinq ans, derrière chacun des deux candidats, deux fractions majeures du corps électoral s'affrontent au second tour. Et le débat est assez vif pour renforcer les positions de chacune de ces deux fractions de l'électorat. Les partis politiques correspondants gagnent ainsi en importance, ce que le Général voulait éviter afin que le pouvoir échappe à ce qu'il appelait le « régime des partis ». Celui-ci subsiste nonobstant l'élection du président au suffrage universel. À la différence de la IVe République la loi électorale favorise les majorités et évite l'émiettement des formations politiques, et, par conséquent, les combinaisons qu'elles étaient en mesure d'échafauder... (« La confiance est refusée au Cabinet à la majorité absolue des députés de l'Assemblée », précisait l'article 49 de la Constitution de la

IVᵉ République). L'article 49 de la Constitution de la Vᵉ République ne diffère du précédent que dans la mesure où, la motion de censure étant rejetée, « ses signataires ne peuvent en proposer une nouvelle au cours de la même session [...] sauf si le Premier ministre [...] engage la responsabilité du gouvernement sur le vote d'un texte, ce texte étant considéré comme adopté sauf si une motion de censure est votée[1] ».

Le gouvernement de la France par deux hommes visant, lors de la prochaine consultation électorale, les mêmes hautes fonctions n'a pas manqué de susciter les plus misérables antagonismes. Ce fut le cas au sein des tandems Giscard-Chirac, Mitterrand-Rocard, Chirac-Balladur, Chirac-Jospin et, par sa déclaration de Rome, du croche-pied de Georges Pompidou fait au général de Gaulle. La loi constitutionnelle du 3 juin 1958 définissant les principales caractéristiques de la future Constitution comporte un article 1ᵉʳ fort explicite : « Seul le suffrage universel est la source du pouvoir. C'est du suffrage universel, ou des instances élues par lui, que dérivent le pouvoir législatif et le pouvoir exécutif. » Le membre de phrase « ou des instances élues par lui » confirme bien que le Premier ministre bénéficie de la même légitimité que celle du président de la République lorsque celui-ci sera élu au suffrage universel. D'où une désastreuse rivalité. Douze ans plus tôt lors du discours prononcé à Bayeux, le 16 juin 1946, le général de Gaulle avait déjà évoqué ce que devraient être les institutions de la France libérée et, à nouveau, souveraine. « C'est donc au chef de l'État, placé au-dessus des partis, élu par un collège qui englobe le Parlement mais beaucoup plus large et composé de manière

---

1. Sous la IVᵉ République, la Chambre des députés accordait ou non la confiance au futur président du Conseil et aux membres du gouvernement qu'il avait constitué et ce n'est qu'après cet accord de l'Assemblée que le président de la République, geste symbolique, nommait le gouvernement. Aussi le « régime des partis » jouait-il un rôle important, l'abstention décidant de la chute de la combinaison ministérielle présentée aux députés.

à faire de lui le Président de l'Union française en même temps que celui de la République, que doit procéder le pouvoir exécutif. » Et le discours se termine ainsi : « Toute notre histoire, c'est l'alternative des immenses douleurs d'un peuple dispersé et des fécondes grandeurs d'une nation groupée sous l'égide d'un État fort. »

3. Un État fort ? Les institutions de la Ve République – en dépit de l'élection du président de la République au suffrage universel – ont abouti à l'État le plus faible qu'ait eu la France, du moins depuis près de six siècles (traité de Troyes, 1420).

En 1962, Alexandre Parodi et Léon Noël avaient alerté le pouvoir sur les dangers d'une réforme – l'élection du président de la République au suffrage universel – qui allait couper la France en deux et, par conséquent, l'affaiblir : il fallait éviter l'affrontement entre deux expressions de la souveraineté populaire que constituent les législatives et la présidentielle. Ils ne furent pas entendus (« Histoire de l'usure constitutionnelle », par Pierre Sudreau, *Le Monde*, 8 février 2001, p. 16).

Sommairement, l'introduction à cette étude et, plus explicitement, les annexes qui l'accompagnent ont traité des faiblesses d'un État évanescent et d'une nation à la dérive. Après trente années d'une Ve République dévoyée, ayant subi les carences, les inconséquences et aussi les trahisons du pouvoir politique durant quatre funestes mandats, la France est dégringolée d'un « État fort » à un territoire dépourvu de souveraineté, prêt à relever d'une autorité supranationale excluant toute souveraineté interne. Le général de Gaulle ne pouvait pas imaginer que l'omnipotence qu'il désirait attribuer au chef de l'État lui permettrait tout autant d'œuvrer à la grandeur de la nation qu'à sa destruction. C'est systématiquement la seconde option qui fut choisie par les successeurs du Général. Et le mode d'élection présidentielle qu'il a voulu n'est pas étranger au désastre national. La démagogie est ravageuse.

Des remarquables créations réalisées alors que la France se trouvait encore sur le versant ensoleillé de la Ve

République, certaines ont résisté aux démolisseurs et les habitants du territoire français en bénéficient toujours. Il leur reste également, mais démesurément amplifié par les libéralités et le laxisme du pouvoir, un gigantesque appareil politique et administratif – cinq à six fois plus important, numériquement, que celui gérant les quelque 280 millions d'États-Uniens – et qui empile les uns sur les autres les doubles emplois en créant d'innombrables fonctions assez rémunératrices pour que les titulaires s'accommodent de leur propre inutilité et se rallient au système (voir annexe H, « Absurde et coûteuse décentralisation »). Un système d'autant plus faible qu'il est pléthorique.

À l'intérieur, l'État – ou ce qui, aujourd'hui, en tient lieu – a renoncé à l'indépendance législative et réglementaire, son droit est dit ailleurs, et abandonnant sa monnaie il n'est plus maître de son économie. Il se révèle incapable de défendre ses entreprises de la mainmise de l'étranger, d'assurer la sécurité de ses ressortissants, de veiller aux frontières... auxquelles il a renoncé.

La conception et la fabrication de ses armes relèvent d'entreprises multinationales. Il n'est même pas en mesure de mettre un terme à l'insécurité routière et au barbouillage des monuments publics et du domaine privé par des graffiti débiles. Encore moins de sanctionner les coupables. À l'extérieur, personne n'écoute sa voix... quand elle s'élève. Si la France a recours à la force, c'est au service d'intérêts et sous commandements étrangers[1]. Stimulé par l'Allemagne aux aguets, l'État est si faible qu'il se révèle incapable de s'opposer aux régions qui cherchent à se libérer de sa branlante tutelle, en retournant à la parcellisation féodale de l'Ancien Régime. Et voici la France reléguée dans les rangs des pays les plus corrompus, derrière l'Espagne mais moins toutefois que l'Italie, la Chine et la Russie, pour ne retenir que les puissances industrialisées.

---

1. Voir annexe I, « Le domaine réservé... à l'erreur ».

LES INSTITUTIONS 133

Ce ne sont pas là les caractéristiques d'un État fort. Plutôt d'une oligarchie décadente[1].
4. À la faiblesse, la « cohabitation » a ajouté le ridicule. De 1986 à 2002 la France a subi neuf années de cohabitation sur dix-sept et, avec l'interprétation abusive de la Constitution de 1958, seize années de présidence absolue minée par la maladie. (François Mitterrand, expert en manœuvres frauduleuses, mentant aux Français et contraignant son médecin à publier de faux bulletins de santé). On verra plus loin les tristes conséquences de la maladie sur la conduite des affaires de la nation lorsque le président s'y érige en monarque. Mais, revenons à la pratique de la « cohabitation », c'est-à-dire à un pouvoir exécutif détenu par deux hommes aux conceptions politiques opposées, en quelque sorte par définition, et conformément aux vœux de leurs électeurs respectifs. La cohabitation n'a pas déplu aux Français. Chacune des deux fractions politiques qui, avec l'élection du président au suffrage universel, divisent profondément l'électorat a eu le sentiment d'être simultanément représentée au pouvoir. Peu leur importait que ce pouvoir en soit affaibli – au contraire même – et qu'à l'extérieur le gouvernement de la France soit ridiculisé. La condamnable pratique du « domaine réservé » imposait que la politique du pays fût défendue par deux hommes en ayant des conceptions différentes. Lors des rencontres internationales, à plusieurs reprises, la représentation nationale s'est trouvée dans des situations cocasses, voire humiliantes. Pitoyables étaient les conférences de presse au cours desquelles les deux hommes feignaient un accord total ou, au contraire, tentaient de dire la même chose en s'exprimant différemment. « Au sommet franco-espagnol de Perpignan le 11 octobre 2001, les Perpignanais ne savaient pas que Jospin serait présent ;

---

1. La faiblesse de l'État l'y incitant, le pouvoir judiciaire courtise l'opinion publique révoltée par les libertés que prend le pouvoir vis-à-vis de la morale. Aussi Transparency International relègue-t-il la France à la vingt-troisième place (sur soixante-dix-neuf) des États de droit.

les militants RPR se sont pressés derrière les grilles. Attendant Aznar Lopez, ils criaient : « Chirac! Chirac! » Chirac serre les mains... suivi par Jospin. Commentaire espagnol : les Français se sont engagés à mettre entre parenthèses leurs affaires intérieures[1]. » Et Alain Duhamel[2] avait fait allusion aux méfaits de la cohabitation à l'occasion du « voyage fameux de Lionel Jospin au Proche-Orient en février 1999. Le mot "terroriste" (qu'il a prononcé) a fait voler en éclats le consensus tricolore diplomatique, Jacques Chirac ne transigeant pas sur la sacro-sainte politique arabe de la France ».

Au cours du septennat, le président et le Premier ministre faisaient mine de s'entendre – du moins à la connaissance du public – pendant quelques années, pour s'affronter indirectement puis avec de plus en plus de véhémence un ou deux ans avant l'élection présidentielle, chacun dénigrant l'autre afin de se faire valoir à ses dépens. Avec le quinquennat, s'il prend aux Français la fantaisie d'élire une Assemblée à la majorité différente de celle qui soutient le président, la manœuvre de dénigrement mutuel s'étendra presque sur la moitié du mandat présidentiel. Déjà ce malheureux pays, la France, souffre du contre-pouvoir – celui-là déterminant – qu'exerce Bruxelles, et la cohabitation s'y ajoute, réduisant l'État à faire de la figuration. Le 14 juillet 2001, menant sa campagne, le président de la République « sortant » s'était empressé d'utiliser le discours traditionnel de ce jour de « fête nationale » pour critiquer l'action du gouvernement, c'est-à-dire celle de M. Jospin, futur candidat à la présidence. « Comme le Président de la République n'a pas manqué une occasion, depuis cette date, de dénigrer le travail du gouvernement il est naturel que le livre d'Olivier Schrameck[3] soit perçu comme une réponse aux agressions permanentes du chef de l'État... Lorsque le conflit est ouvert,

---

1. *Le Monde*, 13 octobre 2001.
2. *Le Point*, 3 mars 2000, p. 59.
3. *Matignon, rive gauche*.

les pouvoirs publics sont menacés de paralysie. Une partie de l'énergie nécessaire à la conduite des affaires est utilisée pour déjouer les manœuvres de l'autre camp. L'intérêt général en pâtit », avait écrit l'éditorialiste du *Monde* (du 18 octobre 2001, p. 17) en pratiquant la litote.

« La France sera mal gouvernée s'il y a cohabitation et je ne veux pas que mon pays soit mal gouverné. S'il y a cohabitation, je dissoudrai la nouvelle Assemblée en expliquant pourquoi la cohabitation est néfaste et, si les Français confirment la même majorité, je démissionnerai. Voilà ce que serait le discours d'homme d'État soucieux de l'intérêt de son pays plutôt que de son maintien à l'Élysée », a courageusement écrit Lionel Stoléru[1]. La Ve République dévoyée ne compte guère d'hommes d'État « soucieux de l'intérêt de leur pays », le maintien à l'Élysée est une trop bonne affaire. Mitterrand, qui ne se souciait que de son intérêt, au détriment de la nation, avait donné dans ce domaine comme dans bien d'autres le mauvais exemple. En ce qui concerne le sort de la Ve République, Olivier Duhamel a mis ses responsabilités en évidence en écrivant : « La Ve République est moribonde. La maladie a commencé en 1986 [...] alors que le Président de la République refusa de démissionner et choisit la cohabitation. La maladie s'est aggravée en 1996, Mitterrand refusa [...] d'abréger sa fin de règne par l'adoption d'un quinquennat assorti de sa démission... Il préféra, hélas!, rester à l'Élysée jusqu'au bout du bout [...]. Lourde responsabilité[2]. »

En réalité, les institutions de la Ve République n'avaient pu être rédigées en prévoyant les abandons de souveraineté voulus par les successeurs du général de Gaulle. Aussi y a-t-il incompatibilité entre le texte constitutionnel et la Constitution supranationale virtuelle, mais néanmoins contraignante à laquelle les gouvernements de trahison natio-

---

1. « Qui osera dire non à la cohabitation ? », *Le Monde*, 30 mars 2002, p. 18.
2. *Le Monde*, 5 mars 2002, p. 12.

nale ont peu à peu soumis le pays, l'objectif étant de détruire l'État-nation et de vassaliser les Français en les soumettant à une autorité technocratique supranationale. Avec raison et constatant cette « logique », M. Jean Picq, conseiller maître à la Cour des comptes, a démontré que « la réforme de l'État suppose une réflexion sur le partage des pouvoirs », la nouvelle architecture à construire impliquant un partage du pouvoir avec l'Union européenne et avec les régions, changement radical de vision par rapport au modèle jacobin... où le Centre est le seul maître de la volonté générale[1]. Autrement dit, la Constitution de 1958 n'est pas seulement encombrante, elle est périmée.

5. Éviter la cohabitation a été le principal argument des tenants du quinquennat. Mais, en 2002, des arrière-pensées moins soucieuses du bien de l'État décidèrent de la campagne pour l'adoption du mandat présidentiel de cinq ans. On verra que les opinions varièrent en fonction de l'intérêt personnel des présidents ou des candidats à la présidence.

Le général de Gaulle avait, comme suit, légitimé le septennat : « Parce que la France est ce qu'elle est, il ne faut pas que le président soit élu simultanément avec les députés. Ce qui mêlerait sa désignation à la lutte directe des partis, altérant le caractère et abrégerait la durée de sa fonction de chef de l'État. »

Malicieusement, *Le Point*[2] a publié les prises de position successives des présidents de la République, dont deux au moins (Pompidou et Chirac) se réclamèrent du Général et de sa conception de la politique générale du pays.

– Dès le mois de juin 1969, Georges Pompidou avait fait connaître son sentiment : « Je ne crois pas raisonnable de réduire de 7 à 5 ans le mandat présidentiel. » Mais, en septembre 1973, sans doute sous l'effet de la maladie, il déclarait : « J'ai pensé qu'une durée de 5 ans était bonne » et, en son nom, J. Chirac déposait un projet de loi constitu-

---

1. *Le Monde*, 18 décembre 2001.
2. Du 19 mai 2000, p. 56.

tionnelle instituant le quinquennat. Valéry Giscard d'Estaing, alors candidat, estimait en avril 1974 (l'élection aura lieu le 19 mai) que : « 7 ans, c'est trop long ». Et, en juillet de la même année il se déclarait favorable « au raccourcissement du mandat ». Avis différent en juillet 1978 : « Dans l'action politique [...] la durée est un facteur essentiel. » Et, en février 1981, il confirmait : « même 7 ans ne suffisent pas. » Nouveau changement de cap en août 1991 : « il est urgent de réduire la durée du mandat présidentiel. » Au début 2002, il menait campagne pour le quinquennat.

Au tour de François Mitterrand : en août 1972, lors de sa « traversée du désert », il estimait que « 7 ans c'est trop long ». Une fois installé à l'Élysée, il découvrait que le temps y passait trop vite. « 7 ans, je suis en train de m'apercevoir que c'est trop court » (mai 1985). Une fois réélu et inéligible, changement d'opinion : « Réduire le mandat présidentiel me paraît tout à fait raisonnable » (juillet 1991).

Pour Jacques Chirac, en avril 1984, le mandat présidentiel était « un peu long ». Quatre ans plus tard, en janvier 1988, il se déclarait « favorable à un raccourcissement de la durée du mandat ». Mais, en mars 1995 il était « réservé pour des questions de fond ». Deux mois plus tard, sans réserve, cette fois, le président Chirac rappelait : « J'ai toujours dit que je n'étais pas contre le fait que le mandat dure 5 ans. »

Le 14 juillet 1997, volte-face : « Le quinquennat conduit presque automatiquement au régime présidentiel. Moi, je suis hostile au régime présidentiel. » Deux 14 juillet plus tard, voici le président formel : « Le quinquennat, sous une forme ou une autre, serait une erreur et, donc, je ne l'approuverai pas. » Au cours d'un débat avec le Premier ministre, le 2 mai 1995, le président avait dit : « Le quinquennat n'est pas d'actualité. » Mais, au début du mois de juin 2000, il « engageait le débat sur la procédure d'adoption du quinquennat » (*Le Monde*, 7 juin). « Je n'ai pas changé d'avis... C'est parce que j'ai acquis la conviction, aujourd'hui, que nous étions dans un moment privilégié où le Premier ministre et moi avions la même vision des choses et étions d'accord pour limiter [?] la modification de nos institutions et rien d'autre. » Quelle chance a eue le pays ! Il a vécu un « moment privilégié » où les deux têtes de l'exécutif avaient « la même vision des choses ». Heureusement, la mémoire politique des Français dépasse rarement quelques semaines si bien que l'on peut leur dire successivement une chose et son contraire sans qu'ils s'en émeuvent.

Un mois avant la décision présidentielle, Jacques Toubon n'avait pas pris « le train en marche ». « Dans tous les cas, écrivait-il, le quinquennat marquera un glissement vers un régime présidentiel à l'américaine, mais sans les contre-pouvoirs. » Il y était donc opposé. Jean-Louis Debré également : « Le quinquennat ne serait pas une réforme de la Ve République mais son abandon. » À la présidence de l'Assemblée nationale, il lui faut affirmer le contraire. D'ailleurs le 21 septembre 2000, il titrait un article dans *Le Figaro* : « n'ayons pas peur de la réforme [...] elle permettra une mise en jeu plus fréquente de la responsabilité politique. Et c'est tant mieux. » Le vent a tourné et, avec lui, la girouette. De son côté, Valéry Giscard d'Estaing faisait campagne. « Les Français aiment le changement [...] le quinquennat rapprochera le gouvernement de l'humeur (changeante) des gens. » Ils aiment le changement et aussi l'abstention aux consultations électorales pour marquer leur insatisfaction de la manière dont sont conduites les affaires de la nation. Les sondages soulignaient que 78 % des personnes consultées approuvaient l'adoption du quinquennat. Aussi, tous les ténors de la politique française s'empressèrent-ils de se conformer à l'avis de la majorité de la population. Plus sérieusement, M. Jean Massot, membre du Conseil d'État, estima que le quinquennat serait un retour aux « fondements de la Ve République[1] ».

Si les deux élections ont lieu le même jour, il est probable que les Français exprimeront un vote cohérent (comme

---

1. *Le Figaro*, 12 mai 2000, p. 15.

en 1981 et en 1998). Si les élections sont décalées, le président peut user de son droit de dissolution... et s'il perd son pari la solution est alors la démission. Mais on a vu que le pouvoir a de tels attraits que, lorsque l'on y est, on y reste. Pour Dominique Chagnollaud, « la question de la durée du mandat présidentiel change complètement la nature du régime. Le Président va devenir chef de parti et accorder l'investiture aux siens. Le Premier ministre sera totalement dépendant de lui et les partis minoritaires marginalisés. Ce sera 5 ans sans partage, avec une seule obsession pour tous : se faire réélire. »

« Cette agitation factice, se demandait Marie-France Garaud, n'est-elle précisément là que pour distraire l'attention des Français de l'essentiel, c'est-à-dire des décisions que le gouvernement se prépare à entériner au cours de la présidence française de l'Union européenne : accepter la primauté de l'Allemagne au Conseil européen, accepter l'abandon quasi général du droit de veto français, oublier que la politique est fondée sur des rapports de force ? Il faut bien tenter de dissimuler tout cela[1]. »

C'est bien ce qui s'est passé le 26 février, à Nice où, une fois encore, l'Allemand s'est joué du Français, obtenant de lui le recours à la majorité qualifiée permettant d'imposer une décision à un pays membre sans son accord, et cela dans les domaines de la politique commerciale, de la propriété industrielle, de la coopération judiciaire, de la cohésion économique et sociale. La majorité qualifiée, vue par Berlin, représentant au moins 62 % de la population de l'Union et l'Allemagne racolant des petits pays dépendant financièrement de la Banque centrale de Francfort, peut disposer d'une majorité placée au service de ses intérêts. De surcroît, la Charte des droits fondamentaux de l'Union européenne a été adoptée au sommet de Nice, siège d'une nouvelle capitulation de la France devant les diktats allemands. De quoi réjouir M. Giscard d'Estaing.

---

1. « Les fourberies du quinquennat », *Le Monde*, 22 juin 2000, p. 18.

Lors du scrutin du 24 septembre 2000, le « oui » l'a emporté, mais près de 70 % des électeurs se sont abstenus. Et si 30 % seulement de l'électorat s'est tout de même déplacé, selon les départements, les « blancs ou nuls » allaient de 14 % à 25 % des votants (16 % en moyenne). Bref, un désintérêt général bien que les instituts de sondages aient pronostiqué 78 % d'adhérents au quinquennat[1]. En réalité, les Français se rendent compte que ces consultations populaires ne sont que des formalités politiques dépourvues de signification pratique : qu'importe la durée du mandat d'un personnage qui n'est plus le président de la République française mais, tout au plus, le gouverneur d'une des provinces de l'empire européen dont la capitale est ailleurs... hors du territoire français. Pourquoi pas le trimestriat avançait, moqueur, Jean Dutourd ? Au fur et à mesure que la Ve République se délitait, renonçant peu à peu à toutes les souverainetés, augmentaient les abstentions : 17,37 % en septembre 1958 lors du vote sur la Constitution... 23,03 % lors de l'élection du président au suffrage universel (octobre 1962) mais 63,10 % relativement au statut de la Nouvelle-Calédonie et, enfin, le record, avec 69,68 % d'abstentionnistes au référendum sur le quinquennat.

6. Si les citoyens se détournent des urnes, en revanche, les candidats aux suffrages sont de plus en plus nombreux. La récente élection présidentielle a opposé seize candidats. Un record national, battu seulement, paraît-il, par le Mali avec vingt-quatre postulants. (En France, au second tour de cette consultation, les quelque 80 % de voix dont a bénéficié le vainqueur rappelaient fâcheusement des régimes politiques que les Français fustigent.) Le coût de cette campagne a dû être élevé, peut-être proche de 200 millions d'euros, sans compter les sommes discrètement allouées aux médias

---

1. Sur 39 581 463 inscrits, il y eut 12 001 133 votants, seulement 10 059 938 suffrages exprimés. Et, finalement, 7 539 108 oui, en gros moins d'un cinquième des inscrits.

et aux personnalités influentes afin de mettre l'opinion publique « en condition[1] ».

Quant aux élections législatives, proportionnellement, elles ont davantage mobilisé les candidats que les électeurs. En fait, 60 % de plus qu'en 1993, avec 8 456 personnes estimant qu'en se servant, elles serviraient aussi la collectivité à l'Assemblée nationale, bien que celle-ci ne soit guère qu'une survivance, au plus une chambre d'enregistrement. *Les Échos* du 5 juin 2002 ont exposé les conséquences de la générosité du système français de financement de la vie publique depuis 1988, et cela sous un titre fort significatif : « Législatives : le filon des urnes ». On y apprend que la loi accorde une subvention annuelle de 1,62 euro par voix recueillie par les partis capables de présenter cinquante candidats répartis dans trente départements différents. « D'un montant total de 40,13 millions d'euros cette année [ce financement] constitue le principal revenu des formations qui ne franchissent pas la barre des 5 %, synonyme de remboursement des frais de campagne, et ne bénéficient pas, non plus, de l'aide attribuée par l'État au prorata du nombre des élus... La majorité des 44 mouvements recevant une subvention sur la base de leur score aux législatives de 1997 ne compte, en effet, aucun parlementaire. » Ayant obtenu près de 450 000 voix aux élections de 1997, Génération Écologie perçoit annuellement quelque 750 000 euros. Et l'Union pour la semaine de quatre jours, 204 000 euros en 2002, « pactole bienvenu pour défendre une cause ponctuelle », précise le rédacteur des *Échos.* Et quel étrange système électoral : avec 35 % des suffrages deux partis obtiennent cinq cent sept sièges à l'Assemblée nationale mais avec près de 5 millions de votes favorables l'extrême droite n'en obtient aucun. Et la France serait en démocratie.

L'article 13 de la Constitution du 4 octobre 1958 dispose que le président de la République « nomme aux emplois

---

1. *Le Monde* du 9 novembre 2001 annonçait que les crédits alloués à l'Élysée ont augmenté de 406 % depuis 1995.

civils et militaires de l'État ». Le texte constitutionnel cite : « les conseillers d'État, le grand chancelier de la Légion d'honneur, les ambassadeurs et envoyés extraordinaires, les conseillers maîtres à la Cour des comptes, les préfets, les représentants du gouvernement dans les territoires d'outre-mer, les officiers généraux, les recteurs des académies, les directeurs des administrations centrales, sont nommés en Conseil des ministres. » Mais l'alinéa suivant ajoute à cette imposante énumération de postes de commandement ou d'influence : « une loi organique détermine les autres emplois auxquels il est pourvu en Conseil des ministres ainsi que les conditions dans lesquelles le pouvoir de nomination du Président de la République peut être par lui délégué pour être exercé en son nom. »

En Ve République dévoyée, c'est-à-dire à partir de 1975, la présidence a usé de plus en plus d'une interprétation abusive de cet article 13. Elle s'est constitué une cour de serviteurs d'autant plus zélés qu'ils bénéficiaient des largesses du pouvoir. Celui-ci s'est également assuré du dévouement de l'administration et des dirigeants des grandes affaires industrielles et commerciales de la nation, aux fonctions rémunératrices mais dépendant du bon vouloir présidentiel. Particulièrement à l'aise dans le frelaté, François Mitterrand s'était donné un entourage douteux, complaisant, et pour cause, envers ses propres malversations.

Les pouvoirs étendus que les présidents de la République successifs se sont attribués, d'une part, la stabilité ministérielle tant vantée, d'autre part, ont eu pour triste contrepartie la généralisation de la déliquescence politique. Comparée à la Ve République, la IVe République a été un modèle de vertu. Il est vrai que la mobilité des ministres y a concouru. Leurs pouvoirs étaient limités et ils n'avaient guère le temps de pratiquer les dérèglements qui eussent justifié la corruption.

En revanche, la stabilité ministérielle a substitué une certaine complicité à la technicité requise pour exercer d'importantes fonctions. Pour commencer, les membres des cabinets ministériels, en Vᵉ République, ne sont pas recrutés en raison de leurs compétences mais de l'appartenance au parti politique « en place ». Ce n'était pas le cas en IVᵉ République, l'émiettement des partis affaiblissait leur audience et leur spécificité, si bien que les ministres choisissaient leurs collaborateurs immédiats dans diverses formations, à condition qu'ils eussent la technicité recherchée. Le même critère partisan est suivi pour désigner les dirigeants des grandes entreprises. Ainsi, le pouvoir est-il assuré de leur dévouement et de l'afflux des subsides nécessaires aux campagnes électorales. Cette pratique, particulière à la Vᵉ République, suscite bien des ralliements. Le jeune énarque sait qu'il lui faut faire le bon choix, se décider à temps, sinon il risque « le placard » durant un mandat, s'il y a cohabitation, voire deux mandats présidentiels dans l'hypothèse de deux votes « cohérents » de l'électorat. Aujourd'hui, la France doit au système le conformisme, la « pensée unique » qui caractérisent la vie politique et sociale en Vᵉ République. Si grands sont les avantages que confère le pouvoir qu'il s'agit de le détenir aussi longtemps que les institutions le permettent. Aussi faut-il définir un mode de penser, l'imposer au maximum de citoyens, et sanctionner, par leur mise à l'écart, ceux qui manifesteraient des opinions différentes.

En France, les moyens d'information – et de désinformation – appartiennent à un nombre réduit de puissants groupes financiers. Ces groupes ont avantage à vanter les mérites du pouvoir afin – sous des formes diverses – de bénéficier des faveurs qu'il peut encore dispenser. Mais les lois du marché aidant, l'affaiblissement de l'État leur convient car il n'est plus en mesure de placer leurs activités au service de l'intérêt de la collectivité nationale, entrave à la prospérité de leurs entreprises.

Aux deux « domaines réservés » que se sont attribués les présidents de la Vᵉ République (voir annexe I), il faut ajouter l'esthétique architecturale. Les monarques républicains ont voulu que la pierre – ou plutôt le ciment et le verre – les casent en bonne place dans l'histoire de la nation. Non seulement, en Vᵉ République le chef de l'État se veut politique avisé, géopolitologue, économiste, financier et chef de guerre mais aussi esthète : à lui l'initiative des « grands travaux », le choix des projets et du maître d'œuvre, le suivi de la construction et, enfin, l'inauguration, parfois prématurée lorsque l'ouvrage n'a pas été bouclé à temps.

Il ne s'agissait pas, le plus souvent, de répondre à un besoin, mais au détriment de l'entretien du patrimoine, de lui substituer une réalisation nouvelle portant la signature du président. L'objectif était aussi de surprendre, de faire « nouveau », au besoin de donner dans le gigantesque afin que la dimension de l'édifice, à défaut de saisir par sa beauté, témoigne de l'audace du chef de l'État et de sa puissance créatrice[1].

La richesse du patrimoine architectural de la France ne laisse guère de place à l'innovation, du moins si on la veut d'égale qualité. Au cours des siècles, chez nous, tout ou presque tout, a été conçu et réalisé, à l'exception de l'insolite, du biscornu et du laid. La Vᵉ République a comblé ce vide. Elle a eu généralement recours à des architectes étrangers qui n'auraient pas osé proposer chez eux leurs élucubrations. La vanité et le mauvais goût présidentiel firent de Paris leur champ d'expérimentation. Ils y ignorèrent l'urbanisme, l'environnement construit, ne se souciant que de mettre leur « œuvre » en évidence.

On n'imagine pas les Romains ou les Florentins laissant édifier la raffinerie de Beaubourg au cœur des quartiers anciens de leurs merveilleuses cités. Pas davantage la ferraille pyramidale de M. Pei[2] au centre de la « Cité inter-

---

1. « Dans toute ville je me sens empereur ou architecte. Je tranche, je décide, j'arbitre » (François MITTERRAND, *La Paille et le Grain*, Paris 1975).
2. Ridicule édifice défigurant la cour Lefuel, limitant les entrées à deux personnes, et créant ces longues files d'attente au vent et à la pluie. Même les stations de métro de M. Bienvenüe font beaucoup mieux. Et s'il fallait éclairer le sous-sol il eût suffi d'un plan d'eau sur une dalle translucide. C'était place du Palais-Royal qu'il fallait aménager l'entrée principale, le public eût trouvé un abri sous les arcades de la rue de Rivoli.

dite », ou encore les bariolages verticaux de M. Buren dans les jardins du Pincio, la grande arche défigurant Copenhague – et privant les Parisiens de la seule échappée, avec le cours de la Seine – qu'ils avaient encore vers le ciel. (Sans parler de la déviation de l'ancienne « voie royale », la grande arche étant placée de travers afin qu'elle apparaisse un volume et non un cadre-plan, et la barre horizontale visible sous l'arc de Triomphe lorsque l'on remonte les Champs-Élysées.) Au lieu d'« organiser » la place de la Bastille, fallait-il la déséquilibrer par la masse incongrue du nouvel Opéra et massacrer la porte Maillot par ce mur de béton inversé, bariolé d'affiches ? Et « orner » l'admirable place Vendôme de ces cylindres d'acier, faute d'être capable d'y interdire les stationnements abusifs ? François Stasse, qui dirigea la grande bibliothèque pendant près de quatre ans, a « cherché à comprendre comment les Français se sont démenés pendant dix ans pour faire rire à leurs dépens la planète entière. Le projet était faussé pour trois raisons : la mégalomanie d'un président, [...] carte blanche donnée aux architectes, sans que les bibliothécaires aient leur mot à dire ; un refus de choisir entre le passé et l'avenir numérique, entre les exigences de la recherche et l'"utopie démocratique"[1]. » Ajoutons le plus souvent une construction précipitée pour répondre à l'impatience du monarque. Résultats : chutes des pierres de la façade du nouvel Opéra et aussi les plaques de marbre de la grande arche, planchers défaillants du Musée de la musique, dysfonctionnements à la bibliothèque de France : « informatique en tête, sous-sols frigorifiés, tour à la température caniculaire par beau temps, distances immenses entre deux lieux, portillons de sortie qui se bloquent » (*Le Monde*, 3 novembre 2000).

Même échec en ce qui concerne l'aménagement de la place d'Italie, et du Forum des Halles : « La structure en toc du Forum vieillit très mal. En infligeant une telle blessure à

---

1. « La véritable histoire de la grande bibliothèque » par DS, *Lire*, septembre 2002.

Paris, on a vraiment loupé le cœur d'une des plus belles villes du monde », estime Philippe Lair, architecte (*Journal du dimanche*, 20 octobre 2000, p. 42).

Près de 50 milliards (de francs) d'investissements. Personne ne s'est soucié du coût de l'entretien et du fonctionnement de ces nouvelles constructions. La mégalomanie présidentielle imposa des dépenses qui excéderont les ressources que la nation peut consacrer à son domaine construit. Le patrimoine, mal entretenu, en pâtit et aussi les ambitieuses réalisations du monarque républicain. L'*International Herald Tribune* du 3 mai 2001, évoquant l'héritage Mitterrand, titrait comme suit son article : « Des monuments et de monumentales erreurs ». Pas pour tout le monde, architectes, entrepreneurs et... quelques hommes politiques en tirèrent de substantiels profits. Mais dans le même temps le logement social n'intéressa guère le président... qui se disait socialiste. Récemment, le nouveau ministre de la ville se déclarait effaré par l'état de délabrement d'une partie de l'habitat au loyer modéré. Il est vrai que les HLM n'enrichissent guère l'ego présidentiel.

Funeste pour la France a été, si longtemps, l'exercice solitaire du pouvoir. L'annexe I citée précédemment en donne quelques exemples. Ainsi que je l'ai écrit dans le *Réquisitoire*[1], les pouvoirs du président sont exercés sans contrôle. Non seulement il peut prendre toutes les initiatives, même inconstitutionnelles (les abandons de souveraineté) mais il n'a de comptes à rendre à personne. Non seulement, comme ce fut le cas avec François Mitterrand, il lui est loisible de violer la Constitution (« La France a opté pour la supranationalité »), de confondre son intérêt et ceux des siens avec ceux de l'État, de s'entourer d'aigrefins afin d'« amoraliser » – officiellement –, la vie publique, de pratiquer et de laisser pratiquer autour de lui toutes sortes de magouilles (mensonges, écoutes sauvages, délits d'initiés, gaspillages des ressources du pays, enrichissements personnels des

---

1. L'Âge d'homme, Paris, 2001.

membres de sa cour), de diriger la destruction de l'urbanisme de la capitale, de commettre de lourdes bévues internationales (participation à la guerre du Golfe, dislocation de la Yougoslavie, interprétation maladroite de la destruction du mur de Berlin), mais encore, par le contrôle des médias, il a pu transformer ces méfaits et ces erreurs en acte de haute politique afin d'obtenir un second mandat présidentiel.

Enfin, dans les allées du pouvoir, en Ve République, nombreux ont été les « suicides », ou les « disparitions » inexpliquées : Broglie, Boulin, Baroin, Bérégovoy, Fontanet, Grossouvre, Journiac, Pelat, le gendarme chargé des écoutes présidentielles... Sans doute la plupart de ces malheureux n'auraient pu supporter que le monarque détourne d'eux, un instant, ses bienveillantes et paternelles attentions, c'est du moins une des explications fournies à l'opinion... qui fit mine de s'en satisfaire.

Bilan seulement provisoire : le PIB par habitant de la France recule, maintenant au-dessous de la moyenne des pays membres de l'Union européenne, derrière ceux de la Grande-Bretagne et de l'Italie. Le nombre des chômeurs rapporté à la population active est l'un des plus élevés, la plupart des grandes entreprises françaises ont été bradées au capital étranger, le service public est en cours de démantèlement, le peuple français n'est plus souverain chez lui, Bruxelles y faisant la loi, interdisant toute politique financière, économique, industrielle et même sociale (le gouvernement n'est même pas en mesure de fixer comme il l'entend le taux de la TVA des restaurateurs. On se demande à quoi il sert encore), l'armée est en quenouille, l'armement vendu au secteur privé, sous contrôle étranger, des pans entiers de l'industrie et du commerce se sont effondrés, le pays a perdu toute audience à l'étranger d'autant qu'il n'est plus souverain et que la ruineuse décentralisation administrative prépare la dislocation complète de l'État-nation. Avec le tourisme, la « bouffe » et les loisirs, les Français devront se consoler de leur déclin : ils s'accommodent de l'invasion de leur territoire, selon l'expression de Valéry Giscard d'Estaing (qui

n'a pas pour autant condamné la capitulation de Schengen).
À pas précipités, ils sortent de l'histoire.

La Ve République, en quarante-quatre ans, aura abouti à un résultat diamétralement opposé à celui qu'en attendait son fondateur.

Remèdes.

Il n'y en a guère qui soient raisonnablement concevables. Le mal est fait, et irréversibles sont la plupart des funestes dispositions adoptées par les présidents et les Premiers ministres depuis trente ans. Tout compte fait, c'est avec l'assentiment de la majorité des Français, sous des gouvernements de droite comme de gauche, cohabitation ou pas, que la France a renoncé à la souveraineté, à l'indépendance, et a souscrit à la vassalité politique, économique, diplomatique et militaire. Les présidents de la République, qu'ils aient été légers, hâbleurs, menteurs, démagogues, girouettes ou prévaricateurs, du moins selon les médias, ont recueilli les suffrages des Français si bien que ceux-ci seraient mal venus de se plaindre. Reste le rêve :

– D'abord, la France renonce à l'élection du président de la République au suffrage universel et la loi du 6 novembre 1962, article 1er, est abrogée.

– Les dirigeants politiques reviennent à l'application de la Constitution du 4 octobre 1958 remise à jour pour tenir compte de l'évolution des mœurs et des quelques conséquences irréversibles des dispositions modifiant le texte originel de cette Constitution.

– Sont abrogées par la France ses adhésions aux traités, carcans destinés à paralyser son gouvernement et à vassaliser la population française en la soumettant à une autorité supranationale : Maastricht, Schengen, Amsterdam, Nice.

– En ce qui concerne la France, elle substitue des alliances de circonstance, et des accords de coopération de diverse nature, à l'Union européenne à laquelle elle renonce sous la forme que souhaitent lui donner l'Allemagne et les États-Unis.

– La France renonce à la coûteuse et absurde décentralisation administrative qui fait vivre la population au-dessus de ses moyens, émiette les ressources du pays, prive l'État des moyens matériels nécessaires à la conduite de grandes entreprises d'intérêt national qu'il peut seul entreprendre (annexe H). Il est dénué de sens, alors que s'instaure la mondialisation de l'économie, de parcelliser celle de la France au lieu de considérer l'ensemble français comme un bloc unifié et tout entier tendu vers le succès dans la dure compétition mondiale. C'est la France tout entière qui est une « province » du monde et non les fractions de son territoire, bien incapables, chacune d'elles, de faire face aux forces nouvelles de l'économie.

– L'État doit retrouver sa vigueur à la fois par les mesures qui précèdent et par la nationalisation des activités de service public : l'énergie, les infrastructures, la Banque centrale, l'armement, l'eau, l'enseignement, les communications et, plus précisément, des entreprises d'intérêt général telles : SNCF, EDF, GDF, Air-France, Postes et Télécommunications regroupés... et la liste n'est pas limitative. Les récentes malversations constatées dans le secteur privé, commises en exploitant la faiblesse de l'État, devraient inciter les Français à s'en remettre à un État fort et à un service public élargi mais étroitement contrôlé, servant l'intérêt général et ne cherchant pas à « faire des affaires » pour aboutir à de retentissants échecs dont les malheureux épargnants font les frais.

– Revenir à une pratique efficace de la IVe République en associant à la vie publique les études et les avis de personnalités qualifiées par leur savoir et leurs travaux, les « grands commis de l'État ». Ne briguant aucun poste dans la hiérarchie politique du pays, ils ne faisaient pas assaut de démagogue. En techniciens, ils proposaient aux gouvernants des solutions aux problèmes du moment et il revenait à l'homme politique de faire un choix et de retenir la proposition jugée compatible avec l'attente de l'opinion et les ressources disponibles pour la mettre en œuvre. Sur le versant ensoleillé de la Ve République et dans les dernières années de la IVe, la France n'eut pas à se plaindre des actions d'hommes tels que Rueff, Delouvrier, Guillaumat, après Dautry, Louis Armand, Yrissou... en ne citant que les plus connus.

– Par-dessus tout recouvrer la souveraineté de la nation. Sur elle-même et face à l'extérieur. On peut se demander pourquoi des nations comme le Canada (31 millions d'habitants) ou la Corée du Sud (47 millions d'habitants) demeurent souverains, et prospèrent normalement sans dépendre d'une autorité supranationale alors que la France (59 millions) devrait devenir une province d'un continent politique dans lequel elle ne jouerait qu'un rôle mineur en dépendant d'un pouvoir extérieur auquel elle ne participerait que pour 8 ou 10 % de son potentiel d'autorité global.

À nouveau souveraine, la France pourrait plus aisément régler – à son avantage – le grave problème que lui pose l'immigration. Ce sont la puissance, l'indépendance, le rayonnement des États-Unis qui sont à l'origine de la réussite du *melting pot*. Passer, ainsi que l'a fait la France, du statut d'État souverain à celui de division administrative du continent européen n'inspire guère l'immigrant. « Assimilé » il deviendrait membre d'une non-puissance. Autant se réclamer de son pays d'origine tout en bénéficiant des largesses locales. On l'a vu, totale est l'incompatibilité entre le renoncement à la souveraineté et l'« intégration » dont les gouvernements successifs ont rebattu les oreilles des électeurs.

– La « construction européenne » a tellement affaibli les États membres de l'Union que le libéralisme économique incontrôlé y exerce ses ravages. L'entreprise, les exigences de marché l'ont emporté sur l'action des États désormais incapables de conduire une politique économique et sociale – sans parler de leurs carences diplomatique et militaire – conforme aux intérêts de leurs populations respectives. Celles-ci, pour le « marché », ne sont pas des citoyens mais des consommateurs. La publicité les incite à consommer et les médias, vivant grâce aux producteurs, propagent largement cette forme d'encouragement aux achats et, ainsi, est bouclée la boucle mercantile. Manifeste est donc l'antinomie entre l'État émanation de la volonté populaire – du moins en démocratie – et le libéralisme économique que la Commission de Bruxelles instille peu à peu dans la « construction européenne ». Arrachant des pans entiers de souveraineté aux États, les « constructeurs » de l'Union européenne font le jeu du marché, réduisant les gouvernements à la figuration. Ainsi est transformée l'Europe démocratique en ploutocratie. Les privatisations imposées par Bruxelles livrent à l'entreprise privée, en quête de profits, des activités dites de service public qui devraient demeurer la propriété des citoyens et être gérées par leurs représentants. Les Français ne peuvent accepter cette régression politique et sociale. Il leur faut, au plus vite, se libérer du carcan européen destructeur de la démocratie, de l'État-nation, de la France souveraine et indépendante[1].

---

1. Ministre déléguée aux Affaires européennes Mme Noëlle LENOIR prend les lecteurs du *Monde* (11 septembre 2002, p. 1) pour de grands naïfs. Elle écrit en effet : « Bâtir l'Europe ne signifie pas sonner le glas des souverainetés étatiques mais au contraire, développer en parallèle des domaines de "souveraineté partagée". » Et cela sous le titre « Demain, l'Europe puissance ». Elle sera ridicule, demain, cette Europe « aux souverainetés partagées » face à des États qui ne partagent aucune souveraineté avec qui que ce soit tels les États-Unis, la Chine, la Russie, l'Inde, d'autres États émergeant. Comment peut-on faire croire de telles sornettes aux malheureux Français ?

6

La résignation

Dans la France telle qu'elle est, les Français en général sont satisfaits de leur état. Ils tiennent à leurs institutions, approuvent les rôles spécifiques du président de la République et du Premier ministre. Le quinquennat leur convient, bien qu'ils ne se soient guère déplacés pour l'approuver dans les urnes. Et aussi la cohabitation dont les situations ambiguës qu'elle crée les amusent. La participation de leur pays à la « construction » d'une Europe politique rallie également leurs suffrages et ils ne sont pas opposés au statut particulier de la Corse et à la décentralisation administrative. Plus généralement encore, la gestion de leurs affaires, à l'intérieur comme à l'extérieur, ne susciterait guère de sévères critiques. Tel est le sentiment des trois quarts des Français, du moins d'après une enquête du *Figaro Magazine* (du 9 septembre 2000).

La collectivité nationale serait de moins en moins leur souci tandis qu'importeraient en premier chef les avantages que chacun pourrait retirer des ressources de cette collectivité. Les habitants du territoire qui s'appelle France seraient autant d'individus vivant côte à côte, bien plus qu'ils ne formeraient un ensemble aux constituants étroitement solidaires. Leur indifférence aux commentaires déplaisants qu'à l'étranger on formule de plus en plus souvent sur l'état de la France témoignerait de cet égocentrisme.

Par exemple, cette déclaration de Francis Fukuyama, professeur de science politique aux États-Unis : « Depuis dix ans la France a perdu son levier allemand. Les autres Européens n'ont plus besoin qu'on leur explique que l'Allemagne est une puissance bienveillante [...] c'est l'Allemagne qui est devenue, à l'est, le principal vecteur des valeurs démocratiques et le premier ressort de l'élargissement européen. Les institutions de Bruxelles ne reflètent peut-être pas encore cette inversion du rapport de forces mais la France aurait tort d'y voir autre chose qu'un sursis[1]. »

Ou encore cette remarque, pourtant souvent citée, du professeur Brian Sullivan[2] faisant allusion à la participation de la France à l'attaque de l'Irak en 1991 : « Encore que l'échéance demeure incertaine, la domination par l'Allemagne de l'Union européenne est virtuellement assurée. Bien qu'elle ne soit pas déshonorante, la performance de la France au cours de la guerre du Golfe a démontré aux Français présents, et à tous les observateurs avertis, combien relativement faible, militairement, était devenue la France [...] le déclin de la culture et de la langue françaises s'est accentué à peu près en même temps... La France de Louis XIV et de Napoléon, même celle de Clemenceau et de de Gaulle n'est plus et n'existera jamais plus. » Les hommes politiques de la Ve République ont accompli leur œuvre de destruction et les Français ne leur en tiennent pas rigueur.

Ex-ambassadeur des États-Unis en France, Félix Rohatyn a traité plus diplomatiquement de « l'énigme française »... « La France encourage le renforcement de l'égalité par la redistribution, à l'inverse de notre conception de la recherche de l'équité par l'augmentation de la croissance et l'élargissement de la participation au capital... L'opposition des hommes politiques de droite et de gauche à l'action des fonds

---

1. *Le Figaro*, 26 février 2001, p. 16.
2. « The Present and Future State of France », *Strategic Review*, vol. XXII, n° 4, p. 76.

de pension américains renforce les inquiétudes américaines [...] [ce qui] explique [...] les importantes sorties de capitaux d'Europe et la faiblesse relative de l'euro... La France que je préfère est celle des régions et des grandes agglomérations régionales... » En somme, la parcellisation du pays de préférence au siège de son gouvernement, fût-il évanescent.

Sous le titre « Un si doux déclin », Jean d'Ormesson a cherché dans le mythe européen une consolation à l'agonie de la nation française : « Toute ambition nationale [...] a été si durement moquée, contrariée, combattue, qu'il ne subsiste pas d'autres horizons, au loin, que l'Union européenne [...] de l'ambition nationale il ne reste que le sport, notamment le football. En vacances où, grâce à Dieu, on oublie tout de cet univers gris et sans relief [...] un besoin de hauteur et de propreté le cède peu à peu à un sentiment encore accru, plus amer, de bassesse au deuxième degré, de malversation à la vitesse supérieure et de magouille dans les magouilles. On se jette dans l'Europe, moins parce qu'on y croit vraiment que parce qu'il n'y a plus rien d'autre à espérer[1]. » Tragique est « Ce si doux déclin ». Si doux peut-être parce que communément accepté.

Bien peu de Français se rebellent. Sous le titre « Un laisser-faire inacceptable », le professeur Bernard Debré avait retrouvé les accents de Michel Debré pour fustiger la politique des « princes qui nous gouvernent » : « La France n'a plus de politique de santé, [...] plus d'armée, [...] plus de justice, [...] elle n'est plus au travail, [...] elle n'est plus gouvernée, [...] n'a plus de cohésion ou d'unité, [...] elle verse dans l'intégrisme idéologique, [...] elle n'est plus porteuse d'un message universel[2]... »

Il s'agit simplement d'un constat. L'origine des carences que dénonce Bernard Debré réside dans le renoncement à la souveraineté qu'impose la « construction européenne ».

1. *Le Figaro*, 10 février 2001, p. 14.
2. *Le Figaro*, 20 février 2002, p. 12.

Depuis trente ans, les gouvernements successifs y souscrivent et ils ont convaincu une large fraction de la population qu'il n'y avait, pour le pays, d'autre issue que de devenir une division administrative de l'Europe politique. L'Allemagne, les États-Unis, la Grande-Bretagne, la plupart de nos autres « partenaires » complotent pour neutraliser définitivement la nation française. Selon l'aphorisme de Charles Quint : « aucun pays n'a plus fait pour son malheur que la France et, pourtant, tout lui a tourné à bonheur. » Et peu avant la ruée des *panzers* sur la plaine du Nord, en Allemagne, on se demandait encore si « Dieu était français ». Ni les guerres, ni les défaites n'avaient totalement éliminé la France. La « construction européenne », en revanche, est en passe de réussir là où des siècles de jalousie, d'envie et d'hostilités ouvertes ont échoué.

Dans le numéro 45, du *18 juin, le combat de l'avenir*[1], sous le titre : « 250 millions d'euros par an pour promouvoir l'Europe intégrée », Hélène Nouaille détaille les dépenses de l'Union européenne pour « établir dans l'esprit du public que l'intégration européenne est la seule option pour le futur ». Créé en 1989, le Groupe de Bruges a publié, en juin 2002, un rapport sur la campagne financée par Bruxelles (c'est-à-dire avec l'argent des contribuables) en faveur de l'intégration. « La propagande européenne est organisée selon un plan méthodique. L'une des principales victimes, en France, est l'Université. Le but des "Jean Monnet chairs", auxquelles Bruxelles attribue chaque année quatre millions d'euros, est d'enseigner l'intégration européenne en imposant des contenus fédéralistes aux enseignants, dans tous les champs des sciences sociales : histoire, droit, sciences politiques, économie, etc. Le contrôle de la Commission européenne prend la forme d'un comité scientifique soigneusement sélectionné par elle-même, comité qui valide l'attribution des labels et des bourses seulement aux profes-

---

1. 10 septembre 2002.

seurs qui présentent suffisamment de garanties. » Et le Groupe de Bruges poursuit son enquête par la liste de quelques bénéficiaires :
– Association Notre Europe : elle perçoit 600 000 euros.
– Bourses pour « faire avancer l'idée de l'Europe » : 1,830 million d'euros.
– Forum de la jeunesse de l'Union européenne : 2 millions d'euros.
– Soutien aux organisations internationales de la jeunesse : 1,5 million d'euros.
– Associations et fédérations d'intérêt européen : 1,260 million d'euros.

La presse n'est pas oubliée : le Centre européen des journalistes, installé, comme il se doit, à Maastricht, s'efforce de « documenter » leur opinion. Quelque 7 000 d'entre eux ont été ainsi « mis en condition ». Un programme européen de formation des jeunes journalistes est doté, annuellement, de 250 000 euros, tandis que Bruxelles dépense encore 2,5 millions d'euros à ses publications « destinées à l'information des leaders d'opinion ». Enfin, termine le rapport du Groupe de Bruges, les sondages d'opinion, les productions de télévision et les sites Internet, l'information des pays qui ne sont pas membres de l'Union, les communications du Parlement et de la Commission, absorbent, chaque année, plus d'une cinquantaine de millions d'euros. Ainsi les contribuables français, par l'intermédiaire de Bruxelles, participent-ils à la destruction de la nation. Avec la complicité de leur gouvernement.

Ainsi s'explique, en France, le succès de l'« idée européenne ». L'opinion s'achète d'autant plus aisément que plaît le changement et que séduit l'« effet de taille ». La Chine, l'Inde, la Russie, le Brésil, voire le Nigeria, offrent-ils à leur ressortissants un bien-être individuel enviable ? Implicitement, Jean Monnet donnait les États-Unis en exemple. L'histoire de leurs peuples n'est pas la même que celle des peuples de l'Europe géographique. Presque dès l'origine multiethniques et multiconfessionnels, les États-

Unis pratiquèrent un darwinisme économique avec sinon, bien sûr, la sélection des espèces, du moins celle des aptitudes à la lutte pour la vie. Le pouvoir est à Washington DC, et nulle part ailleurs et le fédéralisme une affaire d'étendue du territoire et d'histoire : celle de la construction progressive de l'unité, les armes à la main. Tandis qu'en Europe, les armes renforçaient les spécificités nationales, au service de la diversité.

Bien qu'elle soit spécieuse, l'argumentation de Chantal Delsol doit être applaudie à Bruxelles... et aussi à Washington et à Berlin[1]. Professeur de relations internationales, elle écrit : « pour moi, la véritable démocratie, c'est le fédéralisme, où les décisions partent de la base pour aller au sommet, et non l'inverse. » Croit-elle qu'hier, en République fédérale de Yougoslavie, les « décisions partaient de la base » et qu'aujourd'hui, en République fédérale de Russie, en fédération indienne, en République fédérale des États-Unis et même en Allemagne fédérale, les décisions partent de la base et que le sommet s'incline ? Mme Delsol complète ainsi sa pensée : « Les solutions centralisées et jacobines ont été valables en d'autres temps et face à d'autres besoins. Aujourd'hui les revendications identitaires, l'individualisme à tous les échelons et toutes sortes d'autres facteurs imposent des systèmes souples, dotés d'autorités multiples et d'autonomies reconnues. » En professant de pareils sophismes on flatte peut-être l'électeur et les « autorités multiples » offrent aux politiciens des « niches » rémunératrices. Mais conduisent au chaos, à l'impuissance, à la ruine et, en définitive, à la servitude le peuple qui y souscrirait. Bien au contraire, à l'intérieur, la rapidité des communications, l'endoctrinement par l'image télévisée et, à l'extérieur, la mondialisation des échanges imposent un rassemblement de tous les moyens sous une seule autorité et non l'émiettement, les « autorités multiples » de l'époque

---

1. « La véritable démocratie, c'est le fédéralisme », *Le Figaro*, 13 septembre 2001, p. 13.

féodale, vers laquelle se tourne Mme Delsol en se trompant de millénaire.

Au fédéralisme, suicidaire en Europe, serait substituée la Confédération. « La solution réellement appropriée, c'est celle d'une autorité confédérale chargée de la gestion politique sur une base démocratique des seules questions d'intérêt commun avec des délégations de pouvoir limitées à ces seules questions d'intérêt commun spécifiées dans une charte confédérale », a écrit Maurice Allais[1]. En réalité, il n'existe nulle part d'institutions confédérales. À leurs débuts, les États-Unis d'Amérique avaient expérimenté la formule mais, ils y renoncèrent à la première épreuve tant elle s'était révélée faible et inadaptée. La souveraineté ne se partage pas. Un État est souverain ou, ne l'étant pas, il devient une région, une province. Une « autorité chargée des seules questions d'intérêt commun » ? Décider de la paix ou de la guerre, est-ce une question d'intérêt commun ? Et comment en décider si l'on ne contrôle pas souverainement les finances et l'économie de la nation ? Aussi comment s'en remettre « à une autorité fédérale des questions relatives à l'organisation du marché commun », ainsi que le suggère M. Maurice Allais ?

– Subissant une telle propagande, les Français se sont résignés à la perte de leur indépendance, ils ont renoncé à être démocratiquement gouvernés et, confusément, ils s'accommodent d'un État et d'une République virtuels, d'un théâtre politique où figurent des personnages matérialisant des institutions inexistantes et un gouvernement de pure forme, allégorique.

Cependant, incohérents et légers, ils protestent contre les conséquences des mesures politiques qu'ils ont tacitement approuvées. Par exemple, les invasions saisonnières des « gens du voyage », les trafics des mafias albanaises, les vagues de prostituées d'Europe centrale et, particulièrement,

---

1. « Quelles institutions pour les Quinze ? » *Le Figaro*, 20 septembre 2002, p. 14.

de Sarajevo[1], les vols à la tire des adolescents roumains. Mais ils ne sont pas descendus dans les rues pour condamner les accords de Schengen qui sont à l'origine de ces désordres et ils ne réclament pas l'inculpation des parlementaires qui ont approuvé ce funeste traité. Ils s'inclinent, chacun espérant ne pas en être affecté. Et ils sont mal venus de se plaindre d'une coûteuse insécurité dont ils ont réuni toutes les conditions.

– Les Français sont tout aussi indifférents à la diminution de la population française et à son vieillissement. Si la résignation l'emporte, c'est parce qu'il s'agit d'un phénomène quotidiennement imperceptible mais déterminant à terme. De même qu'ils ignorent leur passé, l'avenir ne les préoccupe guère. Les démographes constatent qu'en 1950, alors que le recensement fixait à 42 millions la population française, le nombre des naissances était de 858 000. Cinquante ans plus tard, les 59 millions d'habitants ne donnent plus naissance qu'à 775 000 enfants. Le taux de natalité pour 1 000 habitants est passé de 20,5 en 1950 à 13,2 en 2000 et le nombre de nouveau-nés par femme de 2,93 à 1,88. Quant au vieillissement, il résulte à la fois de l'augmentation de l'espérance de vie et de la diminution des naissances. Il y a un demi-siècle 30 % des Français avaient moins de vingt ans. Ils sont aujourd'hui 25,3 %, tandis que les plus de soixante-cinq ans forment 16,2 % de la population au lieu de 11,3 % en 1950.

Il ne s'agit pas, seulement, d'un mal français mais d'un sinistre européen. « Pionnière du vieillissement démographique, de l'inversion des pyramides des âges et du déclin de la population [...] l'Union européenne est déjà marquée par un processus qui mine tant sa croissance économique que son existence politique sur la scène internationale [...]

1. En majorité, les Français ont approuvé la dislocation de la Yougoslavie, la création d'un deuxième État à dominante musulmane dans les Balkans, se sont apitoyés sur le sort des Kosovars et ont souscrit à l'agression de la Serbie par l'OTAN, agression à laquelle ont participé les forces françaises. De même, ils ne sont pas opposés à l'élargissement de l'Union en voulant ignorer ce qu'il leur en coûtera.

l'Europe est bel et bien en train de devenir *l'homme malade du monde des prochaines années* », a écrit Philippe Bourcier de Carbon[1]. Et il ne faut pas attendre de la Commission de Bruxelles et du Conseil des ministres qu'ils préconisent des mesures destinées à freiner ce déclin démographique : détruire les États membres et les « régionaliser » absorbe leur énergie.

– Les Français se sont résignés à l'effondrement de leur économie. Le produit national brut par habitant, c'est-à-dire le signe de la richesse moyenne individuelle, les place maintenant derrière les Britanniques et les Italiens, qu'ils précédaient jadis. Ils ne devancent plus que les Espagnols, les Portugais et les Grecs. En France on ne paraît pas s'inquiéter davantage des faillites, trop nombreuses, des entreprises[2]. Au cours du premier semestre 2002, « les défaillances » ont dépassé 22 000, soit 4 % de plus que durant les six premiers mois de 2001. Ce sont naturellement l'industrie – appelée à disparaître au profit des services[3] – et le bâtiment qui avec, respectivement, 13 % de faillites supplémentaires enregistrent les pertes les plus élevées. En deux ans, signale le rédacteur de ce texte affligeant, « les faillites des entreprises de plus de 99 salariés ont doublé ». « En 1997, la France était encore au deuxième rang européen pour les flux d'investissements étrangers. En 2000, elle occupe la cinquième place[4]. » Les investisseurs étrangers lui reconnaissant la première place quant aux loisirs, aux divertissements culturels, à la qualité de vie, « mais en coûts salariaux, les charges fiscales des entreprises, la faible flexibilité du droit du travail sont autant de handicaps ».

1. *L'Ambiguïté menaçante de la construction européenne*, intervention au Forum d'action pour une Confédération européenne.
2. *Le Figaro économique*, 15 juillet 2002, p. 1.
3. Le secteur industriel, en France, ne représente plus que 17 % des salariés au lieu de 25 % en 1981. On « délocalise » en Asie et avec « l'élargissement » en Europe de l'Est.
4. Laure BELOT, « Les multinationales trouvent la France moins compétitive », *Le Monde*, 25 juin 2002, p. 20.

L'élargissement de l'Union européenne va coûter cher à la France. La rédactrice de l'article qui vient d'être cité signale également que « pour la première fois, la République tchèque, la Hongrie, la Pologne et la Roumanie dépassent, avec 281 implantations étrangères, les performances de la France. Seuls deux pays de l'Europe de l'Ouest, l'Allemagne et l'Espagne, résistent mieux ». D'ailleurs, en 2000, les investissements étrangers en Europe avaient été proches de 600 milliards d'euros mais les firmes européennes exportaient 740 milliards[1]. Et de surcroît la plupart des entreprises dites françaises survivent grâce à des capitaux étrangers. C'est le cas par exemple de Total Fina dont les investisseurs étrangers détiennent 50 % du capital, de la Société générale (49 %), de L'Oréal (43 %), d'Alcatel (40 %) du moins avant les pertes annoncées en 2001 et celles prévues en 2002.

La déconfiture de Bull ne semble avoir inquiété aucune autorité politique. Jacques Stern, ancien président de l'entreprise avant sa privatisation en 1997, a tiré la leçon de l'indifférence de l'État : « Bull est le dernier constructeur informatique européen... Si la France perd la maîtrise informatique, c'est toute son industrie et son économie qui en subiront les conséquences. Depuis la fin des années 80 l'ambition est morte [...] nous sommes passés à des attitudes de suiveurs. » Des 43 000 employés en 1991, dont 21 000 en France, il en reste 17 000 (à la fin de 2000) et il est question de 1 800 suppressions d'emploi supplémentaires[2].

Mais Bruxelles légifère : « La Commission rappelle que l'article 35 du traité de Maastricht interdit toute politique industrielle nationale basée sur des aides publiques. » On peut se demander à quoi sert encore un ministère de

---

1. *Le Monde économique* (5 mars 2002, p. v) publie un schéma montrant qu'à partir de 1995 les flux financiers sortants ont dépassé les flux entrants pour être près de cinq fois plus élevés que les investissements en France.
2. Cité par *Bastille, Nation, République*.

l'Industrie. Il n'a pas été en mesure d'empêcher le démantèlement d'Alstom en mars 1999, cédant le secteur des turbines à gaz à l'Américain General Electric et fusionnant la partie turbine à vapeur avec la firme ABB, à capitaux allemands, suisses et suédois[1].

Depuis le début des années 70, l'État a été de moins en moins en mesure d'investir au profit de l'ensemble des Français alors que l'on a vu combien son intervention avait été fructueuse entre 1956 et 1968. Il n'a pas seulement renoncé aux grandes entreprises d'intérêt général dans les domaines de l'énergie, des transports, de l'armement, de l'espace, de la recherche, il a laissé dépérir le petit commerce dont la main d'œuvre qu'il occupe est passée de 300 000 en 1966 à 86 500 en 1985. L'augmentation du nombre des « grandes surfaces » a condamné la petite entreprise dans les activités de l'alimentation, du vêtement, de la chaussure qu'exerçaient près de 260 000 entreprises alors qu'elles n'étaient plus que 92 000 en 1985[2].

– Résignés les Français le sont également en contemplant la sur-administration de leur pays : communes, syndicats de communes ou communautés de communes, cantons, « pays », arrondissements, départements, régions, autant d'« autorités » empilées, sans que jamais une nouvelle strate en remplace une, ou plusieurs autres. Le contribuable paie (les impôts locaux augmentent considérablement) cette folie sur-administrative dont rend compte l'annexe H. Le seul concours de l'État aux collectivités locales est, après l'Éducation nationale, le deuxième budget de la nation (56 milliards d'euros).

– En revanche, le service public est peu à peu démantelé et, résignés, les Français laissent faire. On nous dit qu'il faut mettre un terme à cette « exception française ». Imposée par

---

1. La Commission de Bruxelles avait mis son veto à la fusion de Schneider avec Legrand (10 octobre 2001) aussi Schneider a-t-il cherché à s'associer à Wendel Investment, c'est-à-dire à Marine Wendel et le fonds américain Kohlberg, Kram, Roberts and C°, soit KKR.
2. *Le Monde économique*, 30 avril 2002, p. I.

la Commission de Bruxelles l'ouverture des marchés détruit le service public « à la française » et, ainsi que les événements récents l'ont montré, ruine de nombreux épargnants (France Télécom hier, EDF-GDF sans doute demain).

Les privatisations antérieures, aux États-Unis et en Grande-Bretagne, ne se sont pas toutes révélées bénéfiques. La dérégulation du transport aérien a été à l'origine de retentissantes faillites. En Californie, Carl Wood, commissaire à la régulation de l'énergie de l'État, a déclaré que les carences du secteur privé avaient coûté fort cher au contribuable, des millions de dollars pour financer, en hâte, des contrats de dépannage, la production et la distribution étant défaillantes : pannes de courant et augmentation considérable des tarifs. En Grande-Bretagne et en Australie, les mêmes causes ont produit les mêmes effets.

Outre-Manche, la privatisation, en 1994, des Bristish Railways s'est révélée catastrophique : faute d'entretien, neuf accidents graves ont fait des victimes : trente-cinq tués et trois cent soixante-neuf blessés. Pour Bruxelles, il s'agit d'affaiblir les États en réduisant leurs attributions tout en offrant de nouveaux débouchés, en principe rémunérateurs, au secteur privé. En Ve République dévoyée, les gouvernements bradent le patrimoine national pour financer leurs gaspillages. La démarche fait l'affaire des fonds de pension étrangers. Dans le même temps l'ouverture des marchés limite le chiffre d'affaires des entreprises livrées partiellement, ou totalement, au secteur privé si bien que celui-ci cherche de nouveaux débouchés et aboutit à des résultats financiers calamiteux comme c'est le cas de France Télécom. Son marché national étant menacé par l'« ouverture » décidée à Bruxelles et entérinée en 1997 par le gouvernement Jospin[1], France Télécom a procédé à des implantations à

---

1. Le chiffre d'affaires d'EDF en France est passé de 76,7 % en 2000 à 65,8 % en 2001. Les énergies renouvelables que lui impose le gouvernement ont accru considérablement ses dépenses d'où un plus grand endettement et une rentabilité diminuée.

l'extérieur par exemple, avec l'opérateur allemand Mobil Com dont Télécom doit « consolider » la dette.

Les médias ont rendu compte du résultat de cette absurde politique d'extension : une dette représentant quelque 4120 euros par foyer fiscal français sans compter le chômage pour les 5500 employés allemands de Mobil Com[1]. Quant aux actionnaires de cette demi-privatisation, ils sont lourdement perdants par l'aventureuse politique d'une entreprise de service public essayant de s'en remettre aux lois du marché. Bruxelles faisant la loi en France imposera sans doute la cession des principaux actifs de France Télécom (dont Orange acquis en Grande-Bretagne) avant de permettre à l'État – c'est-à-dire aux contribuables – de sauver ce qui restera de l'entreprise, recentrée sur le marché national (moins de la moitié de son chiffre d'affaires total).

Après les télécommunications, Bruxelles voulait privatiser la Poste (malencontreusement séparée des télécommunications par Paul Quilès en 1990) en limitant le monopole du service public en fonction du poids du courrier (moins de trois cents grammes par exemple). Et « libéraliser » totalement le postage public, soit, en France 40 % du courrier. Finalement, il a été décidé, conformément aux vœux de la Commission, de libéraliser le courrier de plus de cent grammes, puis de plus de cinquante grammes en attendant de pouvoir abolir tout monopole vers 2009 ou 2010, c'est-à-dire de supprimer ce service public. Avec des conséquences désastreuses pour les usagers et les employés. En Allemagne, le prix du timbre a été augmenté, et trois mille guichets ont été fermés. Outre-Manche, la Poste britannique est en faillite : plus d'un milliard de livres de pertes, et suppression de 32000 emplois.

---

1. La dette de France Télécom est de 70 milliards d'euros. En mars 2000, l'action France Télécom était à 219 euros pour chuter à 10,35 euros en septembre 2002. L'État, actionnaire à 54 %, avait soutenu une stratégie d'achats d'entreprises aux activités hasardeuses telles que NTL britannique, TPSA polonais, et Mobil Com allemand.

Plus dommageable encore pour la France est l'ouverture du capital d'Électricité de France. Les décisions de Bruxelles relatives à la concurrence lui ont fait perdre une centaine d'industriels acquéreurs du courant qu'elle leur distribuait soit 30 % du marché français[1]. Comme ce fut le cas pour France Télécom, EDF a recherché hors de France et hors d'Europe des compensations aux parts de marché perdues. L'effondrement de l'économie de la République argentine lui coûte cher. D'où un gel des investissements, une cure d'austérité, la vente de son domaine immobilier (comme Télécom) à des banques étrangères et une dette de quelque 22 milliards d'euros. Mais ce qui, à terme, se révélera plus grave encore, c'est l'introduction de capitaux étrangers dans une entreprise sur laquelle repose l'essentiel de la politique énergétique de la France. Le parti « vert » s'est employé à détruire la quasi-indépendance acquise dans ce domaine par la stratégie nucléaire pratiquée aux débuts de la Ve République. Depuis, il s'est agi de stériliser, en France, l'avance scientifique et technique acquise dans ce domaine pour laisser, par exemple, aux États-Unis, l'exploitation d'un marché de plus de trois cents centrales nucléaires productrices d'électricité qu'il faudra construire d'ici 2025 afin de satisfaire les besoins en énergie des grands pays dits émergeants, notamment dans la zone Asie-Pacifique[2].

La directive 9830 de la Commission de Bruxelles a décidé de l'ouverture du marché français du gaz et la France, en hâte s'est inclinée. Comme elle a obtempéré lorsqu'il s'est agi de démanteler la SNCF et, par le texte voté en 1997, de créer le Réseau ferré de France gérant les infrastructures et démarrant ses activités avec un déficit de 160 milliards de

---

1. Marchés perdus au profit des producteurs d'électricité belges, allemands et espagnols. Pour commencer, sont ouverts à la concurrence 11 % du marché français. D'où « restructuration », vente d'actifs, licenciements.

2. À Barcelone, sous la présidence espagnole, l'Union a décidé la libéralisation du marché de l'énergie pour tous les usagers, en 2003 pour EDF et en 2004 pour GDF.

francs sans être pour autant doté de ressources suffisantes pour entretenir le réseau (30 milliards de francs annuels). Cette absurde dichotomie revient fort cher par les doubles-emplois qu'elle crée. En 2002 la SNCF annonce près de 150 millions d'euros de pertes. Or, en mars 2003, le marché du fret devra, lui aussi, être libéralisé, ce qui ne manquera pas de pénaliser davantage encore une activité déjà déficitaire, notamment parce que l'État s'est montré incapable de faire une juste part entre le trafic routier et le trafic ferroviaire. Résultats habituels : limitation des investissements, aux dépens du service public, non-remplacement d'une fraction des nouveaux retraités et recrutement soumis à une bien aléatoire « reprise du trafic ».

Bruxelles a interdit toute aide aux constructions navales. Alstom Marine qui, aux Chantiers de l'Atlantique, avait construit et livré seize bâtiments de gros tonnages, des paquebots, entre 1991 et 1997, sera privé d'aide publique dans le même temps que les entreprises concurrentes étrangères seront libres de solliciter et d'obtenir l'aide de leurs gouvernements. Dans ce domaine, la France enregistrait trop de succès pour ne pas être aussitôt brimée par Bruxelles. Trop heureux d'obéir et de se « désengager », Paris s'incline.

Par démagogie, le gouvernement incite les Français aux loisirs. La production en subissant le contrecoup, la cession des participations de l'État dans les entreprises fournira, en compensation et pour un temps, les ressources nécessaires. Restent encore à brader 25 % du capital de Renault, 41 % de celui des Autoroutes du Sud de la France, France Télécom et ses 54,5 % restants, Air France, les maigres 15 % d'EADS afin de renoncer à tout contrôle de l'industrie aérospatiale, d'autant que pourraient suivre Aéroport de Paris, Framatome, Thalès et la SNECMA avant de poursuivre la privatisation d'EDF et de GDF. Livrées aux lois du marché et, majoritairement, aux investisseurs étrangers, ces entreprises se « restructureront », c'est-à-dire qu'elles licencieront et « délocaliseront ».

Non seulement les jeunes Français, qui en ont intellectuellement et financièrement les moyens, vont chercher fortune ailleurs mais les entreprises qui furent indispensables au développement de l'économie ou de la défense de la nation installent leur siège social hors de France. Ce fut le cas de EADS, d'Euronext, de Dexta, de Vivendi, Usinor nouvelle formule, Alcatel, etc. D'autres, nombreuses, délocalisent leur production, au détriment de l'emploi en France. Entre 1995 et 2000, les groupes « français » ont investi plus de 170 milliards de dollars à l'étranger, soit plus de dix fois plus que cinq ans auparavant. Il est vrai qu'ils souffraient, en France, d'une fiscalité excessive : 30 % au lieu des 18 % à 20 % pratiqués en Belgique, aux Pays-Bas, en Espagne, en Autriche... l'Irlande, avec 9,3 %, emportant la palme. Dans *Les Échos*[1], Paul Fabra avait dénoncé les causes de ces expatriations : « Depuis le 9 septembre 1999, une nouvelle catégorie de Français émigre (en Grande-Bretagne, Belgique, Suisse, Italie). Arrivée de la gauche avec la création de l'ISF, en 1982, doublement des droits de succession... Mais, surtout Alain Juppé [...] revenant sur le plafonnement de l'ISF de Rocard... À peine la mesure avait-elle été annoncée que le nombre des candidats à l'expatriation avait doublé. Il double encore en 1998 et en 1999. Strauss-Kahn a encore aggravé la décision de M. Juppé en modifiant le régime successoral. Désormais, l'héritier n'est exempté du paiement des biens situés à l'étranger qu'à condition d'avoir, lui aussi, à l'instar du donateur, quitté son pays. Autre incitation au départ[2].

– Depuis une dizaine d'années la France néglige la recherche et les Français, préoccupés par le présent et indifférents à l'avenir, y sont résignés. Le nombre des « cher-

---

1. 30 novembre 2001 : « La deuxième et plus jeune vague de délocalisation. »
2. « Pourquoi les riches quittent la France », *Le Point*, 20 février 1999, p. 16. L'hebdomadaire cite : « Afflelou, Lofti Belhassine (Air Lib), Caroline Arpels, Marc Lassus, J.-L. David, Corine Bouygues, etc. Plus de 600 milliards de francs ont trouvé refuge à l'étranger au cours de 1997 et 1998. Dix des trente premières fortunes sont concernées. Le Trésor se prive de plus de 50 milliards de recettes fiscales. »

cheurs » a augmenté de 0,8 %, mais de 3 % ailleurs en Europe et de 6 % aux États-Unis. Pour 1 000 habitants, le Japon compte dix « chercheurs », les États-Unis : huit, la France : six. En ce qui concerne la progression de la recherche publique et privée, la France serait mal placée en Europe. Elle lui consacrerait 2,17 % de son PIB, la Suède étant en tête avec 3,7 % et Paris s'est engagée, lors de la Conférence de Barcelone, à en venir à 3 %, mais le gouvernement issu des dernières élections a commencé par réduire les dépenses de recherche dans son projet de budget pour 2003. Tandis que pour 10 000 habitants l'Allemagne dépose, en moyenne, 5,5 brevets, les États-Unis 4,5, la Grande-Bretagne 3,1, la France se contente de 2,2 et, en cinq ans, les dépenses des entreprises pour la recherche ont baissé de 40 %. Jean-Pierre Chevènement, interrogé par un journaliste du *Monde* (22 mars 2002), estimait que « la Recherche représente un atout fondamental pour la France dans la compétition mondiale. Or, l'État s'est désengagé au point que l'investissement des entreprises en Recherche et Développement dépasse celui de l'État. » Annie Kahn avait constaté que les aides consenties aux petites et moyennes entreprises diminuent, globalement, de 9,51 % annuellement alors que la France était déjà un pays particulièrement peu généreux pour cette catégorie d'entreprises[1].

– En France, la justice ne réussit plus à suivre le cours des débordements de la société et les Français y sont résignés. Sa mission est d'autant plus vaste et d'autant plus indispensable qu'est plus grande l'emprise de l'argent et plus nombreux les dérèglements qu'elle inspire.

En général, les magistrats font preuve de compétence et de courage, mises à part quelques rares faiblesses humaines. Mais, il est paradoxal de savoir la magistrature répartie en divers syndicats : l'un qui se dit de gauche, l'autre de droite, un autre se contente d'être modéré. Comme si la justice pou-

---

1. « La situation de la recherche française mal placée dans le peloton européen est alarmante », *Le Monde*, 3 juillet 2001, p. IV.

vait avoir une teinture politique et comme si elle interprétait le droit en fonction d'une conception politique de la société.

Les gouvernements successifs de la Ve République dévoyée auraient dû prévoir qu'en raison de leur propre comportement, de l'ouverture des frontières et de l'afflux d'étrangers aux mœurs différentes, après la police, la justice aurait fort à faire. Il n'en a rien été. Le président du syndicat « modéré » de la magistrature, M. Valéry Turcey, décrit sévèrement l'état de la justice en France : « Quand la maison s'effiloche, la peinture et la couleur des murs sont secondaires [...] le Parquet ne peut même pas répondre au téléphone tout en étant présent à l'audience [...] 80 % des affaires sont classées, les 20 % restants suffisant à embouteiller totalement les circuits [...] c'est de la folie furieuse. En correctionnelle 94 % des cas se passent d'un juge d'instruction ». « L'auteur de ces lignes, qui officie à Reims, a été dans l'impossibilité de juger les quarante-sept affaires inscrites à l'audience d'un après-midi de la semaine dernière », rapporte le journaliste qui cite M. Valéry Turcey[1].

– Comme l'est la France, le français est en déclin et les Français, résignés, l'admettent aisément. Les dirigeants de ce pays donnent l'exemple. L'année dernière MM. Madelin et Emmanuelli avaient organisé un colloque sur Frédéric Bastiat, le grand économiste français. Les invitations précisaient que les communications seraient prononcées en anglais bien que la rencontre ait lieu en France. La société EADS, à laquelle le gouvernement français a bradé la prestigieuse Aérospatiale, est une société de droit hollandais et l'on y parle anglais. Dans les conférences internationales, les délégués français souhaitent montrer leur savoir en s'exprimant le plus souvent possible en anglais. Les communications scientifiques n'ont quelque audience que si elles sont publiées en anglais.

---

1. « L'état de la justice », *Le Figaro Magazine*, 10 novembre 2001.

De son côté, la Commission européenne finance les organismes non gouvernementaux qui militent en faveur du soutien « aux langues moins répandues ». Le Conseil de l'Europe a fait rédiger une *Charte européenne des langues régionales ou minoritaires*, le droit de pratiquer une langue régionale constituant un droit imprescriptible et universellement reconnu. C'est un moyen de parcelliser les États de l'Union qui appliqueraient les dispositions de cette charte. Et, indirectement, de limiter l'enseignement du français en favorisant l'émergence des régions au détriment de l'unité nationale. Avec la complicité des gouvernements de la Ve République dévoyée qui prétendent « faire l'Europe sans défaire la France » en sachant que c'est là un contresens.

– En France, l'hôpital serait malade. Les Français le constatent mais ils sont résignés. Il est vrai que la compétence des médecins, leur dévouement et celui des infirmières et des infirmiers dissipent le malaise. Le fonctionnement de la Sécurité sociale et la générosité des systèmes de santé français font taire les critiques. Et à juste titre. Mais où est le mal ?

Le professeur Bernard Debré le dénonce et l'analyse dans *Le Figaro* du fameux 11 septembre 2001. Il écrivait en substance : « Plus de 3 500 postes de médecins des hôpitaux sont vacants, si bien qu'il a fallu faire appel à des médecins étrangers... Ils sont plus de 7 000 actuellement [...] l'hôpital est déserté par les infirmières [...] et les Espagnoles ont été sollicitées. » L'inadéquation entre le nombre de malades et les places disponibles dans les hôpitaux est telle qu'il en est qui laissent libres 80 % de leurs lits. Il y a trop d'hôpitaux en France et ils sont mal répartis, inadaptés aux déplacements de la population. La charge de travail qui pèse sur les médecins est excessive : cinquante à soixante-dix heures de travail hebdomadaire, le déficit en infirmières est très important. Les 40 000 postes supplémentaires envisagés ne représentent que 6 % du personnel alors qu'avec les trente-cinq heures, il eût fallu en ajouter plus de 11 %.

Ce n'est pas le principe de la Sécurité sociale qui est en question. Le système français a contribué à l'augmentation de l'espérance de vie, à réduire le taux de mortalité infantile et, de manière générale, au bien-être des Français, et de ceux qui, en France, bénéficient d'un organisme que le monde nous envie. En revanche, sont manifestes les carences des ministres de la santé successifs. Ces carences figurent, par leurs conséquences, en tête des nombreux fiascos techniques et économiques de la Ve République dévoyée avec, par exemple, les ravages exercés respectivement par l'amiante, le sang contaminé, l'alimentation carnée des herbivores, la pollution de l'agriculture intensive... sans que le pouvoir s'en soit soucié à temps.

Il n'était pas nécessaire d'avoir suivi les cours de l'ENA pour savoir qu'il fallait adapter le système hospitalier à la désertification des campagnes et au développement des ensembles urbains, ou pour se rendre compte qu'à partir du moment où le gouvernement renonçait à pratiquer une politique de natalité, la population vieillirait, qu'elle exigerait un surcroît de soins spécialisés, la gériatrie l'emportant sur la pédiatrie, la maison de retraite sur la crèche. Il ne fallait pas, non plus, être grand clerc pour évaluer les conséquences de la générosité du système de santé français, la demande de soins de toutes sortes augmentant et l'assistanat économique et financier de la population favorisant l'accroissement de l'assistanat médical. Il ne fallait pas ignorer le coût du progrès technique, évident dans tous les domaines, y compris dans ceux de l'allégement de la souffrance et de la guérison. Il eût fallu augmenter et non limiter le quota d'étudiants en médecine et procéder à la formation d'un plus grand nombre de personnels soignants.

Enfin, la très prévisible augmentation de la part que la population française entend accorder à la santé aurait dû inciter le gouvernement à mettre sur pied l'industrie correspondante, celle capable de concevoir, de construire et de commercialiser l'équipement de nos établissements hospitaliers. Il n'en a rien été ainsi qu'il l'a été mentionné précédemment et, du bistouri à l'IRM, le matériel indispensable aux soins et aux interventions est acheté aux États-Unis, en Allemagne, en Suède, en Italie... Serions-nous incapables de fabriquer un thermomètre ou un stéthoscope ? Quant aux chercheurs, ils vont chercher fortune ailleurs, plus particulièrement aux États-Unis où ils trouvent les moyens de déployer leurs activités.

Le montant des dépenses de santé a suscité les critiques de la Cour des comptes. C'est que le ralentissement économique a réduit la masse salariale et diminué les recettes de la Sécurité sociale, et plus généralement, les dépenses augmentent plus vite que la richesse nationale, plus qu'un PIB languissant. Occasion d'étudier la gestion de l'ensemble du système de soins français (dépenses de la branche maladie et de la branche vieillesse) dont l'accroissement annuel est deux fois plus élevé qu'il n'était prévu. La Cour des comptes a constaté l'inadéquation de l'appareil médical à la situation réelle de la population et signalé, par exemple, qu'il y aurait « 30 000 lits de trop en maternité-chirurgie-obstétrique, alors que les places manquent en long séjour et gériatrie, [...] trop de petits hôpitaux sous-utilisés en zone rurale [...] mais l'hôpital est de plus en plus sollicité pour des cas peu graves, 25 % des patients se présentant aux urgences ne nécessitent qu'une simple consultation [...] enfin, les dépenses de médicaments en milieu hospitalier ont triplé en onze ans[1]. » On retrouve quasi systématiquement les effets d'une bien médiocre « gouvernance », caractéristique de la Ve République dévoyée. Des ministres plus compétents et surtout moins soucieux de faire assaut de démagogie auraient pu gérer plus intelligemment un département ministériel si important pour les Français. Ceux-ci, résignés, ne leur tiennent pas rigueur de ces coûteux désordres. La conscience professionnelle et, en général, le sens de l'humain du personnel soignant dissimulent à leurs yeux les coûteux défauts du système.

1. « La Cour des comptes fustige la gestion opaque des hôpitaux », *Le Figaro économique*, 19 septembre 2002, p. III.

– « Le peuple le plus intelligent » ne brille plus par sa culture. Celui d'en bas, comme on le désigne maintenant, compte trop d'analphabètes et celui d'en haut ne recueille pas souvent les suffrages des Nobel. Les Français se résignent aisément à ce déclassement collectif. Le sport, presque pour tous, est une compensation surtout lorsqu'il arrive que la French foreign légion, l'équipe nationale de football, remporte une finale. Entre autres avantages le service militaire permettait à la fois de faciliter l'« intégration » des Français de fraîche date et de remédier, au moins partiellement, aux carences de l'enseignement public. En 1996, les instructeurs des armées constatèrent que, sur 55 000 appelés soumis à des tests élémentaires, 48 000 d'entre eux étaient illettrés ou proches de l'illettrisme. À la même époque, *Le Monde* reconnaissait que 26 % des écoliers entrant en classe de 6e ne savaient ni lire, ni calculer et qu'âgé de dix-huit à vingt-trois ans un habitant sur cinq de ce pays se montrait incapable de comprendre un texte simple d'une trentaine de lignes. Selon l'OCDE, aux côtés de la Pologne, avec 41 % de sa population la France figurait en tête du peloton des pays illettrés. Grande est la faillite de l'Éducation nationale – plus internationale que nationale. Mais il faut reconnaître qu'avec l'afflux d'émigrés rude est la tâche des enseignants. Aux Mureaux, dans une classe d'une trentaine d'élèves d'une douzaine d'années, vingt-cinq d'entre eux parlaient, chez eux, une autre langue que la nôtre. Mais les Français, en général, souhaitent que la « France généreuse » soit un pays d'accueil. Aussi sont-ils résignés aux conséquences d'une mansuétude dont ils sont fiers.

– Autre sujet de résignation : l'insécurité routière. C'est, en France, un mal endémique et auquel les Français renoncent à remédier, ne serait-ce que parce qu'ils se plaisent à en réunir les conditions. Ni les lois, ni les règlements, ni l'infrastructure, au demeurant excellente, ne sont en cause mais les Français eux-mêmes heureux de l'emporter sur le conducteur voisin grâce à une faible pression du pied sur l'accélérateur ou à une facile manœuvre du volant. En revanche, le gouvernement se révèle incapable de faire appliquer la loi. Bien que la France compte parmi les pays dont les « forces de l'ordre » sont les plus nombreuses rapportées à la population, sur les autoroutes et les routes leur carence est manifeste. D'après les médias « 42 % des sanctions ne sont pas exécutées, 54 % des points théoriquement retirés au permis ne le sont pas dans les faits, 60 % des automobilistes et 65 % des motocyclistes dépassent les limitations de vitesse. Le délit est la norme[1]. » Sur les autoroutes, en région parisienne, les motocyclistes roulent bien rarement au-dessous de 180 à 200 kilomètres à l'heure. Dans la capitale, les « deux-roues » ignorent très souvent les sens interdits, les arrêts aux feux rouges, circulent sur les trottoirs... et ils manifestent ensuite contre l'insécurité routière dont ils sont souvent les artisans. Mesure burlesque : réunir cinq ministres et un millier de « spécialistes » pour former des « états généraux » contre l'insécurité routière et créer un « Comité interministériel de sécurité routière » comme s'il fallait ces puériles démonstrations d'intérêt du pouvoir pour faire appliquer les lois et les règlements. Les Français ne sont pas seulement résignés à l'hécatombe routière, ils le sont également à la bêtise.

– La France n'a plus de politique étrangère. Après les abandons de souveraineté que ses gouvernements successifs ont consentis, il est normal que la France ait disparu de la scène internationale. Les Français y sont résignés. Les « relations extérieures » leur ont été, depuis trente ans au moins, des « affaires étrangères ». Certains regrettent que leur pays n'ait plus de politique financière, économique, industrielle, militaire, sociale enfin. Mais, en général, la politique étrangère est le dernier des soucis des Français. Aussi ne tiennent-ils pas rigueur à leurs dirigeants des rebuffades qu'ils subissent à l'extérieur, de leurs démarches contradictoires, de leurs gaffes, pour tout dire de leur effacement interna-

---

1. Yves THRÉARD, « Insécurité routière : l'État complice », *Le Figaro*, 17 septembre 2002, p. 18.

tional, et même du ridicule de leurs gesticulations lorsqu'il leur arrive de sortir d'une prudente réserve. Le lecteur constatera (annexe I) les méfaits du « domaine réservé », interprétation abusive des institutions de la Ve République. En s'attribuant la responsabilité directe de la politique étrangère et de l'emploi éventuel de la force des armes, le général de Gaulle ne pouvait imaginer que ses successeurs se montreraient incapables d'assumer ces hautes fonctions et, surtout, qu'ils renonceraient à la souveraineté de la nation, condamnant du coup à la fois la politique étrangère et la défense par les armes de l'intérêt national. (« Nous n'avons jamais consenti, pour les Six, au système dit supranational qui noierait la France dans un ensemble apatride et d'autres politiques que celles du protecteur d'outre-océan[1]. »)

Non sans raison les historiens diront que les événements qui se sont déroulés dans un passé relativement récent ont préparé la France à cette autre forme de déchéance. Plus particulièrement après la défaite de 1870 elle avait recherché une compensation outre-mer à ses déboires en Europe, l'Allemagne impériale y exerçant une influence dominante. Mais la défaite de 1940, l'évolution de la politique internationale et la puissance des deux « Grands » décidèrent du repli de la France sur elle-même. Elle a bien tenté, par la pratique d'une « politique arabe », de tirer parti des séquelles de son passé colonial, là où il avait été apprécié bien que la défaite de Dien Bien Phu lui ait porté un rude coup. Mais la politique du « chien en laisse » adoptée par Mitterrand y a mis un terme : après avoir exploité financièrement l'Irak pendant des années, suivre Washington dans la destruction de ce pays, et souscrire indirectement à un embargo qui y fit plus d'un million de victimes, ce fut pousser le « suivisme » au paroxysme. Avant d'en venir à un comportement

---

1. Conférence de presse du 9 septembre 1968. Le général de Gaulle n'avait pas mesuré les risques qu'il faisait prendre au pays en l'engageant dans l'aventure européenne. Même après les événements de mai 1968, ce qui est surprenant.

aussi humiliant, Paris s'était tournée vers l'Europe, peut-être sans se rendre compte que les événements de 1968 avaient été, pour la France, l'équivalent d'un nouveau Sedan, l'Allemagne prenant la direction des affaires européennes. Évincée d'Asie, bientôt d'Afrique, adoptant le profil bas en Europe au point de s'incliner devant le diktat allemand relatif à la dislocation de la Yougoslavie, et concourant aux desseins américains en bombardant la Serbie, la France a réussi à détruire un vieil allié – comme l'était le vieil allié irakien – à effacer de la carte la Yougoslavie que les victoires sur l'Allemagne avaient permis de créer et à mettre sur pied, dans les Balkans, avec la Bosnie-Herzégovine, un second État à dominante musulmane. Gribouille n'eût pas fait mieux. Un des artisans de cette « politique », M. Hubert Védrine, l'a justifié comme suit : « La conception classique de la souveraineté nationale absolue est devenue intenable et doit faire place, progressivement, à une souveraineté raisonnable, exercée en commun[1]. » Qui peut imaginer l'intérêt national défendu en commun ? Peut-on concevoir Washington, Moscou, Pékin ou la Nouvelle-Delhi exerçant leur souveraineté respective en commun ?

Il n'est pas surprenant qu'à Tel Aviv, le président de la République ait été remercié de ses offres de bons offices en lui disant que cette mission incombait aux États-Unis... et que la France avait suffisamment à faire chez elle.

Ni qu'à Ramallah, M. Jospin, la rivalité de la cohabitation l'y ayant conduit, ait été « caillassé ». Ou encore que M. Poutine visite Berlin, Londres, Rome et Madrid en faisant mine d'ignorer Paris et les maladresses verbales de l'Élysée. Quant à M. Bush, il s'est rendu à Berlin et à Moscou pour traiter d'affaires sérieuses et, avant de gagner Rome y signer un traité, il est passé par la France pour aller rendre hommage aux dizaines de milliers de ses concitoyens morts pour libérer la France de l'occupation allemande. Pas

---

1. Hubert VÉDRINE, « Refonder la politique étrangère française », *Le Monde diplomatique*, décembre 2000, p. 3.

étonnant non plus que, bien après le sulfureux sommet de Bujumbura (1982), la France se soit trompée d'alliés au Rwanda, la région des Grands Lacs étant mise à feu et à sang. Et L. D. Kabila préfère négocier avec le représentant des États-Unis qu'avec celui de la France. Celle-ci, en catimini, plie bagages en République centre-africaine abandonnée à ses révoltes et à ses coups d'État, et, peu à peu, quitte l'Afrique[1]. Même à Abidjan, la rue manifeste devant l'ambassade de France.

Bientôt, Paris capitale de la France n'aura pas plus de politique étrangère que n'en a Hanovre, capitale de la Basse-Saxe ou Portland, capitale de l'Oregon. C'est là l'exigence d'une Europe politique qu'une fraction de Français veut « construire ». Depuis une trentaine d'années, leurs dirigeants successifs les conduisent vers ce modeste destin. Et presque tous apparaissent résignés.

– En France, la désinformation l'emporte souvent sur l'information. Ou plutôt celle-ci est au service de celle-là. Les Français s'en doutent mais ils sont résignés. L'abondance des jeux et des nouvelles relatives aux sports fait passer l'indigence de l'information objective.

En juillet 1999, *Le Nouvel Observateur* posait fort pertinemment la question : « L'information est-elle vraiment libre en France ? » Une poignée de grands patrons, propriétaires d'énormes groupes industriels, possèdent aussi l'essentiel des médias. Airy Routier qui avait signé cet article énumérait comme suit les grands patrons de l'information et du livre en France : Dassault, Pinault, Arnault, Bouygues, Suez-Lyonnaise des eaux (devenu Vivendi), Lagardère, sans oublier Jérôme Seydoux. Un montage photographique repré-

---

1. La France n'est guère respectée en Asie. Les autorités de Tachkent refusèrent longtemps à son détachement de « marsouins » de gagner l'Afghanistan et le ministre de la Coopération, Charles Josselin, dépêché en Ouzbékistan pour atténuer les effets de la désinvolture du ministère de la Défense français, y fut froidement reçu. Quant aux six *Mirage 2000 D*, bien modeste participation française, ils ont attendu longtemps à Nancy l'autorisation de rallier la base de Kouliab.

sente les huit personnalités censées « faire l'opinion » ou tout au moins l'informer, la distraire, au besoin la désinformer lorsque le pouvoir dont elles dépendent plus ou moins directement le leur demande ou lorsque leurs intérêts industriels ou commerciaux l'exigent. Routier était explicite : « aucun gouvernement français n'aurait envisagé de ne pas adosser le premier média français (il s'agit de TF 1) à un groupe ami sur lequel il peut avoir barre par le biais des commandes publiques. » Quant à Pierre Bourdieu, il se montrait plus sévère encore : « la presse et l'édition sont dominées par les forces de l'argent qui travestissent délibérément la réalité sociale française, imposent la pensée unique et la vision libérale du monde, font le jeu de l'impérialisme américain et accélèrent un processus d'aliénation des masses. » En résumé, « les journalistes, serviles par nature et par obligation – il faut bien gagner de quoi vivre – les journalistes ne seraient que les "chiens de garde" du grand capital ». C'est bien sûr un jugement déplaisant et arbitraire. Mais il est à rapprocher d'une étrange déclaration de l'ex-rédacteur en chef du *New York Times*, M. John Swinton, répondant à un toast porté à la « presse indépendante » lors d'un banquet organisé à l'occasion de son départ à la retraite : « Quelle folie que de porter un toast à la "presse indépendante", s'écria M. Swinton, chacun ici présent ce soir sait que la "presse indépendante" n'existe pas... Il n'y en a pas un parmi vous qui oserait publier ses vraies opinions. Et s'il le faisait, vous savez d'avance qu'elles ne seraient pas imprimées. Je suis payé 250 dollars par semaine pour garder mes vraies opinions en dehors du journal pour lequel je travaille [...] si j'autorisais la publication d'une bonne opinion dans un simple numéro de mon journal, je perdrais mon emploi en moins de 24 heures [...] la fonction d'un journaliste est de détruire la Vérité, de pervertir, de ramper aux pieds de Mammon et de se vendre lui-même, de vendre son pays et sa race pour son pain quotidien [...] nous sommes les outils et les vassaux d'hommes riches qui commandent derrière la scène [...] ils tirent les ficelles et nous dansons [...] nous sommes des prostituées intellectuelles[1]... » Est-ce le départ à la retraite, l'aigreur qui parfois l'accompagne ? Toujours est-il que l'ex-rédacteur en chef du célèbre *New York Times* vide son sac. Et sans ménagement, donc avec excès.

En France, où on lit peu et où les tirages sont relativement faibles, la survie des publications et de l'image télévisée dépend des subsides de l'État, du soutien des groupes financiers, de la publicité. Airy Routier a mis en évidence la contribution de la publicité à la vie des médias : « avec 2 milliards de francs de pub, en 1998, Vivendi est passé devant L'Oréal, PSA Peugeot-Citroën (1,8 milliard), France Télécom (1,57 milliard), Nestlé (1,55 milliard), Danone (1,36 milliard), Renault (1,32 milliard) et Bouygues-TF1 (1,2 milliard), selon l'institut spécialisé Secodip. »

Depuis la publication de cette étude, le panorama des médias, en France, a été modifié par des fusions et des achats de publications ayant une bonne audience[2]. La part des groupes financiers a encore augmenté, la fin de la guerre froide et la réduction des dépenses militaires incitant les entreprises de l'armement à investir dans la « communication ». Leurs dirigeants en espèrent de bons dividendes, notamment en exerçant une influence accrue sur le pouvoir et en faisant louanger leurs productions industrielles par les médias qu'ils contrôlent.

Les gouvernements ont également recours à la « mise en condition » de la population en utilisant l'information-désinformation ou, avec un égal succès, en faisant escamoter le compte rendu d'un événement contredisant leurs desseins. La non-évocation d'un fait par l'écrit, le son ou l'image équivaut à en nier l'existence. Durant la crise des Balkans, la « communication » a consisté à diaboliser les Serbes afin de justifier la dislocation de la République fédérale de

---

1. Cité par *Temps présent*, 11 septembre 2002.
2. Il faut signaler en effet la mainmise des Allemands (dont Bertelsmann) sur RTL, M6 ainsi que sur la presse féminine française et la presse éducative (par exemple, *Géo*, *Ça m'intéresse*).

Yougoslavie que voulait l'Allemagne et de faciliter l'instauration d'un nouvel État à direction musulmane en Bosnie-Herzégovine que souhaitaient les États-Unis. Il suffit de reprendre les hebdomadaires et les grands quotidiens parus durant les hostilités pour constater l'importance soudaine des pages de publicité des firmes américaines et allemandes. Après les accords de Dayton, elles disparurent. Elles avaient joué leur rôle : interdire la publication de toutes critiques de l'intervention germano-américaine en Yougoslavie... Aucun responsable de la gestion d'une publication, d'une station de radio ou d'une émission télévisée ne pouvait accepter de perdre un contrat publicitaire en diffusant un texte ou des images contraires aux intérêts de l'annonceur.

Le rédacteur de ces lignes a eu l'occasion de constater – à ses dépens – le pouvoir d'endoctrinement de la presse et la capacité qu'elle a de « détruire la vérité » ainsi que le disait M. Swinton. Envoyé en Yougoslavie pour tenter de connaître le sort des deux aviateurs français, dont l'appareil avait été abattu après, d'ailleurs, qu'ils eurent largué leurs bombes sur des objectifs civils, et obtenu leur libération, je rencontrai le général Mladic, commandant les forces serbes. Le connaissant depuis plusieurs années et le tenant pour un patriote luttant pour son pays je fus bien accueilli. Le général décida de faire libérer nos deux hommes sans autre condition qu'une poignée de main avec un chef militaire français, devant le front des troupes serbes afin, disait-il, de liquider par ce geste le douloureux contentieux franco-serbe. Le soir même, à Paris, je rendis compte des résultats heureux de cet entretien. Pour des raisons trop scabreuses pour être élucidées, non seulement le Paris officiel feignit d'ignorer cette généreuse décision du général Mladic mais des ordres furent donnés à la presse d'accabler le malheureux général.

Voici quelques extraits de cette campagne de dénigrement destinée à couvrir une triste magouille financière. Dans le *Journal du dimanche* du 10 décembre, plus de trois semaines après l'accord conclu avec le général Mladic, Gilles Delafond écrivait : « Députés, officiers, émissaires discrets représentants de l'ONU, de l'OTAN, du CIRC, tous ont questionné sans aucun succès. Pour les uns Mladic et les siens cherchaient à négocier la levée de son inculpation par le TPI. Pour d'autres les pilotes sont morts, victimes d'une bavure des Serbes de Bosnie. » En somme, une série de fabulations dont l'intention calomnieuse est évidente.

Champion de la désinformation officielle, M. Juppé avait déclaré à l'Assemblée nationale qu'« il n'y a pas de jour depuis le moment où l'avion a été abattu, où le président n'ait multiplié ses interventions pour obtenir d'abord des nouvelles de nos pilotes, puis leur libération » (*Le Figaro*, 13 décembre, p. 10). La présidence aurait dû savoir depuis le 17 novembre que ces hommes étaient vivants et qu'il suffisait d'aller les quérir auprès du général Mladic. Mais l'on apprend, cinq ans plus tard, que l'Élysée a commencé par débourser près d'un million, des magouilleurs accusant sans doute Mladic de réclamer une rançon, probablement afin de se l'approprier. Dans le même numéro du *Figaro*, deux journalistes, J.-Cl. Galli et Renaud Girard, eurent le front de m'attribuer des déclarations que je n'avais jamais proférées, inventant délibérément des exigences que ne m'avait jamais formulées le général Mladic. J'ajoute que je ne connais pas ces deux journalistes avec lesquels je n'ai jamais eu le moindre entretien. Leur texte étant une pure invention destinée à tromper le lecteur, sans doute dans l'intention de répondre aux attentes du pouvoir. Dans *Valeurs actuelles* du 16 décembre (p. 41), Frédéric Pons avait recours au même artifice mensonger en titrant son article : « Le retour de nos pilotes, comme la signature de la paix n'ont été obtenus que par la fermeté et la menace de la force. » Ou bien ce journaliste ne connaissait rien au sujet qu'il traitait, ou bien il avait reçu l'ordre de mentir.

Probablement désireux de demeurer dans le cadre de la pensée correcte, Jean Guisnel, dans *Le Point* (du 19 janvier 2001) fabule comme ses collègues du *Figaro* ou du *Journal du dimanche*. Les deux prisonniers, selon ce journaliste, auraient dû leur salut à d'intenses pressions diplomatiques convergentes de Bill Clinton, via son ambassadrice à Paris, Pamela Harriman, et de Jacques Chirac sur le président russe Boris Eltsine. Pure invention avec les mêmes intentions calomnieuses que celles évoquées précédemment. La preuve : le 10 décembre, à Londres, M. Andréi V. Kozyrev, ministre des Affaires étrangères de Russie, déclarait à l'agence Itar-Tass (cité par Reuter et repris par le *Herald Tribune* du 11 décembre, p. 1) : « Les dirigeants serbes ont de bonnes raisons de révéler le sort des deux pilotes français et de traiter leur libération *s'ils sont encore vivants*. » Aussi le ministre de Boris Eltsine ne savait pas encore, le 10 décembre, « s'ils étaient encore vivants », alors que depuis le 17 novembre leur sort était connu et leur libération immédiate décidée par le général Mladic... et sans autre condition qu'une poignée de main.

Cette digression n'a d'autre objet que de souligner la subjectivité, la partialité et l'imagination mensongère dont peuvent faire preuve les médias. Les propos de Bourdieu et ceux de Swinton décrivent une triste réalité. Surtout en France où les institutions de la Ve République telles qu'elles ont été interprétées ont instauré le régime de la « pensée unique » et, à l'instar de l'état des affaires aux États-Unis, le règne de l'argent.

Remèdes.

Apparemment, il n'en existe pas. Les peuples ne reviennent pas sur leur passé même si ses recettes politiques s'étaient révélées plus conformes aux aspirations profondes de la population. Les idéaux évoluent et elle cherche inlassablement à satisfaire différemment de nouveaux désirs. Les Français se sont plus ou moins confusément ralliés à l'actuelle gestion de leurs affaires, une démocratie évoluant vers la ploutocratie semble leur convenir. Aux insatisfaits, le pouvoir politique et celui de l'argent font miroiter les perspectives européennes, les richesses partagées que dispenserait l'économie de marché, la mondialisation des échanges, le marché vers la citoyenneté du monde.

La réalité est autre. Pour remédier aux « résignations » successives énumérées dans les pages précédentes, il n'est qu'un remède : rendre à l'État son autorité et à la nation la souveraineté en balayant les miasmes du virus Jean Monnet, en éliminant les « mises en condition » exercées par le pouvoir de l'argent et en écoutant la voix d'un peuple libéré des affairismes.

Annexes

Annexe A

Faillite du libéralisme ?

Dans son numéro du 21 août 2001 (p. 12 et 13), *Le Monde* avait énuméré quelques « fusions géantes » et signalé leur coût : « plus de 800 milliards d'euros envolés au cours des douze plus grosses opérations réalisées durant les trois dernières années. »
AOL et Times Warner, Vodafone et Mannesmann, Exxon et Mobil, Daimler et Chrysler, Glaxowelcone et Smithkline, Dutch Telecom et Voice Stream, Total Fina et Elf, France Télécom et Orange, Vivendi et Seagram, BNP et Paribas, Chase Manhattan et J. P. Morgan, Hoechst et Rhône-Poulenc. À l'époque, la Bourse avait sanctionné les cours de sept de ces douze nouvelles entreprises par de fortes baisses. Il est vrai que le marché était plutôt morose, de grosses entreprises d'outre-Atlantique annonçant des pertes considérables. La plupart de ces fusions allait permettre des suppressions d'emploi (voir annexe B) le libéralisme économique se souciant comme d'une guigne du rôle social de l'entreprise.
À cette première tornade qui a balayé le marché mondial a succédé celle du 11 septembre démontrant que la superpuissance n'excluait pas la vulnérabilité. À ces deux formidables secousses s'en est ajoutée une troisième avec l'effondrement de Wall Street, la révélation des méfaits de la déréglementation des privatisations et, plus généralement, du libéralisme économique ruinant des millions d'épargnants, détruisant des dizaines de milliers d'emplois et plongeant les populations de nombreux pays dans la misère. Autre faillite, celle de la gouvernance mondiale (l'expression est à la mode), les États-Unis s'étant efforcés d'étendre au monde entier un système libéral fondé sur la domination du marché et l'effacement du pouvoir politique au profit de la puissance financière.
C'est en Thaïlande, en 1997, que débuta la première de ces grandes crises. Elle gagna la Malaisie, l'Indonésie, l'ensemble de l'Asie du

Sud-Est et le Japon. Seule la Malaisie[1], qui avait refusé les
« remèdes » du Fonds monétaire international, échappa au désastre
financier et social qu'allait amplifier la dévaluation du rouble. Quasi
simultanément, aux Amériques, le Brésil, le Paraguay, l'Argentine
furent à leur tour atteints par la faillite du néo-libéralisme. Se conformant strictement aux instructions du FMI, l'Argentine frôla la ruine
en dépit des richesses naturelles qu'elle détient. On aurait dû savoir
là où l'on s'essaie à la gouvernance mondiale que les Argentins placent généralement leurs capitaux hors de leur pays et que celui-ci,
s'appauvrissant, réussissait néanmoins à survivre grâce à son secteur
nationalisé. Le FMI en imposa la privatisation sous peine de refuser
tous nouveaux crédits. Les bénéficiaires du diktat s'empressèrent, à
leur tour, de faire fructifier leurs gains aux États-Unis et en Europe,
décidant de la ruine d'un pays riche, la moitié de sa population s'efforçant de survivre avec des ressources limitées qui la situent au-dessous du « seuil de pauvreté[2] ».

Et voici, en mars 2000, que se gonfle et éclate la « bulle » de la
nouvelle économie. À la communication à distance, sous toutes ses
formes, a été attribué un gigantesque développement industriel et
commercial dont personne ne conçoit qu'il puisse être limité et que
la demande correspondante s'infléchisse par saturation. Quelque
6 000 milliards de dollars s'évaporent. Les actionnaires sont ruinés,
les retraités pénalisés par la crise des fonds de pension, les salariés
licenciés par milliers et les dirigeants imprévoyants sombrent à bord
du *Titanic* portant les couleurs d'une activité factice. Le crash du
Nasdaq affecte de nombreuses entreprises hors des États-Unis et, la
globalisation de l'économie aidant, la débâcle ébranle, entre autres,
bien des grandes firmes européennes : Vivendi, Dutch Telecom,
Babcock-Borsig... Ainsi est préparée la grande dépression de 2001-
2002. En six mois, au cours seulement du premier semestre de 2002,
Wall Street subit une perte de 3 100 milliards de dollars, les ménages
actionnaires ont perdu 40 % de leurs capitaux, la baisse des actions
en détourne l'investisseur qui s'oriente vers l'immobilier si bien que
l'on en vient à redouter une nouvelle « bulle financière », cette fois
gonflée par la quête de placements moins périlleux dans l'immobilier. Les malversations des milieux financiers déclenchant une nou-

---

1. Le gouvernement de Malaisie sut contrôler le mouvement des capitaux, il baissa
les taux d'intérêt et encouragea la consommation, finançant les entreprises en difficulté que le « darwinisme » du FMI aurait abandonnées à leur sort.
2. Le produit intérieur brut de l'Argentine dépassait les 270 milliards de dollars.
Il n'atteint pas 100 milliards aujourd'hui et 20 millions de ses habitants sur 36 millions sont en état de misère.

velle crise du capitalisme, fondement de la société états-unienne, modèle socio-économique qu'il n'est plus possible d'imposer au reste du monde... du moins à court terme.

Les événements du 11 septembre y concourent, les débordements financiers de la « nouvelle économie » également mais aussi la déréglementation, la carence de l'État incapable de contrôler ses entreprises, l'appétit du gain dans une économie « financiarisée », spéculatrice plus que productrice, tous ces facteurs ont réuni les conditions du désastre.

Les turpitudes des milieux d'affaires arrivent au grand jour. Fausses sont leurs comptabilités, mensongers les blancs-seings des cabinets d'audit d'ailleurs rétribués par les entreprises qu'ils sont censés contrôler. Afin d'attirer l'investissement de faux bilans sont publiés, annoncés des chiffres d'affaires supérieurs à la réalité, escamotées les dettes, les paiements de services extérieurs camouflés en dépenses de capital et des milliards de dollars disparaissent des comptes.

La faillite d'Enron a fait perdre plus de 500 millions de dollars aux fonds de pension. Celle de World Com plus de 600 millions. On apprend que cette entreprise a 40 milliards de dollars de dettes dans le même temps que 3,8 milliards de dollars étaient maquillés en fonds de réserve. Elle a licencié 17 000 personnes en juillet 2002. La liste est longue des firmes soudainement accusées de malversations, ou pour le moins, de gestion fantaisiste : Xeros qui ne peut expliquer la disparition de 2 milliards de ses comptes, Global Crossing, Merck, General Electric, Quest Communication International, Adelphia Communication[1], Dynergy, Tyco, Merrill Lynch... Les actionnaires sont ruinés : l'action de World Com valait soixante-quatre dollars en 1989, elle était à six *cents* en juillet 2002. Les dirigeants s'enrichissent à leurs dépens. Abus de biens sociaux et *stock options* leur assurent un avenir dénué de tout souci financier. La revue *Business Week* révèle qu'à la fin des années 90 les *stock options* représentaient près de 80 % de leurs revenus. En 1981 les dix patrons les mieux payés avaient reçu entre 2,5 et 5,7 millions de dollars. Mais en 2001 ils s'étaient adjugé chacun des sommes comprises entre 64 et... 706 millions de dollars. Bien que la firme Enron soit en faillite, elle avait versé 745 millions de dollars en salaires et *stock options* à ses diri-

---

1. John J. Rigas et ses deux fils qui dirigeaient Adelphia Communication ont été appréhendés par la police. Ils sont accusés d'abus de biens sociaux. Il s'agissait d'un « message » du gouvernement désirant montrer qu'il « agit vigoureusement contre les malversations des dirigeants d'entreprises », déclare Mary Jo White, ancien attorney à Manhattan.

geants. Jeffrey Skilling, président-directeur général démissionnaire d'Enron, avait perçu 69 millions de dollars en 2000 et encore 26 millions en 2001... les actions attribuées aux cent quarante principaux cadres d'Enron leur ont rapporté 435 millions de dollars (*Le Monde économique*, 9 juillet 2002, p. II).

Adam Smith avait pressenti les déviations du libéralisme qu'il préconisait : « aucune économie de marché ne peut survivre au manque de souci des autres et à la limitation des appétits. » L'avertissement a été repris récemment par Alan Greenspan : « L'économie dépend de manière critique de la confiance. La falsification et la fraude détruisent le capitalisme et la liberté des marchés [...] et, plus généralement, les fondements de notre société » (*Le Monde*, 18 juillet 2002, p. 13).

Aussi, la question se pose-t-elle : « Les capitalistes peuvent-ils détruire le capitalisme ? Ou encore le capitalisme survivra-t-il aux capitalistes ? À la banque Morgan Stanley on estime qu'« aux États-Unis le culte des actions disparaît. Les 80 millions d'actionnaires états-uniens ont perdu leurs illusions, ils ont le sentiment d'avoir été trompés ».

« C'est un échec de la démocratie américaine », a écrit B. Barber dans le *Herald Tribune* (30 juillet 2002, p. 9). « Le marché, élément fondamental selon R. Reagan et M. Thatcher, a créé le mythe du marché omnipotent. Le marché déréglementé est incapable de prévenir les *crimes* des entreprises... les consommateurs ne sont pas des citoyens et le marché ne peut exercer une souveraineté démocratique... le 11 septembre personne ne s'est tourné vers Bill Gates pour qu'il exerce un *leadership* national !

Certes, ce n'est pas la première crise financière qui secoue Wall Street et dont le monde entier subit les répercussions. Mais la primauté de l'économie sur la politique a affaibli l'État si bien qu'il n'est plus en mesure de remédier aux excès du libéralisme économique ainsi qu'il pouvait le faire lors des crises précédentes.

La globalisation de l'économie et la déréglementation, aggravées par les privatisations, sont responsables de l'actuel chaos financier, économique, moral. La globalisation a décidé de la quête du gigantisme des entreprises, qu'elles soient industrielles, commerciales ou bancaires et l'effondrement d'une seule d'entre elles est déjà une catastrophe financière et humaine. La déréglementation et l'effacement de l'État conduisent au « laisser-aller – laisser-faire » qui permet la vénalité et la fraude. Quant aux privatisations elles dégagent la responsabilité du pouvoir politique au profit de l'intérêt privé. Et celui-ci s'exerce de plus en plus sans contrôle. Ajoutons que les techniques de communication à distance contribuent au désordre par la rapidité, la multiplicité et la mondialisation de la spéculation financière qu'elles autorisent.

Les États-Unis entendaient étendre au reste du monde leur modèle économique. Le voici discrédité. Et ce, au moment où l'invulnérabilité que leur accordaient leur position géographique et leur puissance est mise en question.

Le « trop d'État » généralement récusé depuis quelques décennies, particulièrement en France, ne serait plus de circonstance. La gestion de l'entreprise privée s'est révélée bien plus discutable que celle des États[1]. Sont profondément choquants les profits que s'attribuent les dirigeants indépendamment de la réussite ou de l'échec de leur gestion. La fonction publique au service de la collectivité s'exerce au moins aussi efficacement et à bien meilleur compte.

Inattendue est la situation créée par l'effondrement des marchés financiers. La dislocation de l'Union soviétique et la répudiation quasi générale de l'économie planifiée telle qu'elle était pratiquée à Moscou n'avaient laissé au monde qu'une option socio-économique : l'économie de marché, la libre entreprise, le libéralisme. Or, une décennie après son triomphe voici qu'à son tour le système libéral vacille. Par ses excès, il s'est autodétruit. Et simultanément aussi la tentative de gouvernance économique mondiale des États-Unis, ceux-ci agissant par l'intermédiaire des organismes internationaux qu'ils contrôlent et qui sont généralement mis en accusation.

Dans le même temps, en Europe, la social-démocratie, en réalité variante atténuée du libéralisme, n'a plus les faveurs de l'électorat alors qu'elle aurait dû bénéficier de l'échec du libéralisme. Grand est donc le désarroi. Restent, apparemment impavides, les dictatures et les régimes politico-confessionnels musulmans. Tristes perspectives, du moins à court terme.

Un recours est envisagé : la guerre. Elle a souvent tiré d'embarras bien des gouvernements.

---

1. En 1999, l'action d'Axa valait 119,4 euros. Le 24 juillet 2002, elle était cotée à 9,9 euros, de quoi réjouir l'actionnaire trop confiant.

Annexe B

La désastreuse gestion du « secteur privé »

Au cours de l'année 2001, *Le Monde*, *Le Figaro*, *Marianne* ont publié plusieurs listes d'entreprises envisageant, ou procédant, à des licenciements, soit que les fusions permettent des « restructurations » fatales aux personnels, soit que l'effondrement du marché décide une réduction de la production et la suppression des emplois correspondants. Les énumérations qui suivent sont extraites de ces publications. Des licenciements précèdent le 11 septembre 2001, d'autres lui sont postérieurs et peuvent, dans une certaine mesure, résulter du traumatisme mondial produit par les attentats survenus à New York et à Washington.

Suppressions d'emploi annoncées antérieurement au 11 septembre 2001.

- Lucent (EU) : 45 000 (dont 550 en France)
- Motorola (EU) : 30 000
- Marconi (EU) : 10 000
- NTL (EU) : 4 300
- Avaya (EU) : 5 000
- Hewlett-Packard et Compaq (EU) : 15 000
- Cisco System (EU) : 8 500
- Dell (EU) : 4 000
- IBM (EU) : 1 500
- Dupont (EU) : 5 500
- J. P. Morgan (EU) : 8 000
- Industrie automobile (EU) : 45 000 dont General Motors : 6 000 (et 1 000 en Europe)

ANNEXES 193

- Chrysler (EU) : 25 000 ; Ford : 4 000
- British Telecom (GB) : 6 000 avant 20 000 autres
- British Airways (GB) : 1 800
- Invensys (GB) : 6 000
- Marks and Spencer (GB) : 4 300
- Reuters (GB) : 1 100
- Nortel (CAN) : 20 000 (dont 800 en France)
- ABB (SU) : 12 000
- Ericsson (SU) : 22 000 (dont 190 en France)
- ABN AMRO (PB) : 6 000
- Philips (PB) : 10 000
- Unilever (PB) : 8 000 dans le cadre d'un plan de réduction d'effectifs de 25 000 emplois
- Siemens (ALL) : 10 000
- West L. B. Banks (ALL) : 1 500
- Bayer (ALL) : 5 250 après 4 000 déjà prévus
- Dresdner Bank et Allianz (ALL) fusionnant, suppression de 1 500 emplois
- Lufthansa (ALL) : 7 000
- Sabena (BEL) : 1 600
- Fujitsu (JAP) : 16 400
- NEC (JAP) : 4 000
- Toshiba, OKI, Kyocera (JAP) : 29 600
- Hitachi (JAP) : 14 700
- Mitsubichi (JAP) : NC
- Alcatel (FR) : 3 500
- France Télécom (FR) : 11 000 emplois menacés
- Sernam (FR) : 700
- Moulinex (FR) : 20 000 emplois menacés
- Brandt (FR) : 4 000 dont 290 en France
- Bata (FR) : 2 200
- Futuroscope (FR) : 400
- Thalès (FR) : 570

Suppressions d'emploi envisagées ou effectifs annoncés ultérieurement au 11 septembre 2001.

- Enron (EU) : NC
- Bethlehem Steel (EU) : 13 500
- John Deere (EU) : 2 000
- United Airlines (EU) : 20 000

- Sofrer (EU) : 865
- Nortel (CAN) : 20 000 à ajouter aux 20 000 annoncés plus haut
- Siemens (ALL) : 7 000 à ajouter aux 10 000 annoncés plus haut
- Hypo Vereins Bank (ALL) : 2 200 après 7 500 autres licenciements
- Kun et Belgacom (BEL) : 9 000
- Sabena et Swissair (BEL-SUI) : plus de 10 000 salariés en question

Cette énumération est incomplète. De surcroît les chiffres qui y figurent correspondent à une situation déterminée au moment où les médias ont été saisis des difficultés rencontrées par les entreprises citées. Depuis, pour les unes, des solutions relativement satisfaisantes pour le personnel ont été trouvées, pour d'autres, malheureusement, les licenciements furent effectifs. Sur les listes qui précèdent et qui ne représentent qu'un aspect de la crise de l'emploi car seuls y figurent les pays occidentalisés de l'hémisphère Nord – et encore pas tous – plus d'un demi-million d'emplois ont été plus ou moins sacrifiés. La plupart des entreprises en difficulté appartiennent au secteur privé. Elles se sont montrées aussi incapables, sinon davantage que les États, à gérer leurs activités dans un monde où elles entendent faire triompher la dérégulation et le « laisser-faire » chers aux champions du libéralisme économique intégral, évidente régression économique et sociale dont les peuples commencent à ressentir les désastreux effets.

Depuis la rédaction de ce triste bilan, à la fin de l'année 2001 les faillites et les « restructurations » ont été de plus en plus nombreuses. Les manipulations des comptes de puissantes entreprises aux États-Unis, en France, en Allemagne ont eu les plus désastreuses conséquences pour les actionnaires et les retraites avec l'amenuisement, voire la volatilisation des fonds de pensions. (Aux États-Unis, Enron, World Com, Merck, Tyco et d'autres sociétés encore par leur gestion fantaisiste ont déclenché l'effondrement du marché financier des États-Unis... avec des répercussions mondiales. À Wall Street quelque 4 000 milliards de dollars ont été perdus au cours du premier semestre de l'année 2002.)

Le transport aérien est en crise[1]. Plus particulièrement aux États-Unis. Et plus encore les entreprises de l'informatique. Insuffisantes se sont révélées les « restructurations » de 2001 et du premier

---

1. Ont fait faillite : US Airways, Vanguard Air Lines, Sun Country, Airlines, Midway Airlines aux États-Unis, Swissair et Swisswings en Suisse, Sabena en Belgique, Ansett en Australie (*Figaro Économie*, 13 août 2002, p. 1).

semestre de 2002. En septembre Nortel Network annonçait un nouveau plan de licenciement (7 000 emplois). En dix-huit mois la société a supprimé près de 60 000 postes de travail. En Grande-Bretagne la célèbre firme Marconi frôle la faillite. En France les difficultés commerciales de Hewlett-Packard l'amènent à licencier encore 1 400 employés. Quant à IBM, première entreprise mondiale d'informatique, son président annonce la suppression de 15 600 emplois, soit 5 % de ses effectifs. En Allemagne, à la veille des élections, la crise était générale. La croissance du PIB en 2002 n'atteindrait pas 0,75 %. Quant au prix du baril de pétrole, il dépend du comportement des États-Unis dans leur combat contre « l'axe du mal », plus particulièrement contre l'Irak.

Annexe C

Le nouvel Empire allemand

Depuis le début du XIXe siècle les Allemands ont mûri – et réussi – leur grande revanche sur les traités de Westphalie. Leurs dirigeants successifs ont habilement exploité les faiblesses, les fautes et les illusions de leurs homologues français.

En créant la Confédération du Rhin, le Saint-Empire germanique étant dissous, Napoléon Ier avait substitué à trois cent soixante-dix petits potentats qui régnaient sur le territoire allemand une Allemagne fédérale moins morcelée, préalable politique à l'Empire. La Prusse était exclue de la Confédération mais d'excellents administrateurs – Stein, Scharnhorst, Hardenberg – s'étaient efforcés de régénérer un pays abattu par ses défaites. Une association populaire, la Société de la vertu, exaltait le sentiment national.

Après Iéna, il y avait eu les *Discours à la nation* allemande de Fichte, les poèmes de Rückert... « Alors naquit dans les larmes, le sang et le désespoir, mais aussi dans la prière, et dans la foi à l'idéal de la liberté, la conscience de la patrie. » Les idées de 1789 avaient bien franchi le Rhin, comme elles franchirent les Pyrénées et les Alpes. À nos dépens. Cette courte digression illustre le vieil antagonisme de nos deux peuples. Et, quelles que soient les formes qu'elle emprunte, l'ambition majeure de l'Allemagne.

Avec Bismarck, Napoléon III ne s'était pas révélé plus heureux, affirmant la neutralité française quant aux desseins de Berlin vis-à-vis de Vienne. Ce fut Sadowa et... Sedan. Cinquante ans plus tard, Gustav Stresemann évoquera les « finasseries » avec lesquelles il s'était joué d'Aristide Briand. Et le général de Gaulle, furieux d'avoir conclu avec Konrad Adenauer un traité de l'Élysée (1963) vidé de sa signification par un bien fâcheux préambule ajouté par le Parlement allemand, s'écria : « Les Allemands, il faut les envoyer promener. » Quant aux successeurs du Général, les textes qu'ils ont approuvés pour « construire l'Europe » – celle que l'on veut outre-Rhin – démontraient qu'ils ont été loin de « faire le poids », face à Helmut Schmidt, Helmut Kohl et Gerhard Schröder. Le traité de Nice, l'une des plus récentes abdications de la France, en témoigne.

Dans ses *Mémoires d'espoir*[1], le général de Gaulle avait écrit : « l'Allemagne, frustrée par sa défaite de l'espoir de dominer, à présent divisée, et, aux yeux de beaucoup suspectée de chercher sa revanche, a désormais sa grande blessure. Au nom de quoi faudrait-il que ce devienne automatiquement celle des autres ? » Au nom de l'Europe, bien évidemment. La France, pour sa part, a payé assez cher la réhabilitation de l'Allemagne de l'Est en amarrant le franc au mark. Elle s'est défaite en signant des textes aliénant sa souveraineté au profit de l'Allemagne. Elle s'est affaiblie, à l'extérieur, en l'accompagnant dans son entreprise de dislocation de la Yougoslavie, et, à l'intérieur, par une archaïque et coûteuse décentralisation administrative exaltant des particularismes locaux d'un autre âge. À l'évidence si les Français voulaient s'accommoder le moins mal possible de la mondialisation – non seulement économique mais sous toutes ses formes –, c'est le pays tout entier, centralisé et non fractionné, qui aurait dû former une région politiquement et économiquement forte du monde de demain. Mais l'Allemagne a tout à gagner à la parcellisation de la France, aboutissement de la « grande revanche ». Helmut Kohl a exploité le ressentiment de François Mitterrand s'efforçant de détruire une nation qui avait tant tardé à reconnaître ses mérites et les deux vengeances furent convergentes.

À peine le mur de Berlin avait-il été jeté à bas, que l'Allemagne réunissait les conditions d'une nouvelle guerre, cette fois une guerre régionale, limitée à l'Europe avec la mise à feu et à sang des Balkans. Au cours du siècle elle avait été à l'origine de deux guerres mondiales et, à cause de la « solution finale », elle était également responsable des guerres du Proche-Orient, la Communauté internationale, profondément troublée par la Shoah, n'ayant pas osé imposer à l'État d'Israël l'application des résolutions des Nations unies. Et voici qu'en 1991, Kohl et Genscher, son ministre des Affaires étrangères, imposèrent aux partenaires de la Communauté économique européenne la reconnaissance de l'indépendance de la Slovénie et de la Croatie, en violation de la Constitution de la République fédérale de Yougoslavie qui subordonnait les sécessions de ses Républiques à un référendum général que le diktat allemand avait justement pour objet de préve-

---

1. T. I, *Le Renouveau*, Plon, Paris, dans : Charles DE GAULLE, « Extraits sur l'Europe », *Espoir*, n° 18, mars 1977, Plon, Paris, p. 27.

nir. Deux guerres mondiales, cinq conflits régionaux, dont quatre au Proche-Orient où la guerre fait toujours rage, quel triste palmarès! Donne-t-il à l'Allemagne des droits particuliers pour régenter les peuples de l'Europe géographique?

Sans doute puisque, au moins depuis un quart de siècle, les textes fondateurs de l'Europe politique sont d'inspiration allemande. Quelques Français, disciples de Jean Monnet et faisant, comme lui, peu de cas de l'indépendance nationale, ont apporté leur contribution à la rédaction de ces textes et, plus encore, à leur application. Jacques Delors est l'un d'eux. Les représentants des États européens relativement récents, de surcroît faisant carrière dans les organismes communautaires, soutiennent, en général, les thèses allemandes. C'est le cas des Hollandais, dont l'État tel qu'il existe aujourd'hui a été créé en 1815, des Belges (1830), des Italiens (1862), peuples séculairement habitués à relever d'une capitale étrangère. Vieil État, l'Espagne s'est jointe à eux en s'efforçant de faire oublier le franquisme et d'effacer la barrière pyrénéenne. Dans un passé récent ces nations n'ont pas eu la faculté de manifester d'une manière retentissante leur souveraineté si bien que, sollicitant la manne communautaire dispensée plus particulièrement par l'Allemagne maîtresse de l'économie de l'Union, elles ne changeraient guère de statut en s'en remettant à la superpuissance européenne de prendre en main leur destinée. Aussi Berlin est-elle assurée de leur concours. Seuls les Britanniques et les Danois ont refusé de signer la *Charte européenne des droits fondamentaux* étudiée à la demande du Conseil européen de Cologne (juin 1999) et rédigée par une commission présidée, naturellement, par M. Roman Herzog, ancien président de la RFA, particulièrement actif lors de la ratification du traité de Maastricht. La *Charte des langues régionales* et la *Convention pour la protection des minorités* sont également à porter au crédit de l'activisme européen de l'Allemagne. Mais ces textes, particulièrement insidieux, visent la dislocation des nations, autres que l'Allemagne, bien sûr, en spéculant sur les particularismes locaux et sur la destruction d'entreprises d'unification nationales millénaires.

À Flensburg (Sleswig-Holstein), siège depuis une demi-douzaine d'années un Centre européen d'études des problèmes de minorité – et aussi l'Union fédéraliste des communautés européennes – financé par le gouvernement allemand[1]. Le président du Centre de défense des minorités, M. Stefan Troebst, ne farde pas ses desseins et ceux de son organisation. Dans le discours qu'il prononça lors de l'inau-

---

1. Pierre GALLOIS, *La France sort-elle de l'histoire?*, Paris, L'Âge d'homme, 1999, p. 126-131.

guration de son Centre on relève de singuliers projets : les Karéliens... les Pomaks... ou les Occitans au sud de la France vont-ils rédiger un programme national et un jour... combattre pour obtenir la reconnaissance de leur État-nation ? « D'ailleurs, poursuivait le professeur Troebst, l'histoire contemporaine nous enseigne qu'en Europe, le processus de création de nouveaux États n'est pas terminé, et l'émergence de nouveaux acteurs politiques est hautement probable. » Il souhaite que l'Union européenne encourage l'éveil politique de ce qu'il appelle les minorités et il se dit soutenu par le Conseil de l'Europe, l'OSCE et son voisin l'Union fédérale des minorités nationales en Europe aux ordres du gouvernement allemand.

Le Centre de Flensburg a adopté comme critère d'« ethnicité » la langue. L'Allemagne ne peut être parcellisée car, y affirme-t-on, une seule langue y est pratiquée. En revanche, dans le reste de l'Europe, que de parlers divers ! En ce qui concerne la France, il conviendrait de la découper en fonction des langues qu'on y pratique à côté du français, c'est-à-dire l'alsacien, le corse, le basque, le breton, l'occitan, le ch'ti au nord. Même sort pour l'Espagne avec le catalan et le basque, pour la Belgique avec le français et le flamand, la Grande-Bretagne avec l'écossais et le gallois, le différentiel économique détachant l'Italie du nord du reste de la « botte ». Même la Norvège et la Suède seraient amputées de leur grand nord au profit des Lapons. Deux courageux Allemands, Walter von Goldendach et Hans Rüdiger Minow, qu'inquiète cette frénésie interventionniste allemande, l'ont dénoncée dans leur *Krieg von Krieg*, ouvrage « politiquement incorrect » donc « étouffé » par les médias français. Une carte accompagne l'ouvrage où figure le découpage des nations européennes, seule l'Allemagne échappe à la parcellisation. Pour le maire de Flensburg, « la création d'eurorégions est une étape nécessaire à la réalisation d'une véritable Europe sans frontières, où l'État-nation n'aura pas sa place ». La démarche est conforme aux vues d'Helmut Kohl (« L'Europe est l'avenir de l'Allemagne ») et de Gerhard Schröder commentant le Conseil européen de Nice, succès allemand et défaite française : « En ce qui concerne l'Europe, la redéfinition des relations franco-allemandes signifie que, entre une Europe intergouvernementale et une Europe intégrée, Paris et Berlin doivent se prononcer pour une Europe intégrée. La nouvelle qualité de la coopération franco-allemande doit permettre de renforcer la Commission. Il nous faut penser et agir dans la perspective de l'intégration et non de la coopération entre gouvernements[1]. »

---

1. Daniel VERNET, « Berlin souhaite convaincre Paris d'approfondir l'intégration européenne », *Le Monde*, 21 janvier 2001, p. 28.

Vous avez bien lu : Paris *doit* se prononcer pour une Europe intégrée, c'est-à-dire pour la disparition de l'État France. L'Allemagne s'y emploie activement... avec la complaisance des dirigeants français.

Pierre Hillard, auteur d'une étude d'importance capitale intitulée *Minorités et régionalismes, enquête sur le plan allemand qui va bouleverser l'Europe*[1], a publié une carte plus récente que celle qui figure dans l'ouvrage des deux auteurs allemands cités ci-avant. Cette carte est également plus officielle puisque y figure, en onze langues, la mention « Parlement européen », ce qui officialise le document qui aurait l'aval de ce Parlement fastueusement entretenu par les contribuables des pays membres de l'Union, donc aussi par les citoyens français.

En examinant cette carte l'on constate que la France perd la Bretagne, l'Occitanie, y compris le Dauphiné et la Provence, la Corse et, bien évidemment, l'Alsace et la Lorraine. L'Espagne est morcelée en Castille, Galice, Pays basque, lequel empiète sur ce qui est encore la France. L'Italie est amputée de la Sardaigne, la Grande-Bretagne devient l'Angleterre et se sépare de l'Écosse, du pays de Galles... et de la Cornouaille. En revanche, non seulement l'Allemagne[2] demeure unie mais elle s'approprie la Suisse allemande, l'Autriche, l'Alsace-Lorraine, et se donne même accès à l'Adriatique, entre Italie et Slovénie. Consacrant la « grande victoire de l'Allemagne » qui a été, pour M. Kohl, la dislocation de la Yougoslavie, celle-ci, ou plutôt ce qu'il en reste, est une petite Serbie séparée du Kosovo, du Monténégro et de la Voïvodine. L'Europe géographique devient une mosaïque de « régions » que l'Allemagne demeurée entière, et même agrandie, contrôlerait aisément. Le rêve de Kohl : plus d'États, sauf l'État allemand, le IVe Reich. Dix-huit organismes répartis en Autriche, Belgique, Espagne, France, Grande-Bretagne, Italie formant l'« agenda du tribalisme », selon Pierre Hillard, sont signataires de cette parcellisation de l'Europe, cela avec la caution du Parlement européen et, sans doute, les subsides de l'Allemagne, par l'intermédiaire de ses organismes de prétendue défense des minorités.

Appliqué à détruire la nation et à affaiblir l'État jusqu'à le rendre exangue, François Mitterrand se porta aux devants des vœux de

---

1. Paris, F. X de Guibert, 2002.
2. « ... la ligne Oder-Neisse qui la sépare de la Pologne [doit être] sa limite définitive [...] que rien ne devrait subsister de ses prétentions à l'égard de la Tchécoslovaquie, que sous n'importe quelle forme un nouvel Anschluss est exclu (général DE GAULLE, *Mémoires d'espoir*, t. I, Paris, Plon, 1970, p. 183).

l'Allemagne en procédant à une décentralisation administrative célébrée par ses bénéficiaires, mais contribuant au déclin accéléré de l'ensemble de la nation. Le chapitre consacré aux institutions de la Ve République en expose les méfaits et aussi l'annexe H. Mais l'Allemagne commande et tient la laisse du caniche français.

Annexe D

De Gaulle :
la France désarmée, un jouet

Au fur et à mesure que les gouvernements successifs de la Ve République « bâtissaient » l'Europe, ils détruisaient la nation. Ainsi, au début du nouveau millénaire, le concept séculaire de la « défense nationale » n'avait guère de signification. « Mourir pour la patrie » est une expression qui provoque le sourire. Comme celui d'un vieillard rêvant aux frasques de sa jeunesse.

Les habitants du territoire français sont invités à s'en remettre au mythe de la sécurité collective assurée par un pouvoir européen qui reste à définir. Les voici, ces habitants de la France des Quinze – on n'ose parler de citoyens – assujettis au bon vouloir des Quatorze, demain à celui de Vingt-Six censés être capables d'assurer leur sécurité interne et externe et même de combattre pour défendre leurs intérêts.

Un peuple relevant de lois conçues à l'extérieur, au gouvernement affaibli à la fois par une dangereuse Constitution, soumis à l'autorité de la Commission, anémié par une coûteuse et archaïque décentralisation administrative, aux ordres de l'étranger pour l'engagement de ses soldats (Irak, Somalie, Balkans, Afghanistan), à l'économie gérée « ailleurs » dépourvue de sa monnaie, ayant effacé les frontières de la nation et bradé son industrie d'armement, ce peuple ainsi « gouverné » n'a que faire d'un appareil militaire. En l'amenuisant progressivement puis en lui attribuant des missions supplétives – qu'il accomplit difficilement – les dirigeants de la France ont, au moins, pour eux, la logique. « Pour faire l'Europe, il faut défaire la France », avait écrit fort justement Rudolf von Thadden. Donc défaire les armées et liquider son industrie d'armement. On s'y est activement employé.

Cette logique n'en était pas moins fondée sur l'illusion.

Après la destruction du mur de Berlin, la dislocation de l'Union soviétique avait mis un terme à la guerre froide et à la garde que l'Alliance atlantique montait face au Pacte de Varsovie. D'où la réduction générale des dépenses militaires. Cet heureux dénouement d'une longue période de tension avait permis de libérer des ressources qu'il était tout naturel de consacrer à d'autres exigences que celles du « grand conflit ». Par exemple, les prestations sociales, le renouvellement des infrastructures, l'enseignement, le coût de l'immigration, l'insécurité, la culture, les loisirs. Malheureusement, à peine « l'empire du mal » s'était-il démantelé que l'Allemagne agençait la dislocation de la Yougoslavie et que les États-Unis démarraient leur politique de contrôle de l'énergie mondiale et s'engageaient dans les guerres qu'elle implique. Au grand affrontement figé par l'atome militarisé partagé, qui nécessita des dépenses considérables et conduisit à la mise sur pied de gigantesques panoplies, allaient succéder de multiples conflits où la dissuasion ferait place à la coercition par des engagements meurtriers. Il n'eût pas fallu abaisser la garde mais bien adapter l'appareil militaire de la nation aux nouvelles conditions des antagonismes mondiaux. Ce que les gouvernements de la Ve République se révélèrent bien incapables de faire, tout occupés qu'ils étaient à s'en remettre à d'autres d'exercer une souveraineté dont ils estimaient qu'elle excédait les capacités de la France.

La pitoyable gestion des affaires militaires du pays par le ministère Léotard et son *Livre blanc* sur la défense de 1994 ont aggravé la situation déjà compromise par les inconséquences de François Mitterrand et de Charles Hernu.

Sans doute fort naïvement impressionné par le gigantesque déploiement des forces américaines dans la région du Golfe (1990-1991), on a voulu, en France, disposer également de moyens militaires « projetables » à distance. C'était implicitement décider que des combattants français seraient engagés, sous commandement étranger, dans des conflits visant des objectifs autres que nationaux, éventuellement opposés à l'intérêt national (comme ce fut le cas en Irak et dans les Balkans, la France faisant la guerre pour Washington puis pour Bonn-Berlin). C'était également croire qu'un jour relativement proche, l'Union européenne serait capable de procéder à des interventions lointaines et qu'il serait profitable à la France d'y prendre part.

Mais également, c'était ignorer que les États-Unis et les pays européens avaient adopté des stratégies différentes. Depuis plus d'un siècle les Américains combattent à distance de leur territoire, à grande distance même, sur d'autres continents. À cet effet, ils ont constitué un formidable potentiel de combat adapté à des opérations menées à des milliers de kilomètres de chez eux. En Europe, au contraire, c'est sur de courtes lignes intérieures, selon l'expression des stratèges, que furent conduites les interventions guerrières, et avec les matériels correspondants. Les guerres coloniales ne datent pas d'hier et c'est avec des armes relativement rudimentaires qu'elles furent disputées. Avant que l'Union européenne, avec son siècle de retard sur la superpuissance, soit en mesure de combattre à des milliers de kilomètres sans dépendre de la logistique des États-Unis, et pour des enjeux communs, il s'écoulera bien des décennies. D'où les résultats d'aussi graves erreurs d'appréciation et le gaspillage de ressources par ailleurs limitées.

Ce constat autorise un certain nombre d'interrogations et d'inquiétudes quant aux déficiences manifestes de l'appareil militaire du pays. Dans un passé récent, elles ont fait l'objet de commentaires sévères des commandements alliés à la disposition desquels des contingents français bien malencontreusement avaient été placés (Irak-Balkans)[1].

Les plus évidentes de ces carences ont des origines lointaines, mais elles pèsent aujourd'hui sur un système de défense auquel le pays est contraint de s'en remettre, malgré ses évidentes faiblesses.

Une première remarque s'impose. Mesure peut-être irréversible, l'abandon de la conscription a été décidé à contretemps. Alors que durant la guerre froide la France n'avait d'autre recours que de pratiquer une stratégie d'intimidation que matérialisait un important potentiel de destruction servi par des effectifs hautement qualifiés, mais en nombre réduit, la nation en armes et le service militaire universel ne s'imposaient pas. Avec la fin de l'opposition entre l'OTAN et le Pacte de Varsovie et l'apparition de nombreux périls mal définis quant à leur ampleur, leur origine, leur imminence et la localisation de leurs objectifs, le nombre des hommes en armes reprend une importance qui avait été, momentanément, superflue.

Les événements récents mettent en évidence la nécessité de disposer d'effectifs armés numériquement importants ainsi que de multiples moyens de détection et de surveillance des diverses menaces si bien que le service national eût rempli efficacement ces missions. De surcroît, la conscription possédait un utile pouvoir d'intégration

---

1. Par exemple le jugement du professeur Sullivan, de la National Defense University : « Bien qu'honorable la performance militaire de la France lors de la Guerre du Golfe a démontré aux participants français et à tous les observateurs qualifiés combien relativement faible était, militairement, la France... La France de Louis XIV et de Napoléon Ier, même celle de Clemenceau et de de Gaulle s'est évanouie et ne reviendra jamais plus » (*Strategie Review*, automne 1994, vol. XXII, n° 4, p. 75-76).

des nombreux Français récemment naturalisés, ajoutant leurs devoirs aux droits qu'ils venaient d'acquérir et concourant ainsi à leur assimilation. Aussi, dans les circonstances présentes, décidée avec une coupable légèreté et par démagogie, la suppression du service national a-t-elle été un mauvais coup porté à la nation.

Certes, l'armée de métier présente l'avantage de faciliter l'utilisation de la force armée pour l'exécution de missions qui peuvent ne pas répondre à un évident intérêt national. Des opérations menées collectivement étant le plus souvent envisagées, une armée de professionnels s'adapte plus aisément à des standards internationaux généralement fixés par le pays dirigeant ce genre d'opérations, en l'occurrence les États-Unis.

Mais cette armée de métier nécessite des crédits de rémunération du personnel et de charges sociales élevées, cela au détriment des sommes allouées aux équipements et à l'armement. Dans le budget 2002, hors pensions, le titre III (« Rémunérations et fonctionnement des personnels ») absorbe plus de 16 milliards d'euros (dont 80 % aux rémunérations et 20 % au fonctionnement) tandis que les titres V et VI – matériels, infrastructure – se contentent de 12,8 milliards d'euros. Et si l'on tient compte du coût des pensions, le personnel revient à plus de 25 milliards, n'en laissant que 12,8 pour les matériels. Il y a longtemps, certes, que les sommes allouées aux matériels l'emportaient sur celles consacrées aux personnels. Mais, au fil des ans, il y eut d'abord une inversion de cette répartition des crédits de défense, puis l'écart a augmenté régulièrement au détriment des matériels. Fort pertinemment les effectifs de la gendarmerie ont été augmentés de quelque cinq mille officiers et sous-officiers afin de répondre aux exigences nouvelles d'une surveillance accrue du territoire.

Il n'en demeure pas moins que la part limitée des crédits du titre V est à l'origine des carences de l'équipement et de l'armement des armées, si souvent constatées. L'étalement des programmes, les fabrications et les mises au point réparties sur de nombreuses années ont essentiellement – mais pas uniquement – pour cause les restrictions financières. S'y ajoutent, pour les matériels conçus et réalisés en coopération, les négociations parfois laborieuses et, durant la phase des fabrications, les particularismes nationaux. Il en résulte le plus souvent des délais coûteux et un décalage entre les performances finalement obtenues et l'état de la technique aux rapides progrès. Une quinzaine d'années pour définir, construire et mettre au point le porte-avions *Charles-de-Gaulle* est une des conséquences de l'état dans lequel s'est trouvé depuis bien trop longtemps ce programme. De surcroît, traitant avec condescendance les timides protestations du commandement, le gouvernement a invité indirectement les plus compétents et les plus entreprenants à déserter la fonction militaire, qu'elle soit opérationnelle ou scientifique et technique. Le pays paie lourdement le prix de cette désinvolture. Ne serait-ce que par la perte des marchés internationaux qu'il avait conquis au cours des années 60.

La construction des sous-marins de la nouvelle génération n'a pas échappé à la règle de la lenteur. C'est en 1981 qu'il fut décidé de rénover la flotte des sous-marins en service en faisant étudier de nouveaux bâtiments, notamment plus « discrets » afin de tenir compte des progrès de la détection. Mais ce n'est que seize ans plus tard que fut admis en service actif le *Triomphant*, première unité de cette nouvelle génération. Et le quatrième et dernier sous-marin de cette modeste série ne prendra opérationnellement la mer qu'en 2010, soit près de trente ans après que la formule eut été jugée nécessaire. Il est bon de rappeler que – en des circonstances différentes, il est vrai – le général de Gaulle avait fait exécuter ses programmes d'armement à un rythme accéléré : les quatre premiers sous-marins furent conçus et construits en seize ans, les trois premiers entrant en service tous les deux ans.

La triste aventure de l'avion *Rafale* témoigne d'une incohérence encore plus déconcertante et plus coûteuse. L'étude de cet appareil fut décidée en 1982[1] et le projet de budget 2002 annonce la mise sur pied d'un premier escadron opérationnel en 2006, soit près d'un quart de siècle après que le ministère de la Défense eut exprimé le souhait de faire construire cet appareil. Or, tous les avions de combat « piétinant » devant le mur de la chaleur, leur cellule demeure compétitive durant une quarantaine d'années au moins, si l'équipement électronique et l'armement accompagnent le progrès technique.

---

1. C'était une coûteuse fantaisie de Charles Hernu. En effet, M. Giscard d'Estaing en décembre 1976 avait décidé de faire étudier et construire le *Mirage 2000*. La « carrière » de cet appareil devait, normalement, s'allonger sur une quarantaine d'années, il était pour le moins prématuré de lui donner un successeur six ans après qu'il eut été conçu. Mais Charles Hernu, triste gestionnaire d'un important département ministériel, voulait attacher son nom à un avion nouveau auquel, d'ailleurs, il attribuait un destin européen. C'était ignorer que les Allemands et les Britanniques ayant dépensé des sommes considérables pour étudier et construire un réacteur, celui qui propulse les avions *Tornado*, allaient exiger que le nouveau chasseur européen fût muni de ce réacteur. Mais cela eût condamné la division des moteurs militaires de la SNECMA. D'où une impasse que Charles Hernu n'avait pas prévue. Il y eut concurrence et le gouvernement de M. Jospin condamna l'entreprise d'Hernu au profit du concurrent germano-britannique en dépit de la supériorité des performances de l'appareil français. Le contribuable fera les frais de ce cafouillage ministériel.

Ce qui signifie que le *Rafale* serait encore en service en 2050, soit près de quatre-vingts ans après conception. De surcroît, en 2002, selon le projet de budget, les crédits disponibles ne permettent que de construire deux *Rafale*. On imagine le coût d'une chaîne de fabrication débitant deux appareils en une année ! Et le plus consternant réside dans la réussite technique de l'appareil que voici condamné par l'impéritie du ministère de la Défense.

En effet, recherchant « l'effet de taille », le gouvernement a accepté de créer une puissante société d'armement aérospatial avec EADS, cela en faisant passer la prestigieuse Aérospatiale française sous la coupe du groupe germano-américain Daimler-Chrysler et des entreprises Lagardère, l'État français ne détenant plus que 15 % du capital et Daimler-Chrysler 30 %.

La société est installée en Hollande, elle est de droit hollandais et l'anglais en est la langue de travail. En somme un « bradage ». Cette nouvelle société comptant un partenaire anglo-saxon puissant s'efforce tout naturellement de promouvoir l'avion *Eurofighter* qu'Allemands et Britanniques avaient décidé de construire en concurrence du *Rafale*. Non seulement Londres et Berlin, mais Rome et Madrid ont commandé des *Eurofighter* (la société CASA espagnole est entrée dans EADS), si bien qu'aujourd'hui la fabrication d'au moins quatre cent cinquante appareils est assurée et qu'à l'exportation l'*Eurofighter* bénéficie d'un coût moins élevé, la fabrication étant amortie sur plusieurs centaines d'appareils. Et voici aussi que la participation française à EADS doit faire campagne contre le *Rafale* français. En somme l'État français a délibérément « assassiné » un programme national qui a coûté fort cher au contribuable français (plus de 60 milliards). Et définitivement perdu un marché mondial qu'avaient brillamment conquis les avions *Mystère* et *Mirage*. Il est vrai que depuis plus d'une dizaine d'années « la construction européenne » implique l'annihilation des réalisations scientifiques et techniques spécifiquement françaises.

Autre incohérence : la conduite des affaires nucléaires dans le domaine de la défense.

Le 8 juin 2001, à l'Institut des hautes études de défense nationale le président de la République déclarait : « Notre sécurité est, et sera avant tout, garantie par la dissuasion nucléaire. C'est aujourd'hui et cela le sera encore plus demain [...] la permanence de la dissuasion nucléaire est l'un des trois piliers fondamentaux et complémentaires de notre sécurité. » Deux ans auparavant le Premier ministre avait affirmé le même intérêt pour cette « arme nucléaire qui permet à la France de faire face aux risques liés à l'existence d'armes de destruction massive et de vecteurs balistiques en préservant notre liberté de manœuvre face à une menace contre nos intérêts vitaux ».

Or, au cours de ces dix dernières années tandis que le pouvoir tenait ce discours, il réduisait de près de 60 % les crédits consacrés aux armes de la dissuasion.

Souscrivant au traité de non-prolifération, la France se déclarait sans équivoque en « faveur de l'élimination complète des arsenaux [atomiques] conduisant au désarmement nucléaire en faveur duquel sont engagés tous les États parties, conformément à l'article VI [du Traité] ».

Et d'autres mesures, plus graves encore, soulignent l'incohérence de la politique française de sécurité. En effet, en 1995, ont été décidé, à la fois l'arrêt de la production de matières fissiles, le démantèlement du Centre d'expérimentation du Pacifique, la suppression des armes nucléaires sol-sol (abandon du plateau d'Albion et des engins à courte portée *Hadès*) et, enfin, le recours à un procédé dit de simulation pour assurer la pérennité des armes nucléaires encore maintenues, procédé dont personne n'est sûr qu'il répondra aux besoins de la mise en condition de l'armement nucléaire français. On ne pouvait mieux saboter la position militaire de la France en Europe et dans le monde.

D'ailleurs, au moment où la France fermait son Centre d'expérimentation du Pacifique et dispersait ses équipes de scientifiques, les États-Unis investissaient plus d'un milliard de dollars à la modernisation de leur Centre d'essais du Nevada. Mais surtout, après avoir été les ardents avocats du traité d'interdiction totale des essais nucléaires (Titen), Washington refusait de souscrire aux clauses de ce traité et le nouveau président en éliminait même l'éventuelle discussion des travaux du Congrès. Bien sottement la France, avait unilatéralement, et seule au monde, anticipé sur les exigences d'un traité qui ne sera pas appliqué, et commis l'irrémédiable.

La question se pose : quelle est la cause de l'attitude présente des États-Unis ? Ont-ils tendu un piège aux membres du club des nations atomiquement pourvues ou ont-ils d'autres raisons pour se comporter de la sorte ?

On peut répondre affirmativement aux deux questions, mais les États-Unis ont d'abord tenu compte de l'évolution des techniques d'armement et des événements internationaux (essais nucléaires de l'Inde et du Pakistan, entre autres).

Voyons en premier lieu l'évolution des techniques d'armement. Les engins porteurs de l'explosif nucléaire, qu'il s'agisse de bombes, de missiles de croisière ou d'engins balistiques, ont gagné considérablement en précision. L'écart probable des missiles balistiques qui se comptait en kilomètres il y a trente ans se mesure en dizaines de mètres, et la précision des missiles de croisière est évaluée en mètres. Aussi n'est-il plus nécessaire de compenser les erreurs de tirs par de très fortes énergies de destruction. Militairement, la « gamme » mégatonnique offre peu d'intérêt et ce sont les énergies de la gamme kilotonnique basse qui peuvent suffire à matérialiser un redoutable potentiel d'intimidation. Or les expérimentions d'explosifs d'une énergie relativement limitée peuvent se révéler difficilement détectables. Aussi le contrôle de la prolifération horizontale serait-il vain et l'arme nucléaire, en quelque sorte, relativement banalisée. Mais la précision des vecteurs devrait également inciter les puissances de club atomique à modifier leur panoplie pour substituer des ogives de plus faible énergie à celles dont elles sont encore dotées. D'où de nouveaux essais.

Autre constat : outre-Atlantique l'on estime que les armes en question, sur leurs engins porteurs ou en stock, se dégradent avec le temps et que, tous les dix ou douze ans il faut vérifier leur fiabilité, voire les remplacer par des ogives nouvelles. D'où, encore, la nécessité de nouveaux essais[1]. Et, à la différence de la France, aux États-Unis, on ne conçoit pas de pouvoir s'en remettre à la simulation, car on ne fait confiance qu'aux expérimentations normales, explosives si l'on peut dire. Si ce sont les États-Unis qui ont raison, la France a réellement commis l'irrémédiable et condamné, elle-même, par une coupable désinvolture, cette force de dissuasion dont les plus hautes autorités de l'État affirmaient qu'elle était « la garantie de la sécurité de la nation ». Inutile de dire que, dans ce cas, la tragique bévue gouvernementale réjouirait nos « partenaires » aussi bien outre-Atlantique, qu'outre-Manche et outre-Rhin. Voilà, enfin, la France rentrée dans le rang, celui des puissances mineures et dépendantes.

Cette dépendance d'ailleurs, la France s'y est résignée : le fonctionnement éventuel du dispositif de simulation auquel elle a décidé de s'en remettre dépend de puissants ordinateurs, un jour capables de cent mille milliards d'opérations à la seconde, qu'il leur faut acqué-

---

1. Au début du mois de mars 2002, la révision annuelle de la situation de l'armement nucléaire des États-Unis a été rendue publique. Le document cite les adversaires potentiels de l'Amérique et précise qu'ils sont justiciables d'attaques prononcées avec des armes atomiques. Il s'agit de l'Irak, de l'Iran, de la Libye, de la Corée du Nord et de la Russie. Il n'est plus question de dissuader mais d'attaquer. Pour cela une nouvelle panoplie atomique serait ajoutée à l'ancienne qui nécessite des études et des expérimentations en « vraie grandeur ». De son côté, la Russie annonce qu'elle pourrait reprendre ses essais afin de moderniser son stock d'armes atomiques.

rir à la firme américaine Compaq (qui vient d'être achetée par Hewlett-Packard). Que se passera-t-il si la société américaine ne réussit pas la mise au point des batteries d'ordinateurs nécessaires ou si le gouvernement des États-Unis refuse leur exportation ? Il est à peine croyable que le sort de la nation ait été « joué » ainsi sur tant d'inconnues et par pure démagogie.

Les programmes d'équipement ou d'armement menés en commun avec un ou plusieurs Européens ne se distinguent pas, non plus, par leur célérité !

Voici plusieurs années que la France négocie avec l'Allemagne, la Belgique, l'Espagne, l'Italie, les Pays-Bas la mise en orbite du dispositif spatial qui doit succéder à Syracuse II. Le projet de budget militaire nous apprend que ce n'est qu'à la fin de l'année 2003 que sera lancé le premier satellite. Pour Helios II il faudra attendre 2004, et 2008 pour le second satellite.

Avec Berlin, Rome et La Haye, Paris discute depuis longtemps de la fabrication en série de l'hélicoptère NH 90, mais si les premières commandes ont finalement été passées en juin 2000, les premières livraisons n'interviendront qu'en 2005. L'hélicoptère *Tigre* n'est guère accéléré non plus. Entre le début de la production et les premières livraisons, il se sera écoulé cinq ans. La Grande-Bretagne se retirant du projet de construction des frégates *Horizon*, il faudra attendre 2006 pour que le premier de ces deux bâtiments soit livré aux utilisateurs.

En 1992, il n'était question que du futur avion militaire de transport « européen ». Huit nations devaient coopérer au financement du projet et se répartir trois cents appareils destinés à succéder aux *Transall* français et aux C-130 H américains utilisés par des aviations militaires européennes. Dix ans plus tard, les commandes correspondantes n'étaient pas encore signées, le nombre des participants n'étant pas encore définitivement arrêté. C'est à un nouvel organisme européen, bien évidemment créé en Allemagne, l'Occar, qu'il revient de diriger l'exécution de ce programme. En attendant la réalisation des A 400 M quadri turbo-propulseurs, les associés au projet se « débrouillent » : la Grande-Bretagne a loué des cargos aériens américains C 17, le Danemark acheté des *Lockheed* C 130 J, ainsi d'ailleurs que l'Italie. Ce n'est pas avec dix années de palabres et la valse-hésitation des éventuels participants d'un programme d'armement commun que les pays européens pourront rivaliser avec les États-Unis.

En matière d'armement aussi, la « construction européenne », c'est surtout la substitution des productions américaines aux réalisations européennes. Britanniques, Italiens, Hollandais se hâtent de commander des avions *Lockheed*-Martin F 35 de préférence à des chasseurs conçus et construits en Europe[1]. Il y a longtemps que l'OTAN sert surtout à détruire l'innovation technique en Europe et à y répandre les produits *made in America*. En 1997, M. Bruce Jackson, président du Comité américain pour l'expansion de l'OTAN, mais aussi responsable de la planification stratégique du groupe Lockheed-Martin faisait à la fois campagne pour l'OTAN et pour l'achat par les pays européens de matériels d'armement américains. Il était aidé par Mme Madeleine Albright, secrétaire d'État, qui voyait dans l'adhésion de nouveaux pays d'Europe à l'OTAN l'occasion de leur imposer – en invoquant « l'inter-opérabilité » – l'achat d'armes américaines.

C'est ainsi que la vente d'avions de chasse aux nouveaux membres de l'OTAN rapporterait 10 milliards de dollars.

À la Pologne, la Hongrie, la République tchèque, la Roumanie de remplacer leurs matériels d'origine soviétique par des armes et des équipements produits outre-Atlantique. Ce faisant, l'industrie d'armement européenne serait ébranlée et ne tarderait pas à disparaître pour laisser le champ libre à celle des États-Unis. En bradant l'Aérospatiale au secteur privé germano-américain, le gouvernement de M. Jospin a répondu aux vœux de Mme Albright et de M. Jackson.

En Europe, le désarmement s'y imposant davantage qu'aux États-Unis, à la dépendance politique, diplomatique et militaire s'ajoute la dépendance industrielle. Rappelons qu'en 2002 le budget militaire des États-Unis était de deux fois plus élevé que la somme des dépenses correspondantes des Quinze. Et que ce budget militaire américain modernisait et augmentait encore un appareil militaire en comparaison duquel celui des Européens apparaît dérisoire.

Sans doute faute de crédits suffisants, on l'a vu, les programmes spécifiquement français s'étalent sur un grand nombre d'années. En voici d'autres exemples : commandée en décembre 2000 l'ogive atomique M 51 n'entrera en service qu'en 2010, l'engin tactique ASMP amélioré, commandé à la fin de l'année 2000 ne sera livré à l'Armée de l'air qu'à la fin de l'année 2007. La Marine ne recevra qu'en 2008 les premières frégates multimissions actuellement à l'étude. Et, peut-être, en 2012, le premier sous-marin nucléaire d'attaque également en cours de définition. On connaît les difficultés du GIAT, mais les crédits disponibles ne permettent que de fabriquer cinq chars par mois, bien modeste activité industrielle condamnant l'entreprise.

---

1. Le Danemark, la Norvège et la Belgique envisagent le même achat.

L'état dans lequel se trouvent les armements de la nation ne dépend pas, bien évidemment, du seul budget 2002 mais d'une politique générale de Défense et de sécurité rudement malmenée depuis de trop nombreuses années.

C'est ainsi, par exemple, que lorsque en 1984 il fut décidé de construire un porte-avions pour remplacer le *Clemenceau*, en service depuis 1961, un grand effort d'imagination n'était pas nécessaire pour savoir qu'en 1989, au plus tard, il faudrait mettre en chantier un second bâtiment pour succéder au *Foch* trois ans plus « jeune » que le *Clemenceau*. La décision ne fut pas prise. Pas davantage en 1994 alors que, en revanche, était affirmée la volonté du gouvernement français de participer à la « gestion des crises », donc d'intervenir à distance. Autre coûteuse incohérence.

La vie opérationnelle d'un porte-avions est d'une quarantaine d'années et comme il en faut en France une quinzaine pour étudier, construire et mettre laborieusement au point ce genre de bâtiment, le programme industriel, financier et militaire d'un porte-avions s'allonge sur plus d'un demi-siècle, dont près d'un tiers d'immobilisation pour entretien et révision générale. C'est dire que, durant près de quinze ans sur quarante, avec un seul de ces bâtiments, on cesse de « gérer les crises ». L'étalement des crédits nécessaires sur une aussi longue période aurait dû faciliter la fourniture à la Marine nationale d'un nombre minimal de porte-avions. Ce ne fut pas le cas. De surcroît, en France, les crédits ont fait défaut pour équiper ces bâtiments de combat. Les *Super-Étendards* furent des *Étendards* dont le prototype a été conçu en 1954, selon les spécifications du programme d'avion tactique léger de l'OTAN.

Compte tenu du progrès technique le ridicule risque de s'ajouter à l'incohérence. Depuis deux ou trois ans, enfin, le deuxième porte-avions est envisagé. Au train où vont les affaires militaires de la France, c'est le successeur du *Charles-de-Gaulle* plus qu'une seconde unité navale similaire que l'on finira par construire.

D'ailleurs, en 1986, lorsque le *Charles-de-Gaulle* fut mis en chantier, il eût été peut-être plus expédient de s'en tenir à la combinaison du navire de surface et de l'engin et surtout du sous-marin et de ses missiles, formule moins coûteuse, plus souple, aux matériels moins vulnérables tout en étant fort redoutée par l'éventuel adversaire. En la matière, la Marine des États-Unis est un bon exemple. Mais il est vrai qu'il n'y a guère de plus beau commandement que celui d'un porte-avions.

L'échec manifeste de la politique militaire pratiquée par la France depuis une trentaine d'années tient d'abord à sa politique générale d'abandons de souveraineté consentis à la « construction européenne ». Elle a aussi pour cause des institutions s'accommodant d'un « domaine réservé », les successeurs du général de Gaulle ayant fait preuve d'une coûteuse incompétence militaro-stratégique et le pays faisant les frais de leurs décisions irréfléchies, solitaires, impulsives, généralement inspirées par la démagogie implicite dans l'élection du président de la République au suffrage universel. Un redressement ne serait possible que si la France recouvrait son indépendance, se dotait d'institutions démocratiques et récupérait la maîtrise de ses ressources et la faculté d'agir en fonction des intérêts de sa population. Pareilles hypothèses ne semblent pas pouvoir être vérifiées. Trop de puissants intérêts s'y opposent. À commencer par la transformation de la nation en territoire ouvert où les lois du marché s'imposeraient sans entraves étatiques et sans souci des conditions d'existence de sa population.

Cependant, si l'on admet qu'un jour un sursaut populaire puisse mettre un terme à ces renoncements, compte tenu des dommages infligés à ce pays, la sécurité intérieure devrait être la priorité de l'action gouvernementale. Avant de vouloir aller « gérer les crises » ailleurs, sous commandement étranger, il conviendrait que les Français soient en mesure de gérer, chez eux, leur existence en toute sécurité. À cette fin, il faudrait revenir sur la dévastatrice régionalisation et les mouvements centrifuges qu'elle encourage, monter la garde aux frontières, restaurer l'autorité de l'État, l'immigration − contrôlée − respectant le pays d'accueil afin de détenir une part de sa puissance retrouvée.

Ces objectifs nécessitent une augmentation des dépenses militaires de la nation, probablement portées à 2,8 ou 3 % du PIB, l'augmentation numérique des forces terrestres, la mise sur pied d'une garde nationale capable de prêter main forte à la gendarmerie, la création d'un corps de gardes-côtes et de surveillance maritime, le retour au service militaire − peut-être de huit à dix mois − comme facteur d'éducation civique, de travail en équipe et d'intégration des Français de fraîche date.

La filière scientifique et technique serait développée en l'appliquant à la recherche du renseignement − à l'échelle planétaire − et aux sciences de l'atome. L'armement nucléaire, au potentiel de destruction proportionnel à l'enjeu que représente la France étant un atout politique, témoignant de son savoir et constituant une solide assurance face aux imprévisibles périls majeurs que peut réserver l'avenir. N'oublions pas que, si une telle menace venait à être matérialisée, c'est à partir des océans qu'elle serait neutralisée. Et que les instruments maritimes de cette forme de dissuasion pourraient également contribuer à « gérer les crises » à distance.

Après tant d'années d'incuries un redressement est-il encore possible ? Il faudrait que les événements internationaux le rendent évident car, en Ve République dévoyée, la démagogie y étant déterminante, d'autres priorités s'imposent[1].

---

1. Excellentes ont été les intentions des auteurs de la nouvelle loi de programmation militaire (2003-2008). Mais selon une méthode bien française – dont le général de Gaulle et Pierre Messmer s'affranchirent – c'est en recourant au passé que l'on prépare l'avenir. De surcroît, est-ce le manque de crédits ou les trente-cinq heures qui allonge indûment les réalisations envisagées ? Il faudra plus de dix ans pour construire un porte-avions, lequel, encore en service en 2050, fera figure de cœlacanthe, d'autant que les *Rafale* en dépit de leurs hautes performances auront trente ans d'âge lors de leur premier appontage sur le nouveau porte-avions et que les machines volantes seront vraisemblablement dépourvues d'équipages et pilotées à distance. Autre sujet d'inquiétude : depuis un quart de siècle aucune loi de programmation militaire n'a été appliquée. Ni les gouvernements qui les avaient étudiées et proposées aux assemblées, ni les parlementaires qui les ont votées ne se sont souciés de ces échecs successifs du financement de la défense du pays. Mais un territoire régionalisé a-t-il encore besoin d'un système militaire autre qu'une gendarmerie ?

Annexe E

Tarir les ressources naturelles de la France

« La Commission semble anticiper un hypothétique accord à l'organisation mondiale du commerce en ouvrant plus largement le marché communautaire et en se privant du recours aux restitutions pour soutenir nos exportations. Dans de telles conditions les marchés agricoles de l'Union s'effondrent, exposant les producteurs aux plus grandes difficultés, voire à la faillite... », a écrit au président de la République Jean-Michel Lemétayer, président de la FNSEA[1].

Longtemps, agréablement bercé d'illusions par les apparentes générosités de la politique agricole commune (la PAC), le dirigeant de la FNSEA, à son tour, ne semble pas se rendre compte que l'objectif de la Commission, sous la pression allemande, est de revenir sur l'esprit du traité de Rome accordant à la France des compensations face aux avantages que l'Allemagne retire de sa puissance industrielle. Il s'agit de détruire peu à peu la capacité technique et l'économie de la France afin de la transformer en un vaste parc de loisirs où les riches producteurs du nord de l'Europe viendraient se distraire et se reposer de leurs efforts d'innovation, de fabrication et de rayonnement commercial. Dans les pages qui précèdent ont été évoqués, sommairement, l'amenuisement ou la disparition de nombreuses activités industrielles et commerciales françaises : la machine-outil, les textiles, la chimie, l'électronique ménagère, la marine marchande, l'étude, la construction, l'exportation d'avions de combat, plus généralement l'industrie d'armement et, bientôt avec la privatisation d'EDF, l'industrie nucléaire, c'est-à-dire la fin de l'indépendance

---

1. *Le Figaro*, pages économiques, 20 mars 2002, p. 1. Les « restitutions » sont les aides financières compensant les ventes au cours mondial de produits revenant, en France, plus cher à l'exportation.

énergétique du pays. Avec, entre autres, la destruction du service public, bien plus longue, hélas !, est la liste des renoncements économiques, industriels et commerciaux à porter au débit de la Ve République dévoyée. Restent, cependant, quoique déjà bien diminuées l'agriculture et la pêche. Aussi, s'empresse-t-on, à Bruxelles, de leur porter le coup de grâce en spéculant sur la combinaison de la « construction européenne » et de la carence notoire des dirigeants politiques français.

Certes, le bilan de la politique agricole commune a été longtemps tenu pour positif, du moins en France, celle-ci recevant près de 25 % des fonds communautaires affectés au soutien de l'agriculture des Quinze. En dépit de cette assistance financière, force est de constater qu'en une trentaine d'années, la population agricole française est passée de 6 millions à quelque 670 000 travailleurs de la terre exploitant 650 000 entreprises – au lieu de 2 millions en 1975 et 4,8 millions en 1900 – dont près de la moitié aurait atteint des dimensions suffisantes – au moins cent cinquante hectares – pour être rentables. Elles produisent 80 % du chiffre d'affaires total qui est d'environ 60 milliards d'euros. Mais si le domaine cultivé français s'étend sur la moitié du territoire national, il n'occupe plus qu'un actif sur vingt-cinq[1]. Son travail n'est pas seulement vital pour la nation, il préserve son sol de la désertification si bien que son activité est assimilable à celle d'un service public. Cette double utilité, si elle justifie les subventions communautaires et nationales, présente l'inconvénient d'inciter l'exploitant agricole à se tourner vers des activités commercialo-rurales en délaissant les efforts souvent ingrats du travail de la terre. Et le mode de financement des pouvoirs publics l'y invite. L'un des objectifs des articles du traité de Rome relatifs à l'agriculture était l'amélioration matérielle de la condition paysanne. Cet objectif n'aurait été que partiellement atteint si, effectivement, près de la moitié des agriculteurs français, exploitant encore des surfaces trop réduites, ne bénéficieraient que d'un revenu voisin du SMIC. Et que, parmi eux, un grand nombre ne possédant qu'une vingtaine d'hectares, voire moins, devraient se contenter d'à peine 4 000 à 4 500 euros par an.

La PAC devait également assurer l'autosuffisance alimentaire des pays de la Communauté économique européenne. Et, pour y parvenir, accroître la productivité des métiers de la terre. À cet égard, la politique de Bruxelles s'est révélée, pour le moins, discutable.

---

1. Au début des années 90, moins de 2 % des fermes françaises exploitaient chacune plus de cent hectares, soit la moitié de l'étendue moyenne des exploitations agricoles aux États-Unis.

Certes, le plan Sico Mansholt, et plus généralement les directives de Bruxelles agissant dans le cadre de la PAC, ont industrialisé l'agriculture en Europe de l'Ouest. Les exploitations ont été groupées afin, pour nombre d'entre elles, d'atteindre une dimension capable d'assurer leur rentabilité, la formation technique des agriculteurs encouragée et, en fin de compte, la ferme française a gagné en productivité. Mais revers de la médaille, contrepartie normale d'une planification technocratique, la machine s'est emballée et, bientôt, les marchés nationaux saturés et les produits de la terre étant difficiles à stocker et à exporter à distance, les magasins ne tardèrent pas à déborder. Les prix chutèrent et la communauté fut dans l'obligation de dégager des compensations financières, d'encourager les exportations en maintenant les coûts au niveau de ceux pratiqués sur le marché mondial où les exploitants agricoles travaillent à moindre prix. En ce qui concerne l'élevage, Britanniques et Américains avaient accru leur productivité en ayant recours aux hormones pour « dynamiser » l'alimentation du bétail. Ce procédé d'augmentation artificielle du poids des troupeaux étant rejeté en Europe de l'Ouest, le différend s'ajoute à ceux qui opposaient les deux agricultures.

En 1992, afin de mettre un terme à la surproduction, les planificateurs de la PAC décidèrent de modifier l'objectif des subventions. Au lieu d'inciter à produire davantage, elles iront directement à l'exploitant, l'aidant à baisser ses prix. Mais, à condition qu'il produise moins en renonçant à cultiver des terres mises en jachère, et qu'il réduise l'importance de ses troupeaux. Comme il en fut du système soviétique, celui de la PAC aboutit à l'absurde... Dans le même temps que des portions de terres cultivables étaient à l'abandon, la PAC s'approvisionnait aux États-Unis, y puisant 75 %[1] de ses besoins en protéines pour l'alimentation du bétail restant. Un des résultats de cette politique visant quand même la rentabilité à tout prix a été le recours aux farines animales, transformant les herbivores en carnivores. On connaît les tragiques conséquences de cette atteinte à la nature. Il y en eut d'autres, l'affaire des OGM succédant à celle de la viande aux hormones. À vouloir « techniciser » l'ordre naturel afin d'en tirer des profits qu'ils ne peuvent donner, les technocrates « européens » ont provoqué des catastrophes.

---

1. En 1993, les États-Unis avaient bien voulu que l'Union subventionne ses agriculteurs mais à condition qu'ils renoncent à cultiver une portion du territoire afin d'acquérir outre-Atlantique les trois quarts de leurs besoins en protéines. D'où l'importation de 30 millions de tonnes de soja, colza, tournesol, bref des oléagineux nécessaires à l'alimentation du bétail de la PAC.

Devenue la superpuissance européenne, l'Allemagne, en 1999, n'avait plus à ménager son principal partenaire sur le continent. Berlin réclama la réduction de la contribution financière de l'Union – dont Paris est le principal bénéficiaire –, les budgets nationaux prenant le relais.

Devant les problèmes financiers qu'allait créer l'« élargissement », l'Allemagne renonçait à la « supranationalité » de la PAC, dont elle propose qu'elle soit partiellement renationalisée... Londres, Copenhague, La Haye, Stockholm et la plupart des autres capitales des pays membres de l'Union suivirent Berlin. « Rejet de l'agriculture intensive, régime de subvention décrié, élargissement à l'Est, autant de raisons d'accélérer la mutation d'un système vieux de quarante ans », avait pour titre un article du *Financial Times*[1]. Pour l'Union européenne qu'elle domine, l'Allemagne semble rechercher à l'est les ressources agricoles qu'elle tarirait volontiers à l'ouest, au détriment de la France, de l'Espagne et de l'Italie qui absorbent plus des deux tiers des fonds communautaires. La fonction productive de cette partie de l'Europe occidentale, dans le cadre de la « construction européenne », céderait le pas aux exigences de l'environnement, du tourisme, des loisirs...

Jean-Pierre Chevènement a résumé comme suit la situation de l'agriculture en France : « la PAC avait été voulue par de Gaulle pour renforcer l'agriculture française, sorte de contrepoids à la puissance industrielle allemande. Pari réussi, mais que le temps, les dérives libérales et la mondialisation des échanges ont sérieusement émoussé : la course à un productivisme débridé, si elle a permis [...] une certaine baisse des prix à la consommation, a eu de multiples conséquences néfastes : élimination de centaines de milliers de petits producteurs, abaissement de la qualité des produits (la malbouffe), dangers sanitaires (vache folle, fièvre aphteuse, etc.), course à l'exportation à coups de subventions qui a mis en péril les agricultures de pays du sud... Dans la plupart des secteurs de production l'équilibre, parfois difficile, n'est atteint que grâce aux subventions. Ce système est malsain [...] l'agriculture est livrée à la dictature des cours mondiaux manipulés par quelques grands opérateurs. » Et que dire des « travailleurs de la terre ». « Est resté lettre morte le projet de loi relevant la retraite minimum agricole. (Le conjoint d'un exploitant retraité perçoit, aujourd'hui (fin 2001), moins de 2 800 francs par mois[2].) »

---

1. *Courrier international*, du 19 au 25 avril 2001, p. 18.
2. Jean-Pierre Chevènement, « Agriculture : définir un avenir », *Note de campagne*, janvier 2002.

La « mondialisation », l'amenuisement de la souveraineté des États de l'Union européenne et la dictature du marché mirent à mal ce qui reste d'activité agricole en Europe. La réforme de la PAC de 1992 visait bien à réduire les coûts de production pour les rapprocher des cours mondiaux mais, sans subventions massives, comment les producteurs européens pourraient-ils rivaliser avec ceux des continents tels que l'Asie et les Amériques ? Conscients de l'importance de l'« arme verte » les États-Unis – qui bénéficient naturellement des vastes espaces où déployer les activités de leurs agriculteurs – dans le cadre de l'organisation mondiale du commerce[1], s'élèvent contre les mesures d'assistance de la PAC dans le même temps qu'ils augmentent le soutien financier fourni à leur agriculture[2]. Mais, en Europe même, grandes sont les distorsions. Comment y réaliser un unique marché, libre de toute mesure protectionniste avec des agricultures aussi différentes ? L'Europe à vingt-cinq compte des pays où la part de la population agricole dépasse de beaucoup, numériquement, celle des États fondateurs de l'Union européenne, modernisés par la PAC et où la moyenne des actifs travaillant la terre est de l'ordre de 4 % alors que plus de 18 % de Polonais presque autant de Baltes, 7 % de Hongrois, et sans doute, demain un plus grand pourcentage de Roumains et de Bulgares, se penchent sur la glèbe. Pour ces peuples, la part du revenu agricole dans leur PIB est le double, voire le triple de celle qu'elle occupe chez les Quinze. Cette importante main d'œuvre agricole compense un rendement médiocre mais ses conditions d'existence autorisent des coûts de production relativement modestes.

Réformer la PAC ? La France ne pourra l'empêcher si elle peut réussir à la retarder au moins jusqu'en 2006, date à laquelle elle vient à échéance[3]. Bruxelles et les gouvernements des Vingt-Cinq – voire plus – seront bien en peine d'aboutir à une politique agricole commune qui ne trahisse pas les objectifs du traité de Rome. Et que, par la ruine de l'agriculture en Europe, elle ne conduise pas à sa dépendance alimentaire[4]. C'est qu'il faudra s'accommoder des exigences

---

1. Négociants de l'Uruguay Round, les Européens avaient malencontreusement accepté que la PAC entre dans l'OMC.
2. Le 13 mai 2002, le président George W. Bush décidait d'augmenter de 80 % les subventions de l'État fédéral à ses agriculteurs (73,5 % milliards de dollars sur dix ans, mais aux États-Unis les subventions à la production agricole sont près de 50 % inférieures à celles de l'Union européenne).
3. Conformément aux accords de Berlin (1999).
4. On sait ce qui est advenu de l'agriculture soviétique, victime de la planification étatique, comme l'est en Europe l'agriculture des Quinze, puis des Vingt-Cinq sous la coupe de la technocratie bruxelloise.

de l'OMC et des intérêts des États-Unis, maintenir en Europe l'unicité des prix en dépit des profondes différences entre les PIB par habitant ; liquider les séquelles des lourdes bévues du passé : crises dite des hormones, de la « vache folle », des OGM, de la fièvre aphteuse ; satisfaire les partisans de plus en plus nombreux d'une agriculture écologique tout en abaissant les coûts de production au voisinage de ceux du marché mondial, mais en sauvegardant le pouvoir d'achat des travailleurs de la terre, ou encore associer antiproductivisme et rendement élevé ; enfin, en dépit de ces contradictions, conserver sur le territoire une population suffisante pour le travailler et le gérer en luttant contre la désertification.

En somme la quadrature du cercle. À bien des égards, désastreux est le bilan d'une vingtaine d'années d'européisation d'une activité qui eût gagné à demeurer nationale. Son industrialisation a été conduite à la soviétique, suscitant les graves crises dont elle a cruellement souffert. Nombreuses et convergentes en sont les causes : la piètre planification de la Commission et les sacrifices consentis au mythe européen, les carences des contrôles territoriaux consécutifs aux accords de Schengen, qui autorisèrent les trafics les plus coupables – pertes en vies humaines, massacres de centaines de milliers d'animaux –, les puissants intérêts des États-Unis cherchant à accroître leur *green power* au détriment de celui des Européens, la passivité, voire l'indigence des organismes officiels français de la santé et de l'agriculture ; enfin l'appât du gain érigé en priorité politique exerçant ses méfaits à tous les niveaux de la société.

En décembre 1987, officiellement, l'encéphalopathie spongiforme bovine (ESB) fut attribuée à la consommation, par le cheptel bovin, de farines de viande et d'os. Au Royaume-Uni 473 cas de « vaches folles » avaient été constatés. Londres réagit : les farines carnées furent interdites, tout au moins aussi longtemps que les scientifiques n'auront pas démontré leur innocuité (1988). L'année suivante Paris proscrivit l'utilisation de ces farines, lorsqu'elles provenaient de Grande-Bretagne, du moins pour l'alimentation de bovins si bien qu'elles restaient d'usage courant pour les porcs et les volailles. Cette dérogation sera à l'origine de bien des drames, faute d'être en mesure de faire respecter cette discrimination. Quant à la Commission, elle demeura muette. Au contraire même, elle protesta contre une décision de la France plaçant sous embargo les viandes britanniques. M. Roland Dumas, à l'époque ministre des Affaires étrangères, peu soucieux de l'intérêt national et invoquant la « construction européenne », obtint la levée de l'embargo.

En juillet 1990, les scientifiques étudiant la maladie estimèrent qu'elle était transmissible à l'homme. Peu après apparaissaient, en France, les premières manifestations de l'ESB. Entrouverte par la malencontreuse décision d'autoriser l'alimentation carnée des porcs et des volailles, la porte que le gouvernement français avait tenté de fermer aux farines animales fut la voie royale des trafiquants. Durant trois années : 1993, 1994, 1995, les importations de ces dangereux produits doublèrent presque de volume, condamnant le cheptel français. Schengen et la suppression des frontières jouaient ainsi un nouveau mauvais tour à la France. Quant à la Commission, elle préféra ignorer le désastre agricole car ce n'est qu'en 1994, six ans après les premières mesures prises par la Grande-Bretagne, qu'elle en reprit à son compte les décisions. D'ailleurs, si les Britanniques avaient interdit, chez eux, le recours aux farines animales, ils ne s'étaient pas moins empressés de les exporter, notamment vers le continent par la Belgique et les Pays-Bas. Et ce n'est qu'en novembre 1999, trois ans après que Londres eut annoncé, officiellement, que la consommation de viande de bovins était la cause, chez l'homme, de la maladie de Creutzfeldt-Jakob, que le gouvernement français se décida à interdire toutes les farines carnées pour l'alimentation de tous les animaux. Treize ans après la révélation de l'affection contagieuse. Coupable impéritie gouvernementale et complicité des agriculteurs. En effet, l'alimentation de leurs troupeaux de bovins en farines de viande et d'os faisait gagner, à bon compte, quelque deux cents kilos aux bêtes, d'où un plus grand profit pour l'éleveur. C'est également la quête de profit qui a amené les autorités britanniques à abaisser de 120° à 80° la température des fours cuisant ces farines (1983). Le professeur Maurice Tubiana, de l'Académie des Sciences, a dénoncé cette funeste pratique : « L'idée selon laquelle il est mauvais de nourrir les herbivores avec des produits d'origine animale ne repose sur aucune donnée scientifique. Les propriétés des acides aminés sont, en effet, les mêmes qu'ils proviennent d'un végétal ou d'un animal [...] l'épidémie a été provoquée par son changement[1] » (changement du mode initial de fabrication à la température de 120°). Et ce n'est que le 4 décembre 2000 que la Commission de Bruxelles se décida, enfin, à confirmer la bien tardive mesure décrétée par Paris. Au gigantesque massacre des troupeaux, il faut ajou-

---

1. François D'ORCIVAL, « Des pique-prunes à l'effet de serre », *Valeurs actuelles*, 6 avril 2001, p. 4.

ter trois personnes mortes de la variante de la maladie de Creutzfeldt-Jakob. Après le sang contaminé, l'affaire de l'amiante, de la dioxine, de l'hépatite, de la maladie de la « vache folle » – précédant la crise de la fièvre aphteuse – ont mis en évidence les tragiques fiascos des services de santé nationaux et l'« insoutenable incompétence » des gouvernements de la Ve République.

C'est encore Bruxelles qui, en 1991, ordonna de renoncer aux vaccins protégeant les troupeaux de la fièvre aphteuse. Toujours l'appât du gain. La vaccination a un prix. Mais surtout elle pénalise l'exportation. L'interdiction de vaccination aurait été imposée à la Commission par les États-Unis en invoquant le danger de contamination des animaux vaccinés. « L'abattage préventif des troupeaux fut présenté comme la preuve du mauvais état sanitaire général de l'élevage français[1]. » Ce qui ouvrait le marché à la concurrence[2]...

Après la destruction de l'agriculture française, celle de la pêche? Fondée est l'argumentation de la Commission mais elle a commis deux erreurs en la révélant aux gouvernements et aux marins pêcheurs : c'est un Autrichien, citoyen d'un pays enclavé, M. Franz Fischler, Commissaire à l'agriculture et à la pêche, qui a fait adopter par la Commission un projet de réduction draconienne des métiers de la pêche; de surcroît, ce projet comprend des mesures irréversibles (destruction d'une fraction de la flotte, arrêt des fabrications et fermeture des chantiers navals correspondants) alors que la nature, avec le temps, devrait reconstituer les ressources halieutiques épuisées par trop de prises.

Il y a plus d'un quart de siècle, en 1976, dans son livre *L'État et la puissance de la mer*, l'amiral Gorshkov qui avait conçu, construit et commandé la puissante flotte de guerre soviétique, estimait que l'humanité pouvait prélever chaque année quelque 100 millions de tonnes de produits halieutiques sans tarir les ressources des océans. Depuis, l'augmentation de la population mondiale et surtout l'accroissement des capacités techniques de la pêche ont démenti l'optimisme de l'amiral. Il eût fallu limiter les prises aux deux tiers, environ, de son estimation. Or l'URSS et maintenant la Russie et la Chine prélèveraient près de la moitié du tonnage qu'il

---

1. Nicolas TANDLER, « Le début de la phase terminale », *L'Action française*, 5 au 8 avril 2001.
2. Quant au coût de l'épidémie *Le Monde* du 10 avril 2001 le chiffrait à 50 millions de francs d'indemnités. 3 à 4 milliards perdus à l'exportation et près de 60 000 animaux abattus.

eût été convenable de pêcher. Mais, pour M. Fischler il ne s'agit pas des océans mondiaux mais des zones maritimes des pays de l'Union. On sait que, conformément aux dispositions de la Convention du 10 décembre 1982, dite de Montego Bay, ont été créées des zones économiques exclusives de 200 milles nautiques « dans lesquelles sont reconnus les droits souverains en matière d'exploitation et de gestion des eaux sous-jacentes jusques et y compris le sol et le sous-sol des fonds marins. En revanche, l'État côtier "propriétaire" respecte les libertés de navigation et de survol ainsi que la possibilité d'utiliser la mer à toutes fins internationalement licites ». Grâce à ses possessions d'outre-mer et aussi à la longueur du littoral de la métropole, la France avait hérité de 10,2 millions de kilomètres carrés d'océan, troisième bénéficiaire mondial derrière les États-Unis (16 millions) et la Grande-Bretagne (10,5 millions). C'était l'occasion de créer une industrie française de la pêche et de mettre un terme aux importations de produits halieutiques souvent pêchés, par d'autres, dans les eaux françaises de la zone économique exclusive. Cette occasion ne fut pas saisie et, aujourd'hui, on peut se demander si la France n'aurait pas eu intérêt à s'approvisionner « chez elle » mais hors des eaux de l'Union européenne.

La décision de Bruxelles oppose, une fois de plus, les États du nord de l'Europe à ceux du sud. Ces derniers, y compris la France, mettent en œuvre 75 % environ des bâtiments de pêche de tous types de l'Union européenne à l'aide de près de 350 000 travailleurs, y compris les emplois à terre que nécessitent les métiers de la mer. Les pays du Nord – Grande-Bretagne, Irlande, Suède, Finlande, Danemark, Pays-Bas – n'occupent qu'environ 150 000 personnes et leur flotte, en général plus moderne, à plus forte capacité technique, ne compte, numériquement, que pour un quart dans l'ensemble des bâtiments de pêche de l'Union. Aussi, les Espagnols, les Grecs, les Portugais et également les Français se sont-ils élevés avec le plus de vigueur contre les mesures préconisées par Bruxelles : réduire les effectifs de pêcheurs de 11 %, détruire de 30 à 50 %, selon les tonnages, la flotte européenne, voire interdire les travaux de modernisation et, par voie de conséquence, fermer des chantiers navals et naturellement, mettre un terme aux aides des États à leurs activités de pêche maritime. L'Europe dégagera des « indemnités » à la fois pour la reconversion des salariés désormais sans emploi et pour la destruction de plus de 8 500 bâtiments. C'est peut-être préserver le potentiel de reproduction des espèces en voie de disparition des eaux européennes et ménager l'avenir – assez lointain –

mais c'est faire dépendre les pays de l'Union, hier les troisièmes producteurs mondiaux de produits halieutiques, des puissances de la mer demeurées libres de piller les océans. Désormais énergétiquement, politiquement, diplomatiquement, militairement dépendante, l'Europe géographique serait-elle en passe de l'être aussi alimentairement ? Le virus Jean Monnet accomplit son œuvre destructrice[1].

---

1. Déjà, entre 1990 et 2000, près de 70 000 emplois de marins pêcheurs avaient été supprimés, réduisant de 15 % les emplois créés par leur activité à la mer.

Annexe F

Bêtisier européiste

MICHEL BARNIER (*Le Figaro*, 15 mars 2002) : « Dans plus de six domaines de l'action publique : transports, protection de l'environnement, protection des consommateurs, sécurité alimentaire, maîtrise de l'immigration etc., les solutions relèvent maintenant d'un pouvoir que, là aussi, nous partageons avec nos partenaires de l'Union. » (On voit mal ce que le TGV doit à nos partenaires, ou notre programme énergétique nucléaire, et en quoi nos partenaires nous ont évité l'*Erika*, épargné la crise de la vache folle ou maîtrisé l'immigration que favorisent les accords de Schengen. Difficile d'aligner plus de contrevérités.)

CLAUDE BÉBÉAR (*Le Figaro*, 7 avril 2001) : « Une Europe qui ferait le poids face aux États-Unis ! [...] Si on ne fait pas une Europe politique, cela n'arrivera jamais. On en restera à un machin économique incapable de soutenir des champions partout dans le monde comme le font les États-Unis [...] l'immigration massive est inéluctable [...] l'assimilation selon le modèle français traditionnel ? Cela paraît difficile [...] à l'américaine ? Pour cela il faut un rêve fédéraliste... » (Mais non, il suffit de renoncer aux abandons de souveraineté, la « construction européenne » et Schengen favorisant l'immigration sauvage.)

BAUDOIN BOLLAERT (*Le Figaro*, 15 mars 2002) : « À partir des 13 États, les pères fondateurs se sont efforcés de construire la souveraineté... Pour Pierre Rosanvallon, la souveraineté peut être partagée sans drame. » (On peut se demander avec qui Washington partage sa souveraineté.)

J.-C. CASANOVA (*Le Figaro*, 6 juin 2001) : « L'expression fédération des États-nations peut sembler contradictoire mais elle exprime une réalité simple et forte... Les cantons suisses restent souverains dans les matières qu'ils n'ont pas déléguées à Berne, de même les États-nations européens resteraient souverains dans les domaines qu'ils ne délégueront pas. » (Et voilà la France assimilée au canton de Vaud.)

J.-C. CASANOVA (*Le Figaro*, 4 juillet 2001) : « L'Europe vieillit démographiquement et devient plus vulnérable [...] sur son flanc sud, les États-Unis doivent la conforter dans l'intérêt de tous. » (Sans doute en créant une fédération croato-musulmane, en renforçant une Bosnie-Herzégovine musulmane et une grande Albanie également musulmane.)

JACQUES CHIRAC (*Dernières nouvelles d'Alsace*, 5 février 2001) : « [...] Souhaite que s'engage le plus rapidement possible un grand débat démocratique sur l'Europe afin de renforcer l'adhésion des peuples à l'intégration européenne. Il se prononce pour une Constitution européenne, aboutissement d'un travail de refondation pour affirmer les valeurs européennes, mettre en œuvre le principe de subsidiarité et simplifier les traités. »

JACQUES CHIRAC (*Le Figaro*, 7 mars 2002) : « À Strasbourg, Jacques Chirac prône un surcroît d'intégration européenne mais avec des limites. Il a opté pour une Constitution européenne qui renforce le pouvoir de la Commission de Bruxelles, donne plus de pouvoir au Parlement européen [...] mais il n'accepte pas que l'Europe se transforme en un super-État ou qu'elle module ses Institutions sur celles des États-Unis. » (En somme, tout et son contraire.)

JACQUES CHIRAC (*Le Monde*, 11 février 2001) : « Personne en Europe n'est prêt à renoncer à l'identité de sa nation en dehors de quelques personnalités, soit visionnaires, soit moins responsables... En revanche chacun voit bien que le rapprochement, l'intégration conduisent à un système qui est déjà un certain fédéralisme. » [Discours de Cahors, 10 février 2001.] (Il appartient au pouvoir de mettre un terme à une contradiction aussi fondamentale.)

DANIEL COHN-BENDIT (*Le Monde*, 12 février 2002) : « Le président qui va être élu sera le dernier président de la vieille souveraineté française, celui qui fera le passage d'une nation française qui termine son histoire à une nouvelle page européenne pour la France. »

(Retour en arrière avec les Verts et son représentant de la 5ᵉ colonne qui prépara l'invasion de la France par l'Allemagne... L'histoire bégaie.)

ÉDITH CRESSON (*L'Événement*, 28 janvier 1999) : « Je pense que la création de l'euro, symboliquement, c'est quelque chose de très important, un élément de souveraineté. » (Pour la Banque de Francfort probablement.)

NICOLE FONTAINE (*France-Inter*, 12 mai 2001) : « À l'évidence, le système de l'Europe fédérale à l'allemande s'impose. Les propositions fédérales du chancelier Schröder me conviennent. » (Que ne dirait-on pas pour siéger confortablement à Strasbourg !)

NICOLE FONTAINE (*Le Figaro*, 9 juillet 2001) : « C'est la monnaie unique qui nous a permis de surmonter la crise asiatique. » (Mais pas la crise américaine.)

VACLAV HAVEL (*Le Monde*, 1ᵉʳ février 2001) : « L'Europe sera constituée par un ensemble d'États qui, pour coexister, auront, tôt ou tard, besoin d'une Constitution. » (La République tchèque serait-elle attirée par le statut d'une région ?)

LIONEL JOSPIN (*Le Monde*, 29 mai 2001) : « Faire l'Europe de demain sans défaire la France. » (Difficile pour M. Jospin qui n'est ni Fermat, ni Einstein, ni disciple de Bourbaki si bien que la quadrature du cercle lui a échappé.)

JEAN-FRANÇOIS KAHN (*Marianne*, 6-12 août 2001) : « Nous adhérons à un rêve, celui des États-Unis d'Europe... Non pas dissoudre les nations mais leur rendre, au contraire, leur vigueur en leur permettant de jouer pleinement leur rôle au sein d'une Union fédérale des Nations-Unies d'Europe, capables de parler à armes égales avec les États-Unis d'Amérique. Une majorité [...] estime que l'intégration à une fédération européenne induit la dissolution de toute réalité nationale. » (Or, c'est l'inverse. Il suffit de comparer les États fédéraux – États-Unis, Canada ou Inde – à l'Europe actuelle. Selon J.-Fr. Kahn, les États-nations européens deviendraient respectivement l'Oregon, le Manitoba, le Bade-Wurtemberg ou le Rajasthan, sans doute « pour parler à armes égales avec les États-Unis d'Amérique ».)

ALAIN LAMASSOURE (*Le Figaro*, 10 mai 2002) : « Diplomatie : l'Union ou l'Insignifiance. » (Il eût fallu écrire : l'Union, c'est l'insignifiance.)

ALAIN LIPIETZ (*Lettre d'information de W. Abitbol et alia*, n° 2) : « Quand un face à face [avec Paris] risque de tourner mal, la solution est bien souvent d'introduire de nouveaux interlocuteurs. Et ici encore, c'est l'Europe qui s'impose. » (Extrait de son livre *Une ambition européenne pour la Corse* et le parti « vert » œuvrant pour dissocier la République.)

CHARLES MILLON (*La Une*, n° 57, décembre 2001) : « La France a besoin de l'Europe pour demeurer un pays qui compte. La souveraineté de Jean Bodin n'a plus de sens dans un monde aux frontières ouvertes... Les régions cultivent leur identité propre. La guerre moderne réclame des armées de professionnels et nos ennemis nous imposent de substituer la compétence au nombre. La mondialisation, l'affirmation de grands pays comme les États-Unis et la Russie nous imposent d'envisager notre avenir dans le cadre de l'Union européenne... Il faut construire un avenir de fédéralisme qui seul nous permettra de maintenir un lien social sans récuser les desseins d'autonomie. »
(Piètre ministre de la Défense, M. Millon n'a rien compris à sa fonction. C'était au temps où la France indépendante s'en remettait à la dissuasion nucléaire qu'elle avait besoin d'une armée de professionnels. Pas pour fournir des contingents au Commandement germano-américain. À part l'absurde monde de Schengen où sont les « frontières ouvertes » ? Et comment demeurer un pays qui compte en s'assimilant au Bade-Wurtemberg ou à l'Oregon dans une Europe fédérale ? Comment peut-on vouloir jouer un rôle politique dans ce malheureux pays en écrivant de telles absurdités ?)

PIERRE MOSCOVICI (*Le Monde*, 28 février 2002) : « Il s'agit bien, dans l'Europe, de nous fédérer. Et de nous fédérer en respectant les États. » (Il serait intéressant que M. Moscovici démontre comment on peut fédérer des États tout en ne les fédérant pas, puisqu'on les respecte et que l'on n'en fait pas des provinces.)

GERHARD SCHRÖDER (*Le Monde*, 21 janvier 2001) : « Seule une intégration plus poussée sera en mesure de contrebalancer les forces centrifuges d'une Union plus grande. Nous y sommes prêts. La France aussi. »

« La coopération intergouvernementale par opposition à une communauté intégrée ne peut être l'objectif de la "construction européenne". » [Déclaration au forum de la fondation Bertelsmann.]
« Pas d'alternative a plus d'intégration et d'"européisation". » [Projet pour le Parti social-démocrate, *Le Monde*, 8 mai 2001.] (Sous contrôle de l'Allemagne qui se sert de l'européisation pour diriger les peuples « intégrés » de l'Europe géographique.)

Annexe G

L'anémie nationale
par l'insécurité

« En trente ans les faits délictueux sont passés de 500 000 à 4 millions », a écrit Georges Sarre à la veille de la campagne présidentielle de 2002. Dans son livre, *L'Insécurité en France*, Olivier Fall, ancien responsable de la police judiciaire parisienne, a dressé un tragique bilan de la criminalité en France : « Des enfants tuent, commettent des actes de torture et des violences intolérables [...] la justice est bafouée, les représentants de l'ordre, de la santé et les sapeurs-pompiers sont agressés, voire tués. Des quartiers entiers se trouvent pris en otages par des voyous. Des innocents de tous âges et de toute condition endurent les pires brutalités. C'est assez ! Dans quel pays vivons-nous ? Qu'attendent nos dirigeants pour y mettre un terme ? »

Elle est justifiée, hélas !, l'indignation de M. Olivier Fall. Mais, en Ve République dévoyée, ses désastreuses institutions y contribuant, les politiciens se soucient d'abord de leur carrière et des avantages matériels que procurent leurs fonctions. Ils ont affaibli l'État, bradé le service public et, par les « affaires », les leurs, détruit moralement la nation avant de la livrer sans défense au Moloch européen, ou américano-allemand, ce qui revient au même.

Selon *Le Monde* (19 janvier 2002), la courbe des crimes et délits indique une croissance de 1991 à 1994 et elle s'infléchit vers le haut en 1998 avec l'arrivée de la gauche au pouvoir pour culminer en 2001 avec près de 4,5 millions de crimes et délits, soit près de 11 000 par jour. Les délinquants sont de plus en plus jeunes.

Le Figaro-Magazine du 17 juin 2000 avait réuni également quelques chiffres significatifs :

La police enregistre, chaque année, 3,5 millions de délits et 1 million au plus de ces délits sont retenus. Le taux d'élucidation – qui n'est pas celui des sanctions – était de 65 % en 1965 mais seulement de 27,6 % en 1999.

À Paris les vols à main armée sont passés de 671 en 1990 à 992 dix ans plus tard, soit une augmentation de 48 %. Il y eut, en 1998, 264 attaques de banques et 431 en 2000. En 1993 les Renseignements généraux constataient qu'il y avait, en France, 67 quartiers « à risques ». Leur nombre était de 172 en 1998 et il augmente régulièrement dans une dizaine de cités « chaudes ». Pour sa part, l'Île-de-France compte une quinzaine de villes « dangereuses à vivre ». Une autre évaluation a porté sur les « quartiers périlleux » : 485 en 1993 et 818 en 1999.

L'inventaire des délits pour l'année 2000 n'est guère réjouissant : 30 000 manifestations de violences urbaines, 15 000 véhicules incendiés. Les vols avec violence ont augmenté de 10 %, ceux perpétrés à main armée, de 13 % et il y eut 19 gendarmes et policiers et autant de convoyeurs de fonds[1] tués.

Le Monde (du 3 février 2000, p. 10) admet une augmentation des crimes et délits de 5,72 % et signale que ce pourcentage ignore les contraventions, les délits routiers, les faits mentionnés aux commissariats sans suite pénale et, bien sûr, les faits que les victimes n'ont pas mentionnés[2].

De son côté *Marianne* (7 août 2000, p. 36) avait publié un graphique montrant que la délinquance a commencé à croître en 1968 pour se révéler, en 1995, sept fois plus importante qu'elle ne l'était en 1950, année de référence. La France est devenue, par le nombre de ses crimes et délits, plus « criminogène » que les États-Unis[3]. Rapporté à 100 000 habitants, elle l'emporte quant aux vols avec violence (185 contre 145), aux crimes (4 250 contre 4 125), aux vols « simples » (2 600 contre 2 460). La multiethnicité et la multiconfessionnalité exercent leurs néfastes effets aux États-Unis comme en France mais, ici, ils sont aggravés par le laxisme d'un pouvoir politique déliquescent.

Les mineurs figurent en bonne place dans ce triste palmarès. En dix ans, entre 1989 et 1999, la délinquance des « jeunes » avait augmenté de 176 % et la police constaté qu'ils sont impliqués dans plus de 21 % des délits déclarés, c'est-à-dire une fraction du nombre des délits réels.

---

1. *Le Figaro*, 24 janvier 2001.
2. Le professeur J.-P. Grémy, chercheur au CNRS, a écrit qu'entre 2 et 3 millions de faits (délictueux) seraient « négligés » chaque année (*Le Figaro*, 7 février 2001, p. 8).
3. *Le Figaro*, 8 juin 2001.

Au cours de l'année scolaire 1999-2000, quelque 225 000 « incidents » ont été recensés dans les seuls établissements du second degré. L'année précédente, 500 agressions sexuelles – dont 12 % suivies de viols – avaient été constatées. Au moins hebdomadairement les enseignants ont été victimes d'agissements hostiles et la moitié des professeurs jugent « traumatisante et sans issue » la situation où les place la délinquance juvénile. Le professeur Jacques Dupâquier, l'éminent démographe, membre de l'Institut, précise que si en 1994 les actes de violence avec arme à feu entre élèves avaient été de 37, on en a dénombré 69 en 1997, tandis que les « incidents » à l'arme blanche passaient de 89 à 240. Et les « incidents » vont des insultes au trafic de drogue en passant par les agressions, la destruction du matériel scolaire, les *rackets*, les vols, le port d'armes blanches et d'armes à feu, enfin, collectivement, « les expéditions punitives ». De leur côté les élèves se plaignent. En Seine-Saint-Denis la moitié des étudiants interrogés déclarent qu'ils ont été victimes de brutalités et 77 % reconnaissent avoir été les témoins d'actes de violence. Les professeurs se mettent en grève pour « violence diffuse », les deux tiers des classes étant ingérables, rapporte *Le Monde* (22 décembre 2001, p. 10). « La loi dit que l'on peut nous traiter de salope ou de fasciste et que l'élève ne peut pas être puni » ; « on » les a traités de fils de pute et quelques pierres volent dans leur direction, dit un professeur d'histoire. Le même quotidien cite une intéressante déclaration de M. J.-L. Auduc, directeur-adjoint de l'IUFM de Créteil : « on assiste, dans certains établissements, à un fort repli communautaire (garçons contre filles), ethnique, voire religieux [...] on se parle de moins en moins. Les comportements sont de plus en plus diversifiés, notamment entre les filles et les garçons, et peut-être de façon plus marquée dans notre académie qui compte une proportion importante de jeunes issus de l'immigration. Entre les deux sexes l'écart s'accroît en terme de réussite scolaire. Les filles, plus ou moins mal reconnues dans la famille, ont surinvesti dans l'école et elles y sont reconnues. À l'inverse, les garçons sont reconnus dans la famille, mais vivent une crise identitaire à l'école que l'institution ne sait pas gérer, ou gère mal. Certains garçons sont déstabilisés, il ne leur reste que le pouvoir physique et sexuel. » Pénible constat d'une manifestation du « choc des civilisations » et, en particulier, de l'inégalité des sexes telle qu'elle est pratiquée par les émigrés musulmans. L'enseignement n'est plus adapté à la vie dans une société multiethnique. La culture de l'école française ne correspond plus au monde de bien des « jeunes », notamment à ceux qui sont dépourvus, immigrés, révoltés. « La langue de Molière, *l'ado* d'aujourd'hui n'en a rien à faire... », déclarait le professeur Paul Messerschmitt, pédopsychiatre à l'hôpital Trousseau, après que le professeur Sylvain Bonnet, agrégé de lettres classiques, eut dénoncé « les véritables ghettos d'inculture militante qui sont en train de se former sans qu'on s'en rende compte[1] ». L'immigration détruit la culture française.

L'assimilation de cette jeunesse « déstabilisée » ne s'exerce pas dans le sens souhaité par l'angélisme officiel. La violence impose à une République évanescente de renoncer à une culture millénaire en croyant, à ce prix, acheter une certaine paix[2].

Un professeur a été poignardé dans un collège de Garges-lès-Gonesse. Un proviseur avait été agressé à l'aide d'une planche cloutée, par un élève de seize ans. Sur 30 000 collégiens interrogés, près de 22 % d'entre eux rejettent l'enseignement. Il existerait des chefs de bande âgés seulement d'une douzaine d'années, utilisant frondes et cocktails Molotov. « La jeunesse », à Strasbourg, serait à l'origine de 50 % des vols avec violence, 40 % des cambriolages, 50 % des dégradations du matériel et de l'habitat, de 15 % des coups et blessures et même un peu moins de 10 % des homicides. La contamination gagne les campagnes » (*Le Figaro*, 24 janvier 2001).

Le même quotidien avait rapporté comme suit les doléances du maire de Chevilly-Larue : « par rapport à 1999 les délits ont progressé de 38,5 % et de plus de 60 % par rapport à la même période de 1998. Certains jeunes de 15 à 17 ans battent père et mère. Il y a des armes partout... Dans la cité des Sorbiers les "jeunes" ont pris l'habitude de bloquer une rue avec des voitures, empêchant les gens de passer... Nous ne savons pas où aller disent les habitants [...] certains quartiers sont devenus des zones de non-droit[3]. » Dans les établissements scolaires, et autour, le *racket* est largement pratiqué, y compris par des filles. Au cours de l'année d'études 1998-1999, sur 2 750 « faits » graves, 33 % relevaient du *racket*, rappelait Le Figaro du 6 septembre 2001 (p. 9). Charles Villeneuve rapportait dans *La Une* d'octobre 2001 « qu'une enquête de TF 1 sur La Grande-Motte, intentionnellement retardée en extrême fin de soirée – désinformation oblige[1] –, faisait

---

1. *Le Figaro Magazine*, 1er septembre 2000.
2. Le logiciel SIGNA (fin 2001) a répertorié les actes de violence connus dans les établissements d'enseignement. Les voici détaillés : Violence physique sans armes : 4 985 ; Insultes et menaces graves : 3 700 ; Vols : 1 707 ; Racket : 583 ; Dommages aux locaux : 517 ; Autres faits graves : 479 ; Intrusion d'étrangers : 475 ; Jets de pierres : 441 ; Tags : 440 ; Violeurs avec armes : 372 ; Injures racistes : 303 ; Délits sexuels : 269 ; Tentatives de suicides : 91 ; Divers : 1 925.
3. Le nombre des mineurs condamnés a augmenté, passant de 9 404 condamnations en 1995 à 36 787 en 1999 (*Le Monde*, 7 février 2002, p. 1).

allusion aux violences des « jeunes » venus des banlieues « gratuitement », en TGV, et précisait que 90 % des délinquants interpellés étaient des *beurs* et des *noirs*. Depuis vingt ans, ajoutait le chroniqueur, une gauche angélique, relayée par les associations antiracistes, a fait un matraquage idéologique pour empêcher la presse de faire la moindre référence à l'origine ethnique de la délinquance. On comprend que ces malheureuses familles fuyant la violence et l'arbitraire – et aussi la misère – cherchent un refuge sur une terre plus paisible. Elle eut, elle aussi, cette terre, ses éruptions de violences, ne serait-ce que depuis deux siècles avec la Terreur, les guerres napoléoniennes, la révolution de 1917 à l'est du continent, les méfaits de l'Allemagne hitlérienne, autant d'incitations à la compréhension du comportement des « autres ». Il n'en demeure pas moins que l'immigration – qu'elle ait pour origine le nord, le centre ou le sud de l'Afrique, à nouveau terre de violence permanente –, l'exporte en Europe, alors que celle-ci, à peu près apaisée, cherche à l'éradiquer.

Sans succès, notamment en France. Après l'école, c'est la rue qui est le théâtre d'actes de violence. À la fin du mois de janvier 2001, des « bandes » de chacune plusieurs centaines de « jeunes » s'affrontent au quartier de la Défense. La police intervient, disperse les « combattants dont un seul est interpellé ». Le nigaud du gang avait conservé les armes de l'agression, les autres s'étant rendus intouchables en se délestant de leurs matraques à l'arrivée des forces de l'ordre. Car, imbécile, la loi ne permet d'appréhender un délinquant que s'il possède une arme. Hachettes, cutters, poings américains, ramassés après la dispersion des émeutiers constituèrent le seul butin de la police. La presse fera tout de même allusion au « phénomène des bandes » : « 204 échauffourées en 1996, 398 en 1999. En 2000, 9 décès ont été constatés. Il y eut des bagarres dans 8 départements en Île-de-France, dans l'Oise, obéissant à des scénarios répétitifs. Des bandes de "jeunes" attaquent des centres commerciaux : Vélizy 2, Rosny 2, Quatre-Temps à la Défense. À Vitry, une tentative de vol de bouteilles d'alcool a tourné à la bataille. Une cinquantaine de "jeunes" ont saccagé les lieux, brûlé 7 voitures » (*Le Monde*, 14 février 2001, p. 10). Selon Alain Bauer et Xavier Raufer[2], en 2000, les violences urbaines ont causé la mort de trente-trois personnes... dans 711 quar-

---

1. « Le gouvernement a tout fait pour cacher la vérité sur l'insécurité. Aucun vol à l'étalage n'est pris en compte au-dessous de 800 francs. Et il faut au moins 20 000 francs pour qu'une procédure pour escroquerie par faux moyens de paiement soit diligentée, déclare le secrétaire général du syndicat majoritaire de la Police judiciaire parisienne.
2. *Violences et insécurité urbaines*, PUF, coll. « Que sais-je ? », 2001.

tiers un nouvel ordre social mafieux se met en place avec une économie souterraine, tandis qu'il y a 820 quartiers particulièrement touchés par la violence scolaire.

À Sevran, une nuit du début du mois de juillet 2001, une émeute éclate : un Algérien s'exprimant difficilement en français ayant eu maille à partir avec le personnel d'un supermarché en avait été expulsé. Aussitôt, les « jeunes » brûlent des voitures, « caillassent » les forces de l'ordre, blessent cinq policiers. Chaque nuit pendant quelque temps l'émeute reprendra. Bilan : une vingtaine de voitures brûlées, deux camionnettes, deux poids lourds, et quatre classes d'une école élémentaire, une salle municipale destinée aux « jeunes » sont incendiés. Il a fallu évacuer en hâte cent cinquante habitants à 3 heures du matin, la mise à feu de poubelles risquant de faire exploser une conduite de gaz. Le contribuable paiera le coût de ces « débordements » dont s'accommode aisément le pouvoir. M. Mitterrand n'avait-il pas proclamé aux candidats à l'émigration : « Vous êtes ici chez vous » ? *Le Figaro* du 4 juillet 2001 publia le résumé d'une enquête de l'Institut d'aménagement et d'urbanisme de la région d'Île-de-France. Ont été recensées, près de 800 000 personnes directement ou indirectement victimes de l'insécurité, c'est-à-dire entre autres méfaits les vols à l'arraché dans les transports et les gares, 21 % dans les rues, 19 % sur les lieux de travail et dans les écoles. Près de 24 % des possesseurs de voitures ont constaté les dégradations volontaires de leurs véhicules et les automobiles de 20 % d'entre eux ont été volées. Autant de vols au détriment des possesseurs de deux-roues. Directement, 600 000 personnes ont été ainsi lésées, ou physiquement maltraitées, dont 65 000 victimes d'agressions sexuelles.

La fête nationale a été le prétexte à des violences accrues contre les institutions, les forces de l'ordre, les citoyens, l'habitat et les automobiles. *Le Figaro* du 14 juillet 2001 dressa un premier bilan : 130 véhicules incendiés en région parisienne. À Aulnay-sous-Bois une cinquantaine de « jeunes » ont coupé le courant, mis à feu des véhicules, avec une voiture-bélier, investi le Centre de protection maternelle infantile qu'ils ont incendié. Ils ont utilisé contre les pompiers un tracto-pelle, blessant quatre d'entre eux. Compte rendu complété le 20 juillet sous le titre : « Bilan d'un 14 juillet ordinaire » (p. 6) : 85 voitures brûlées en 24 heures, dont 11 à Trappes, 9 à Aulnay, 7 à Saint-Denis, 8 à La Courneuve, 2 à Mantes-la-Jolie, 1 à Vaux-en-Velin, et à Marseille, 3 à Toulouse, 1 à Montbéliard, Tourcoing, Lille, Arras, Creil. Le mobilier urbain a été détruit à Sartrouville tandis qu'à Carrière-sur-Seine un conteneur en feu était projeté contre la façade du poste de police et qu'à Saint-Denis, les « jeunes » s'en prenaient aux policiers, ainsi d'ailleurs qu'à Montigny-lès-Cormeilles, Nanterre, Creil, Épinay-sur-Orge, Meudon. À Carpentras, c'est une fête foraine qui a été la cible d'une attaque. À Millau, des gitans prirent à partie le maire. Presque partout, en France, l'on signale une recrudescence des vols à main armée. Imbécile heureux le contribuable réglera la note de cette guerre civile qu'autorise le laisser-aller – laisser-faire de la Ve République dévoyée par la démagogie de ses dirigeants.

Non seulement le 14 juillet mais la Saint-Sylvestre est le prétexte à l'insurrection. Voici des chiffres que le gouvernement ne souhaite pas rendre publics – la désinformation étant en Ve République une méthode de gouvernement – écrivait *Le Canard enchaîné* du 16 janvier 2001, p. 2 : « Nuit de la Saint-Sylvestre : 193 voitures brûlées »... après 45 autres incendiées durant la nuit du 30 au 31 décembre. Au total, au cours de la semaine du 1er au 8 janvier, 281 autres véhicules ont été incendiés... « pour une nuit "normale", hors période de fêtes, constate le journal satirique, la moyenne quotidienne s'établit à 35 voitures en feu. » Et il poursuit ainsi : « La place du premier de la casse est toujours détenue par Strasbourg. Dans la nuit du réveillon la police locale a enregistré la destruction de 55 automobiles. » Mme Catherine Trautmann avait réussi à faire de Strasbourg une des villes les moins « sûres » de la France[1].

Les festivités, fussent-elles nationales, n'ont pas été le seul prétexte à la recrudescence des manifestations de violence. Dans les trains elle est, depuis longtemps, permanente. « La SNCF reconnaît une augmentation de 21 % des agressions... » En province, 33 % de hausse, le tiers des faits délictueux intervenant dans la région de Lille et de Marseille, après l'Île-de-France qui arrive en tête avec 1817 attaques. L'hebdomadaire dont est extrait ce constat le fait précéder d'une inquiétante description du quartier Saint-Charles, à Marseille : « [le quartier] est devenu un secteur criminogène, sanctuaire d'une nouvelle population qui sème la terreur sur le réseau du sud-est : "jeunes" venus du Maroc, du Kosovo, d'Albanie, de Roumanie, mineurs donc impossibles à refouler. Chaque année arrivent 300 à 400 migrants à Saint-Charles (encore un des bienfaits de l'accord de Schengen). »

La peur des usagers varie – de peu – selon les moyens de trans-

---

1. De janvier à octobre 2001, les violences urbaines à Strasbourg ont compté 1 526 mises à feu de véhicules, 953 incendies divers, 618 dégradations de biens, 753 incidents dans les transports en commun, 67 actes d'outrage ou de rébellion envers les policiers.

ports utilisés. Dans les autobus 18,9 % des passagers redoutent une agression, 27,9 % des voyageurs en chemin de fer, 30 % de ceux qui empruntent le métro et 33 % des usagers du RER (*Le Monde*, 27 février 2002, p. 11).

« Le TGV Paris-Nice est fréquemment saccagé. Viol d'une passagère », précise *Le Figaro* (19 avril 2000, p. 13). En 1999 les violences contre les voyageurs ont augmenté de 21 % et l'on compte cinq agressions par jour en moyenne, auxquelles s'ajoutent deux attaques quotidiennes des personnels de la SNCF. Les agents de surveillance générale de la SNCF ne suffisent pas, même assistés des cinq cents hommes de la brigade des chemins de fer qui intervient surtout en Île-de-France où la situation est critique. Les autres transports urbains sont placés dans un même état d'insécurité. *Le Monde* (27 avril 2001, p. 32) signale « 950 agressions contre le personnel en 2000 [...] ce qui a entraîné 27 000 journées d'arrêt de travail avec dans 57 % des cas, des préjudices physiques. Le vandalisme, lui, coûte un peu moins de 80 millions de francs. Et ces chiffres ne concernent ni la RATP ni la SNCF[1]. » Contribuables à votre bon cœur. Car la fraude s'ajoute à la violence.

En ce qui concerne la RATP, le manque à gagner annuel est de l'ordre de 300 millions de francs. Dans les autobus, de 15 à 30 % des voyageurs n'ont pas de ticket de transport. Et puis, il faut réparer les effets des dégradations volontaires : graffitis, tags, « gravage » des vitres, lacération des sièges, etc.

Si les personnels et les équipements de la société de consommation sont l'objet des agressions des « déstabilisés » et autres « révoltés », la police est la plus évidente de leur cible. Le nombre de fonctionnaires tués augmente régulièrement, celui des blessés est passé de 380 à 895 en quatre ans, et celui des actes de violence contre les agents de la force publique de 1 900 en 1998 à 3 455 en 2001, les locaux « dégradés », de 264 à 312 durant la même période.

Lorsque, selon les policiers, près de 25 tonnes de cannabis arrivent chaque mois dans les cités chaudes de la petite couronne, ils tentent, comme au Val-Fourré, en juin 1999, d'interpeller les *dealers*. L'émeute est immédiate : véhicules en flammes, policiers harcelés pendant plusieurs heures, un incendie détruit le siège local d'une

---

1. De son côté la RATP signalait l'augmentation des vols avec violence à l'encontre de ses passagers : plus 33,37 % en 2001 (sur 2000) et 38,84 % en ce qui concerne les vols à la tire. Parcours dangereux : entre Saint-Denis et La Courneuve, les lignes 2, 4, 5, 7 du métro et les stations Châtelet, Étoile, Barbès-Rochechouart, Strasbourg-Saint-Denis.

association de lutte contre la drogue. Et les stupéfiants ne sont pas le seul motif des émeutes : les caïds de la cité ont vendu de 5 à 10 000 francs des logements vacants – qui ne leur appartenaient pas – à des familles africaines avec, pour les nouveaux locataires, l'assurance d'interdire les lieux aux forces de police (ceci se passe à Saint-Denis[1]). À Bobigny, à la suite d'un jugement pour violence exercée sur les policiers, le public s'attaqua au tribunal. Les syndicats de police avaient annoncé une hausse des incivilités de 12 % pour le premier trimestre de 2001. Les « attroupements injurieux » contre les interventions des policiers ont augmenté de 16 % et le « caillassage » des voitures de police de 15 % si les agressions physiques ont diminué de 19 %. Mais, pour l'ensemble de la France les infractions constatées durant les six premiers mois de 2001 avaient augmenté de 9,58 % pour atteindre un total de 2 021 111 au lieu des 1 844 493 du premier semestre 2000[2]. Au cours de ce même premier semestre de 2001, à Nice, les policiers, victimes d'un guet-apens, appelèrent les CRS à la rescousse pour rétablir l'ordre et maîtriser un incendie allumé par les émeutiers. À Amiens, quatre policiers ont été blessés par des tirs de fusil de chasse. À Trappes, le 31 octobre 2001, une quarantaine d'émeutiers tentèrent de prendre d'assaut la gendarmerie et, à Strasbourg, un piège avait été tendu à la police le 30 octobre de la même année. Il n'est pas surprenant que quelque 3 500 policiers aient manifesté leur mécontentement, à Paris, le 10 novembre 2001. Selon Daniel Duglery, commissaire de police, « on est passé de 500 000 délits annuels il y a 30 ans à près de 10 millions aujourd'hui[3] ».

Après les agents de l'État, les conducteurs des véhicules du service public, les contrôleurs, les pompiers, les transporteurs de fonds et les enseignants à leur tour, les médecins sont pris à partie.

« Au petit Colombes grande est l'insécurité des médecins. Les docteurs ne veulent plus venir dans ces quartiers devenus des zones de non-soins. » « Quand vous vous faites casser votre voiture trois fois de suite pour un soin payé 50 francs brut de l'heure, dit une infirmière, vous n'avez pas le choix. » « Aujourd'hui, le caducée sur ma voiture n'est plus une protection, au contraire », dit Mme Petit, docteur. Le docteur David Miller, installé rue Saint-Denis, à Colombes, a été attaqué, menacé au couteau dans son bureau pour lui dérober ses liquidités et retirer de l'argent avec sa carte de cré-

---

1. Alain BAUER et Xavier RAUFER, p. 45-46.
2. *Le Monde*, 2 août 2001, p. 6.
3. *Marianne*, 19 au 25 novembre 2001, p. 21.

dit. Au Havre, des médecins effectuent leurs visites de nuit accompagnés par un chauffeur de crainte d'agression[1].
Hors de France l'on s'interroge. « La sécurité des touristes soulève des inquiétudes à l'étranger. Paris, où des touristes agressés font la queue devant les commissariats... Jamais, en France, sa capitale, et la Côte d'Azur n'ont semblé aussi dangereuses aux visiteurs étrangers... Mise en garde de la presse des États-Unis, japonaise, chinoise, contre l'insécurité à Paris... à Londres également[2].

« La violence des banlieues est une révolte contre une société injuste et raciste », titrait *Le Monde* daté du 13 novembre 2001, un entretien avec M. Laurent Mucchielli, sociologue. Celui-ci constatait que « le nombre des coups et blessures, destructions, dégradations, a cru de façon spectaculaire à partir de la fin des années 80. Ces années se terminent avec l'apparition des émeutes urbaines. C'est aussi à la fin des années 1980 que [...] les tags se multiplient rapidement [...] le rap commence, signe que les "jeunes" cherchent d'autres moyens pour exprimer leur révolte et leur identité [...] la justice protège les gros [...] les élites politiques sont corrompues [...] d'où un processus de ghettoïsation (à partir des années 70) [...] des familles d'émigrés et leurs enfants dans les HLM [...] société de plus en plus individualiste, centrée sur la consommation [...] disparition des moyens de contrôle, infra-institutionnels de la jeunesse... » La pertinence de cet essai d'explication souffre quelque peu du titre utilisé par *Le Monde*. Provenant généralement de pays où règne l'arbitraire, l'injustice et la corruption, les immigrés auraient tout aussi bien pu demeurer chez eux y « exprimer leur révolte ». S'ils ont fui leur pays pour venir en France c'est qu'ils estimaient y avoir avantage en dépit des turpitudes qu'ils y dénoncent. En général, outre-Atlantique, et particulièrement aux États-Unis, les nouveaux arrivants s'y comportent tout autrement. Ils manifestent vite leur attachement à cette « terre promise », surenchérissant sur la grandeur de leur nouvelle citoyenneté, faisant montre d'une sorte de super-nationalisme. Ce fut bien le cas de Henry Kissinger, de Zbigniew Brzezinski et de Madeleine Albright, pour ne citer que les célébrités les plus récentes. La puissance des États-Unis les a portés à l'accroître encore. La France déliquescente n'a plus ce pouvoir. Il lui faut subir les brimades de ceux qu'elle accueille... faute d'être en mesure de faire autrement puisqu'elle n'est plus souveraine. Heureusement il lui reste quelques lucides fidèles. « Une famille sur quatre d'origine étran-

---

1. *Le Monde*, 3 avril 2001, p. 10.
2. *Le Monde*, 11 août 2001, p. 9.

gère vit au-dessous du seuil de pauvreté, 50 % des jeunes d'origine étrangère vivent en ZEP et 60 % des jeunes de certains quartiers sont sans emploi ni formation. Il faut lutter contre les ghettos ethniques et *préserver le modèle républicain* [...] il est indispensable de choisir l'immigration dont la France a besoin pour répondre aux nécessités de notre économie... », a écrit Zaïr Kedadouche dans *Le Figaro*[1]. Le triste constat de Zaïr Kedadouche signifie à la fois qu'en France un certain marché du travail est saturé et que ces jeunes étrangers, en majorité musulmans, n'ont pas les qualifications nécessaires pour trouver un emploi. La France a renoncé aux métiers de main d'œuvre. La mondialisation économique les condamne en raison des charges élevées qui pèsent sur eux, surtout en comparaison des prix pratiqués par les pays en voie de développement, fort capables de se substituer aux activités que délaissent les plus « industrialisés ». C'est le cas, en France, de l'industrie du charbon et des métaux, des textiles, de la machine-outil, de l'électronique ménagère, de la marine marchande et ce sera bientôt le cas de l'agriculture et de la pêche, et des milliers d'activités quasi artisanales fournissant des produits de consommation courante. Un récent rapport des Nations unies sur le développement humain dans les pays arabes[2] a exposé une des causes de l'inadaptation de cette population aux activités que pratique encore la France, devenue davantage un pays de « services » que de production. Le rapport précise que sur les 250 millions que compte le monde arabe, 65 millions sont illettrés, que 10 millions d'enfants, entre six et quinze ans n'ont pas accès à l'école, et que 15 % de la main d'œuvre est sans travail. Aussi « 51 % des adolescents les plus âgés et 45 % des plus jeunes souhaitent-ils émigrer ». Le rapport de l'ONU estime que les richesses de la région arabe « sont étouffées par des dirigeants pour la plupart guère soucieux de rendre des comptes à leurs peuples, et dont les politiques économiques, éducatives, sociales, environnementales et de l'information sont archaïques et inadaptées ». Résultat : le bien-être ne profite qu'au plus petit nombre, ce qui permet aux auteurs de ce rapport de dénoncer une pauvreté persistante. « La région arabe, poursuivent-ils, définie comme englobant les vingt-deux membres de la Ligue arabe, est également au niveau le plus bas en termes de participation et de ses responsabilités. La participation des femmes à la vie politique et économique reste la plus faible du monde en terme quantitatif, sans parler du fait que, dans plusieurs pays, elles ne sont pas

---

1. 23 mai 2002, p. 15.
2. *Le Monde*, 18 juillet 2002, p. 2.

considérées comme des citoyennes à part entière. Quant au savoir, il pâtit des faibles niveaux de recherche et de développement scientifique... » (0,5 % du PNB contre près de 3 % au Japon). Est-ce la richesse, facilement acquise grâce aux ressources énergétiques dont disposent la plupart des pays musulmans, et notamment les pays arabes, qui ainsi, affaiblit une civilisation riche en bâtisseurs, poètes, artisans ? Toujours est-il que, dans l'état où elle se trouve aujourd'hui, elle renforce la thèse de Huntington sur le « choc des civilisations », la France se trouvant sur une de ses « lignes de fracture ».

De surcroît, en Europe, et plus particulièrement en France, retentissent les hostilités israélo-palestiniennes. La minorité arabe y manifeste son soutien aux Palestiniens en s'en prenant aux synagogues et aux témoignages de la présence israélite, créant un antisémitisme militant dont on croyait, en France, qu'il était à jamais révolu. Les résultats de cet antagonisme sont consternants. Le pouvoir minimise les manifestations afin, laisse-t-il entendre, de ne pas exacerber les tensions entre les Juifs et les Arabes. En réalité, parce qu'il redoute les réactions violentes de la forte minorité arabe qui vit en France.

Au cours de l'année 2001, plusieurs centaines de brimades infligées à la communauté juive ont été recensées : attaques à l'aide d'objets incendiaires de plusieurs synagogues à Garges-lès-Gonesse, Asnières, Fontenay-aux-Roses ; mise à feu d'une école à Sarcelles, à Marseille, et à Créteil, matraquage d'un rabbin, destruction d'un restaurant kasher et, naturellement, tags sur les murs, multiplication des gribouillages et tags antisémites. Ces actes de malveillance ont été commis majoritairement sur les territoires des communes où vivent, en grand nombre, des émigrés d'origine musulmane qui soutiennent ainsi la cause palestinienne.

Dans les pages précédentes a été cité le père Delorme, curé des Minguettes évoquant « la surdélinquance des "jeunes" issus de l'immigration [...] vérifiée par l'importante proportion de détenus d'origine étrangère dans les prisons françaises » (p. 230 s.). Olivier Fall, dont une déclaration a également été citée, a aussi écrit, il y a plusieurs années : « sans être prophète, on peut dire que nos banlieues sont le vivier du grand banditisme de demain et des manifestations intégristes les plus dures [...], aujourd'hui [...] le grand banditisme français sera principalement nord-africain, et plus particulièrement, algérien [...] *le rousseauisme*, l'angélisme qui exigent un traitement spécial pour les criminels d'origine étrangère, qui les excuse perpétuellement, comme des demeurés qui ne se rendent pas compte de ce qu'ils font [...] c'est bel et bien l'État qui a créé la situation où nous sommes et dont souffrent tant d'honnêtes gens de toute origine. » Ce texte a été publié sous le titre : « 4 millions de crimes et délits en 2001, multipliez par 3 ». Certes, c'est bien l'État, mais en autodécomposition, qui a souscrit à la suppression des frontières et, par conséquent, aux intrusions incontrôlées sur le territoire national... ou plutôt qui fut national.

C'est avec précaution que la presse généralement avide de morbidité – « ça fait vendre » – fait état des « incivilités » des émigrés d'origine africaine, des « gens du voyage » ou des « défavorisés » de l'Europe de l'Est[1]. Domine la violence importée d'Afrique. Elle est d'autant plus libre de se manifester en Europe et, en ce qui nous concerne ici, en France, que l'on a le légitime souci de comprendre avant de sévir et de spéculer sur le repentir du coupable. Pour celui-ci, ce sont là des marques de faiblesse qui encouragent la récidive plutôt qu'elles l'incitent à en craindre les conséquences.

Au cours des quelques mois qui précèdent la publication de cette étude bien des « incivilités » ont mis en évidence les difficultés de l'« assimilation ». Phénomène nouveau créé par l'immigration, les exactions commises par quelques individus, voire par un seul, déclenchent une révolte collective si la police intervient. Tout se passe, désormais, en France, comme si le « droit du sol » conférait à ses bénéficiaires le droit de détruire, de saccager l'habitat, de voler, de tuer impunément, le maintien de l'ordre étant répréhensible et devant être sanctionné par de nouvelles violences. Le *Journal du dimanche* a rapporté comme suit une de ces « incivilités » déclenchant une émeute. Ayant cambriolé une maison de la presse, Kamel s'était blessé en brisant une vitre. Il en meurt (artère fémorale sectionnée) à l'hôpital. Ses « copains » mettent le feu à la Maison du droit, six voitures et une caravane sont incendiées, un gymnase est menacé par les émeutiers qui ne réussissent pas à l'incendier.

À la fin du mois de décembre 2001, lors du braquage d'une banque à Neuilly-sur-Marne, Djelloul Behlaoui a été tué par un policier. Aussitôt, à Vitry-sur-Seine, où vivait le malfaiteur, ce fut l'émeute et une soixantaine de voitures furent incendiées. L'enquête de la police donna à penser qu'il existait, à Vitry, une « école » où l'attaque à main armée des établissements bancaires faisait l'objet d'un enseignement. Quelques jours après les tristes événements de Neuilly-sur-Marne et

---

1. « Le gouvernement a cassé l'outil d'évaluation des violences urbaines parce qu'il faisait peur. Pour environ 3 000 "incidents" en 1992, on allait en recenser 29 000 en 1999. Tout confirme l'aggravation globale de la délinquance dans les cités. Mais ces informations n'étaient pas, politiquement, correctes » (commissaire aux Renseignements généraux, Lucienne BUI TRONG).

de Vitry-sur-Seine, venant des Mureaux, Moussa, un adolescent touché à la tête par le tir d'un policier, décédait à la Salpêtrière. Le malheureux assis à l'avant d'une voiture volée avait été poursuivi pendant une quarantaine de kilomètres sur le périphérique et, finalement, intercepté en voulant forcer un barrage (*Le Monde*, 4 janvier 2002, p. 7).

En juillet, c'est Miloud, auteur de treize braquages au cours des six mois précédents, qui était interpellé comme récidiviste car, déjà arrêté pour des faits similaires, il se trouvait sous contrôle judiciaire après avoir été libéré en janvier 2001. Au cours du même mois, des adolescents invoquant Allah et refusant de porter un maillot de bain, projettent une voiture volée dans le grand bassin de la Duchère à Lyon. En septembre, Habib Mezaoui agresse un pharmacien, vole sa voiture, prend dix personnes en otage, en tue deux. Auparavant il avait attaqué la Caisse d'épargne de Cergy après avoir détourné près de 100 000 francs en ouvrant des comptes fictifs (*Journal du dimanche*, 9 septembre 2001). À Béziers, le directeur de cabinet du maire a été assassiné par Safir Bghioua. Celui-ci avait été condamné à quatre reprises pour vols de voitures et d'autoradios. Son complice, Djamil Aït Assoun, a aussi été arrêté, mais pour vols avec violence. *Le Monde*, qui rapportait l'affaire, précisait que l'iman de Béziers, Mohamed Sidaïne, reconnaissait que d'autres de ses coreligionnaires avaient une « vision guerrière » de l'islam, le malfaiteur possédant un impressionnant stock d'armes.

Lors d'une conférence sur les agressions sexuelles, le docteur Patrice Huerre, psychiatre des hôpitaux et expert auprès de la Cour d'appel de Paris, a déclaré que 52 % des auteurs d'agressions sexuelles étaient des Maghrébins et 22 % originaires d'Afrique noire. Leurs parents sont musulmans et ils ne trouvent aucun « élément d'anormalité » dans le comportement de leur progéniture.

On épargnera au lecteur la liste des viols – individuels et collectifs – qu'ont rapportés les médias. En dépit d'une énumération heureusement restrictive, longue est cette liste. Mais ce qui importe, c'est le pourcentage des agressions – constatées ou avouées – rapporté au pourcentage de la population d'origine africaine vivant en France. C'est, là encore, la mise en évidence de la différence des mœurs africaines et européennes et les effets du déracinement des émigrés projetés dans un milieu autre, indifférent, fermé, parfois hostile à l'étranger et de surcroît, permissif alors que la rigueur et l'arbitraire ont libre cours au pays d'origine.

L'imbécile et dangereuse suppression des frontières, ajoutée à la carence du pouvoir ignorant, par démagogie, l'intérêt général – deux mots qu'en Ve République dévoyée il faut se garder d'associer –

encouragent les mélanges humains explosifs, l'Afrique en mouvement vers le nord n'étant pas seule en cause. Sous le titre : « Les gitans ne font pas peur aux gendarmes » (*Le Figaro*, 13 août 2001, p. 6), on a pu lire les lignes suivantes : « En 2000 les méfaits commis par les bandes nomades ont représenté près de 70 % de l'ensemble de l'activité judiciaire de la gendarmerie. En 1999 il y eut 341 interpellations débouchant sur 110 écrous. Depuis le mois de janvier 2001, 225 gitans ont été arrêtés, dont 96 sont en prison... Tous les jours [l'on assiste] à des ballets de nomades quittant leur campement, encagoulés, au volant de voitures maquillées pour [effectuer] des raids nocturnes : plus de 690 ont été recensés au cours des derniers 8 mois. Il est difficile de faire témoigner les victimes, elles ont peur des représailles[1]... »

La dislocation de la Yougoslavie, l'agression par l'OTAN de la Serbie – à laquelle la France a, honteusement, participé –, le soutien fourni par les États-Unis à l'Albanie ont fait de ce pays la porte d'entrée de l'Europe occidentale aux mafias et favorisé leurs trafics, qu'il s'agisse de celui des armes, de la drogue ou des prostituées. Ces malheureuses, s'ajoutant aux autochtones, suscitent les protestations des Parisiens. Schengen le permettant, la France paie le prix de cette libre circulation des personnes que son gouvernement a, sottement, instaurée. Pour se plaindre, ensuite, des conséquences de son inconséquence.

Le fléau Schengen a été aggravé par la calamité Guigou. La loi sur la présomption d'innocence telle qu'elle a été votée le 15 juin 2000, entrée en vigueur au début de l'année 2001, a aussitôt réduit de 9,76 % le nombre des gardes à vue et de 11 % celui des délinquants écroués. Les malfaiteurs en ont tiré parti si bien qu'il a fallu constater une hausse des « incivilités » selon le terme utilisé officiellement pour ne pas offusquer les malfaiteurs. C'est ce qu'a constaté M. André-Michel Ventre, secrétaire général du syndicat des commissaires et hauts fonctionnaires de la police nationale : « La hausse de la délinquance[2] est due, en partie, à une répression plus douce. C'est une des conséquences de cette loi que nous avons dénoncée. » Le juge Thierry Jean-Pierre est plus sévère encore : « Il y a 6 000 magistrats. Ils étaient 6 000 en 1914. L'augmentation de la délinquance est probablement due à l'application de la loi car il existe

---

1. Des enfants roumains vident les horodateurs à l'aide de fausses clés. Ils ont moins de dix ans.
2. Par exemple, les vols à main armée ont augmenté de 21 % en six mois (*Le Figaro*, 27 juillet 2001, p. 8).

un véritable ras-le-bol chez les policiers. C'est une loi pour les voyous. [Mme Guigou] a fait n'importe quoi, en ne prévoyant pas les moyens pour la mise en place de la loi, en se fichant complètement de ses conséquences [...] je pense que cette loi a été votée pour protéger les hommes politiques dans les affaires de corruption. »

À Saint-Denis, un commerçant exaspéré s'exprime comme suit devant un journaliste : « le trafic des stupéfiants et la prostitution s'étalent sous nos yeux, les autorités ne réagissent pas... Vols par des gamines, des gosses de quatorze ans [...] boutiques pillées. »

Créant le désordre et contribuant à l'insécurité générale les gouvernements de la Ve République dévoyée en ont finalement fait le principal thème des consultations électorales de 2002. Il a bien fallu augmenter le nombre déjà appréciable[1] des policiers et aussi celui des juges. Et dégager les sommes correspondantes.

C'est autant de crédits qui n'iront pas à la recherche, à l'industrie, à la défense ou à l'assistance sociale, le contribuable étant déjà privé d'une part importante des fruits de son travail. Avant que le nouveau gouvernement issu des urnes en 2002 décide de combattre l'insécurité, les budgets de la police et de la justice avaient été augmentés de 20 % au cours des quatre dernières années et on avait recruté 20 000 « adjoints de sécurité ». Avec les résultats qui viennent d'être exposés, la loi Guigou ayant exercé ses ravages durant l'année 2001. *Le Figaro* (21 mars 2002 p. 16) en dressait le bilan suivant : « 75 % des infractions ne sont pas élucidées. Le Parquet classe sans suite 33 % des "affaires". Sur le reliquat 25 % font l'objet de procédures "alternatives". En définitive seulement 1, 5 % des infractions commises arrivent devant un tribunal... 20 à 33 % des condamnations à la prison ferme ne sont pas exécutées... En France les trois quarts des prisons sont délabrées, la majorité a été construite avant 1914 et plus de 20 avant 1830... En 1987 Albin Chalandon avait lancé un projet de 13 000 places. »

Après tant de décennies d'erreurs, d'incohérences et d'incurie, les crédits supplémentaires claironnés par le nouveau gouvernement n'auront que des effets limités. De surcroît, la démagogie aidant, l'appareil policier et judiciaire renforcé se révélera impuissant, les assemblées et les médias prêchant l'indulgence en espérant acheter le respect des lois par la magnanimité et le pardon des offenses. C'était le cas hier, il en ira de même demain.

« Le 28 avril 2000, X, dix-huit ans, est interpellé après avoir volé

---

1. Un policier pour 243 habitants alors que l'Allemagne en a un pour 300, et pour 380 en ce qui concerne la Grande-Bretagne.

un scooter et frappé son propriétaire avec une matraque. Remis en liberté il est convoqué devant la justice le 13 février 2001, soit dix mois plus tard. De même, trois auteurs d'« outrages à fonctionnaire » les 1er et 6 juin 2000 sont convoqués les 14 et 28 février 2001. Ce qui crée un sentiment d'impunité chez les voyous et de frustration chez les policiers et magistrats (*Le Figaro Magazine*, 17 novembre 2001). « Je suis las de voir les délinquants venir me narguer devant la brigade dès leur sortie du bureau du juge », déclare un gendarme interrogé après que, comportement inimaginable, les gardes républicains refusèrent de présenter les armes lors de la répétition d'une cérémonie, à l'Élysée. Autre témoignage d'un policier des Hauts-de-Seine : « Le Parquet de Nanterre a fait remettre en liberté deux voyous à l'origine de l'agression, à Suresnes, de quatorze personnes âgées, dont l'une se trouve dans le coma. Nous venions pourtant de les arrêter, avec le produit du vol » et plus loin : « Nous ne pouvons arrêter que les fauteurs de troubles pris en flagrant délit, le couteau ou la batte de base-ball à la main [...] c'est la loi [...] les petites frappes ont vite appris qu'il leur suffisait de se débarrasser de leurs armes... »

Protestent plus vigoureusement les victimes les plus visées : les convoyeurs de fonds (dix-neuf tués), les conducteurs des compagnies de transport, les agents de la SNCF, les professeurs, les médecins, les pompiers. « Ces faits ne sont pas liés au chômage. Dans les zones de non-droit, il y a des offres d'emploi mais les « jeunes » sachant leur impunité préfèrent le trafic de drogue, les vols, les agressions. Il faut refondre l'ordonnance du 2 février 1945 à la philosophie éducative. Il faut créer une loi antiémeute réprimant la seule présence au milieu d'une bataille de rue. [C'est] l'échec avéré de notre modèle d'intégration » (Georges Fenech, ancien patron de l'Association professionnelle des magistrats, *Le Figaro*, 19 février 2001).

Limitée à la France, unique objet de cette étude, l'insécurité qui y est grandissante, aurait au moins quatre causes principales :

– L'« air du temps ». Inégales en intensité, sporadiques, mais récurrentes, les manifestations de violence n'en sont pas moins mondiales. La France y a sa part. Amplifiant les écarts de fortune, aggravant l'inégalité des ressources naturelles locales, les techniques contemporaines permettent, par l'image partout répandue des comparaisons visuelles entre les conditions d'existence des peuples et aussi fournissent les moyens de déplacement à ceux qu'anime la quête du « mieux-vivre ». Ainsi sont légitimés et facilités les exodes de population. De surcroît, l'image violente est propice au commerce. Aussi est-elle généralisée par le film et la télévision[1]. Sa banalisation donne à penser qu'elle ne représente pas un monde virtuel mais bien réel et les esprits simples peuvent en inférer qu'il est naturel de la pratiquer, ne serait-ce que dans le cadre usuel de l'explicite « lutte pour la vie ». Nul ne conteste, aujourd'hui, l'influence de la violence télévisée sur l'extension de la violence dans la vie.

– Le « choc des civilisations » ou, plutôt, la superposition d'une civilisation sur une autre, « l'étranger » dérangeant l'autochtone installé de longue date dans ses mœurs et contraint de s'accommoder d'une manière de vivre différente. Celui-ci, instinct animal, défend son territoire et le patrimoine de ceux dont il honore les tombes, bénéficiaire d'un héritage qu'il entend protéger. Celui-là, l'arrivant, déraciné, démuni, souffre d'être en quelque sorte quémandeur et ne sait comment se faire admettre. Dans la grande majorité des cas, par les services rendus mais, aussi, il arrive qu'il y renonce et en vienne à l'exaction et à la violence. Le dépeuplement de la France – en symbiose avec celui des autres pays européens – a pour conséquence d'associer l'attirance qu'exercent encore ses richesses avec le souci de repeupler le vide spatial qu'elle crée par ses faibles taux de natalité. D'où une contradiction entre l'appel à l'étranger et la difficulté d'en supporter les mœurs.

– La « construction européenne » se révèle déterminante quant à la faculté que devrait avoir la France d'assimiler les immigrants. Il a été signalé, dans les pages précédentes, l'antinomie entre la marche de la France vers la disparition de l'État et la provincialisation de son territoire – avec les carences en matière d'autorité qu'elles impliquent – et la considération qu'elle devrait inspirer aux émigrés généralement ressortissants de pays fortement structurés et le plus souvent soumis à un régime autoritaire. Rien de commun avec la puissance d'intégration des États-Unis, souverains, surpuissants, au rayonnement mondial.

– Enfin, les institutions de la Ve République – qui ont permis l'autodestruction de la Constitution et accéléré le déclin national – reposent sur un chef d'État élu au suffrage universel et qui ne peut accéder à la présidence qu'en faisant assaut de démagogie. Loin de conduire les destinées du pays, il est à l'écoute des humeurs – variables – de l'électorat afin de recueillir ses suffrages. Les

---

1. Efficace instrument d'information et d'enseignement, la télévision présente l'inconvénient de substituer l'impression à la réflexion et au raisonnement. L'image a un dangereux pouvoir d'imposer des convictions successives amputant le jugement nécessaire pour fixer la hiérarchie des événements dont elle rend compte. L'imprimerie avait étendu le savoir, la télévision amplifie la connaissance, mais en surface, dans le même temps qu'à l'inverse de l'écrit elle la limite en profondeur.

« affaires » qui ont marqué les septennats successifs, depuis la disparition du général de Gaulle, n'ont guère inspiré aux immigrants le respect des lois de la République.

C'est beaucoup demander qu'une assimilation rapide. Certes, la majorité des immigrants s'efforce de s'insérer dans cette société nouvelle, d'en adopter au moins partiellement le mode de vie et d'honorer un juste échange entre leur contribution à l'activité du pays d'accueil et les bénéfices qu'ils en retirent en matière de liberté, de sécurité, d'acquis socio-économiques.

Il n'en demeure pas moins que là n'est pas la solution humaine et politique au problème des migrations. Dans le cas des pays européens et face à ceux d'Afrique, elle réside dans la mise en valeur des terres d'où partent les migrants afin d'y fixer la population en l'aidant à accéder au moins à une modeste aisance, vécue en état de liberté et de respect de la personne humaine.

Annexe H

Absurde et coûteuse décentralisation

La décentralisation administrative et politique – nous l'appellerons la DAP – a pour objet d'affaiblir davantage encore l'État et de diviser la nation. Elle est une des armes de la « construction européenne » visant l'asservissement de la population aux lois du marché... Elle obéit aux injonctions de la Commission de Bruxelles, aux démarches sournoises de Berlin sur la régionalisation et, plus généralement, aux ambitions de Washington en ce qui concerne l'Europe « dé-étatisée », terre de bons consommateurs.

La DAP répond aussi à l'attente des politiciens auxquels elle offre de fructueux débouchés régionaux. Les populations l'approuvent, y voyant le moyen de satisfaire plus aisément leurs revendications locales.

En revanche, la DAP prive l'État des ressources indispensables aux grands travaux d'intérêt général qu'il est seul en mesure d'entreprendre. Et qu'il a entrepris quand il était souverain, par exemple durant la période 1956-1958 (voir l'Introduction). Elle émiette le produit du travail de l'ensemble de la population, n'autorisant plus que des aménagements locaux et la réalisation de modestes projets d'intérêt régional. À ce titre, d'ailleurs, elle fait vivre la population au-dessus de ses moyens réels, à la fois par ce qu'elle coûte en strates administratives supplémentaires et par les dépenses que celles-ci entreprennent pour justifier leur existence.

Décentralisant les ressources financières, la DAP décentralise également les « dérèglements » dont le siège du gouvernement de la Ve République dévoyée avait en quelque sorte le monopole puisque là étaient à la fois le pouvoir et l'argent. Les élus ont des besoins financiers que n'ont pas, eux, les fonctionnaires, si bien que ces derniers veillent mieux que les élus aux intérêts de la population, d'autant qu'ils n'ont pas à faire assaut de démagogie. D'ailleurs, la question se pose déjà avec les attributions des Chambres régionales des comptes, emplâtres supplémentaires créés par les lois Deferre de 1982 afin de contrôler l'emploi des fonds décentralisés et d'éviter la gabegie inhérente aux transferts des compétences de l'État aux pouvoirs régionaux.

Mais, surtout, dans le monde tel qu'il est et tel qu'il a de grandes chances d'être demain, la décentralisation administrative et politique est, en France, un archaïsme dangereux et coûteux. Un archaïsme face aux moyens techniques existant et, à fortiori, à ceux qu'il est aisé de prévoir, et cela face aux exigences de la « construction européenne » s'efforçant de ravaler la France à l'état de province de l'empire européen qu'elle entend mettre sur pied, face également à la mondialisation des échanges où il est inapproprié et même stupide de fractionner les ressources de la nation pour satisfaire des ambitions locales alors que le poids de la nation tout entière se révèle indispensable.

Qu'au XVIIe siècle le gouverneur de la Provence, par exemple, eût de vastes attributions politiques et administratives était une obligation. Il fallait des semaines de chevauchées pour relier le pouvoir royal central au pouvoir local. La puissance de l'État, l'allégeance totale au souverain, l'abaissement des « Grands » excluaient déjà le retour à la fragmentation féodale et cette décentralisation forcée ne mettait plus le royaume en péril. Aujourd'hui, Marseille est à quatre heures de Paris, le téléphone et Internet assurent des liaisons instantanées, le télétravail et la vidéo communication se généralisent si bien que la décentralisation administrative et politique est un retour, non seulement aux siècles du cheval mais elle concourt à la désagrégation d'un État déjà en évanescence.

Ardent avocat de la décentralisation politique et administrative, Patrick Devedjian[1] en convient bien involontairement lorsqu'il écrit : « D'une manière générale, ce sont les monarchistes qui voient dans la redistribution de pouvoirs au profit des anciennes provinces l'occasion d'une revanche et d'une consolation de leur échec national. »

Archaïsme face à la « construction européenne »? Non, mais plutôt un procédé des « européistes » – et des dirigeants allemands, s'activant à parcelliser la France – pour hâter l'« intégration » du pays dans le magma européen en éliminant ce qui lui reste encore

---

1. « Décentralisation : la force d'un peuple libre », *Le Figaro*, 2 octobre 2002, p. 16.

ANNEXES 251

d'autorité nationale. Afin de paraître respecter la volonté populaire, la DAP sape celle qui aboutit au gouvernement de la nation et lui substitue la somme disparate de celles qui s'exercent sur des fractions du territoire. Quoi de plus démocratique, disent les thuriféraires de la décentralisation, et plus particulièrement les petits potentats gérant chacun une portion du territoire en absorbant une part des ressources de la collectivité, quoi de plus démocratique que ce pouvoir plus proche des citoyens, répondant à leur attente ? Fût-ce au détriment des dépenses engagées au profit de l'ensemble de la population pour lui fournir l'énergie, l'infrastructure, la sécurité intérieure et extérieure, l'enseignement, la représentation sur la scène internationale, l'avenir scientifique et technique, bref pour exprimer matériellement et culturellement le rayonnement d'un peuple façonné par des siècles d'histoire commune. D'ailleurs, ces potentats créés par la Ve République en quenouille ont déjà amorcé le processus de désagrégation nationale en s'adressant directement à Bruxelles – qui les y encourage – sans passer par Paris, pour solliciter la manne communautaire destinée, elle aussi, à fractionner la nation. Le cas de la Corse, tout caricatural qu'il soit, laisse présager ce que sera le territoire français « décentralisé ». Éloquente est l'« expérience corse » : on s'y réunit cagoulés et solidement armés pour tenir des « conférences de presse », on assassine et l'on incendie, on exige et l'on obtient du pouvoir central de coûteuses faveurs au profit des auteurs de graves délits et, comme le disait en substance M. Talamoni, « pourquoi s'adresser à Paris alors qu'à Bruxelles, j'obtiens ce que je demande ? ».

Face à la mondialisation des échanges et aux rigueurs sociales des lois du marché, l'affaiblissement de l'État aura des effets désastreux. Ce sont toutes les ressources du pays, à la disposition d'un pouvoir unique qui peuvent seules permettre de défendre les intérêts de la population et, certainement pas le potentiel de chaque région tout au plus capable de créer des musées et des maisons de retraite, de faire construire des ronds-points sur le réseau routier et, surtout, d'organiser des festivités électoralement payantes. Les potentats régionaux réclament, tout naturellement, de plus vastes responsabilités... et l'obtention des ressources correspondantes. « Expérimenter peu, transférer beaucoup », titrait Gérard Longuet, un des prébendiers de la DAP[1]. Les présidents des vingt-deux régions veulent presque tous une légitimité plus grande, fournie par le suffrage universel – scrutin proportionnel à un tour assorti d'une prime majoritaire afin de

---

1. *Le Figaro*, 3 octobre 2002, p. 15.

diriger plus aisément leur assemblée régionale –, ils entendent que la formation professionnelle leur incombe, voire l'enseignement supérieur « long », la (juteuse) faculté de construire des universités et des logements pour les étudiants. Il leur reviendrait également la création d'un environnement compétitif pour les entreprises, la responsabilité des grandes liaisons routières et, avec l'État et les communes, gérer la culture, entretenir le patrimoine, promouvoir les loisirs et le sport car, en Ve République dévoyée, le ludique est devenu une activité politique. Pour exercer ces diverses fonctions, des ressources nouvelles sont nécessaires. À la collectivité de les fournir. On divisera par vingt-deux (vingt-six avec l'outre-mer) celles que leur alloue l'État. Sans s'inquiéter de ce que signifie cette division, le président de la région Champagne-Ardennes, M. Claude Étienne, voit large[1]. « La vocation des régions est de prendre en charge un domaine d'action cohérent comprenant le développement économique, la formation professionnelle, les lycées, les bâtiments universitaires, et la recherche. » Les sommes que l'État peut allouer à la recherche sont déjà notoirement insuffisantes. On imagine, ce que serait, en France, l'état de la recherche si les modestes crédits dont elle dispose étaient divisés par vingt-deux et l'on se demande ce que pourraient entreprendre les « chercheurs » régionaux avec d'aussi piètres moyens. C'est mettre en évidence une des coûteuses absurdités de la décentralisation administrative et politique. Le président du Sénat en serait-il conscient, bien qu'il en soit un chaud partisan, puisqu'il est opposé à un référendum destiné à entériner la réforme constitutionnelle – une de plus – décidée par le gouvernement ? En réalité, M. Christian Poncelet redoute une abstention massive. En revanche, une réunion des assemblées en congrès rassemblerait aisément une majorité favorable à la DAP. Les parlementaires ont tout à gagner de ce nouveau « fromage » qui leur est offert en partage. Au train où vont les réformes constitutionnelles, tout se passe comme si les représentants du peuple s'efforçaient d'affaiblir l'État en le faisant dépendre de Bruxelles – « par le haut » – et, demain, des pouvoirs régionaux « par le bas ». Ces pouvoirs régionaux comptent de si nombreuses strates qu'en définitive une large fraction de la population serait composée de citoyens détenant chacun une parcelle de pouvoir, créant, en France, une cacophonie politique et administrative générale. De multiples centres de pouvoirs limités dans une France au pouvoir central anémique.

---

1. *Le Monde*, 24 septembre 2002, p. 14.

Ce n'était pas encore le cas lorsque le général de Gaulle soumit au référendum (le 27 avril 1969) un projet de loi référendaire portant sur « la région », encore que les événements de mai 1968 ne devaient pas être étrangers aux idées exprimées dans l'exposé des motifs du projet de loi : « Il s'agit donc partout où des hommes sont ensemble pour vivre ou pour travailler, de rendre leurs rapports plus humains, plus dignes, par là plus efficaces. Il s'agit que chacun, là où il fournira son effort, ne soit pas un instrument passif, mais participe activement à son propre destin... Ce que le bon sens exige donc, et au premier chef, c'est que la participation prenne place là où se déterminent les mesures qui concernent la vie des Français. Sur ce sujet capital, il est proposé, tout en gardant nos communes et nos départements, d'organiser notre pays en régions qui seront, en général, nos anciennes provinces mises au plan moderne, ayant assez d'étendue de ressources, de population, pour prendre leur part à elles dans l'ensemble de l'effort national ; d'introduire aux côtés des élus, dans le conseil où chacun traitera de ses propres problèmes, les représentants des catégories économiques et sociales, d'en faire ainsi, localement, les centres nouveaux de l'initiative et de la coopération et les ressorts du développement. »

Déjà, en mars 1968, à Lyon, le général de Gaulle annonçait la réforme : « L'effort multiséculaire, qui fut longtemps nécessaire à notre pays pour réaliser et maintenir son unité malgré les divergences des provinces qui lui étaient successivement rattachées, ne s'impose plus désormais. » Le Général n'imaginait pas les ravages exercés par le virus Jean Monnet et la « construction européenne ». Il se croyait à la tête d'un État fort alors qu'il vacillait déjà. La décentralisation lui fit peut-être office de bouée de sauvetage. Car, faisant implicitement allusion à la révolte de 1968, le Général avait terminé son allocution ainsi : « Par la force des choses et des *actuels événements*, le référendum sera, pour la nation, le choix entre le progrès et le bouleversement. Car c'est bien là l'alternative. »

Personne n'ignore plus la part de l'étranger dans la genèse et le déroulement des événements de mai 1968. Les firmes d'outre-Atlantique finançaient *L'Express* et les campagnes de J.-J. Servan-Schreiber contre de Gaulle, la CIA entretenait de ses subsides les publications de Raymond Aron, qu'il s'agisse de la revue *Preuves* ou des articles qu'il publiait dans *Le Figaro*. De son côté, l'Allemagne ne devait pas être indifférente aux acerbes critiques des chroniques que signait Alfred Fabre-Luce dans *Le Monde* qui avait largement ouvert ses colonnes à l'auteur – en 1942 – d'une *Anthologie de la Nouvelle Europe*. Fabre-Luce y expliquait que « la France avait été vaincue par la puissance spirituelle d'Adolf Hitler »... « un rêve : l'humanité faisant surgir d'elle-même, une race de dieux [...] ce rêve, un homme d'action, Adolf Hitler, a entrepris de le réaliser... » Ainsi, la presse, aux ordres de l'étranger, avait préparé les émeutes de 1968 et indirectement conduit le général de Gaulle à une réforme constitutionnelle qui, rejetée par la population, décida de son départ. En novembre de la même année, la satisfaction de Franz Josef Strauss rapportée dans les pages qui précèdent ne laissait aucun doute sur le soulagement éprouvé par nos « partenaires » à l'annonce de la démission du Général. De nos jours le projet de décentralisation politique et administrative comble leurs vœux... comme l'immigration incontrôlée qui répond à l'attente du général Wesley Clark, s'étonnant que la France ne soit pas davantage multiethnique et multiconfessionnelle.

En 1969, le projet de décentralisation soumis au référendum était déjà fort ambitieux. L'article 6 du texte officiel énumérait comme suit les compétences de la région : « équipements sanitaires et sociaux, équipements culturels et monuments historiques, équipements scolaires du premier et second degré ; lycées et collèges agricoles, formation professionnelle des adultes, installations sportives et socio-éducatives ; équipements urbains ou interurbains ; ouvrages d'alimentation en eaux et d'assainissement ; routes ; bases aériennes civiles ; installations portuaires, maritimes et fluviales ; voies navigables ; ouvrages de protection contre les eaux et de défense contre la mer ; travaux hydrauliques ; services publics ruraux et améliorations foncières ; aménagements de villages et habitat rural ; équipements des forêts non domaniales ; parcs naturels régionaux ; aménagements touristiques ; constructions publiques autres que celles destinées à des services agissant exclusivement pour le compte de l'État. La région peut, en outre, attribuer des aides publiques à la construction de logements ou participer à des opérations d'urbanisme. » Quant à l'article 11 suivant, il fixait les ressources de la région : produit des impôts transférés par l'État, subventions de l'État, produit des emprunts, revenus du domaine régional, fonds de concours, dons et legs, produits de la vente des biens. » (Pas d'allusion aux impôts locaux toujours perçus par l'État.) Le statut de la Corse était défini par un article spécial, l'article 41, qui stipulait qu'« outre ses propres compétences le département de la Corse exercerait celles conférées aux régions ».

Le général de Gaulle ne s'est pas rendu compte des effets pernicieux de deux des interprétations de la Constitution incluses dans le riche héritage qu'il laissa à la nation : la pratique du « domaine réservé » et la décentralisation, admissibles caractéristiques d'un

État fort. Or, les abandons successifs de souveraineté – qu'il n'aurait jamais consentis – ont fait plus qu'affaiblir l'État, ils l'ont réduit au rôle de figurant. Aussi, la démarche convenait-elle à ses successeurs plus soucieux de se maintenir au pouvoir – fût-il théorique – que de la puissance et de l'indépendance de la nation. François Mitterrand s'empressa de soutenir la réforme de Gaston Deferre qui amenuisait le rôle des préfets, représentant l'État, au profit des élus locaux tout en multipliant les strates politico-administratives, les centres de décisions et en augmentant la paperasse, les coûts... et les malversations. C'était un moyen d'affaiblir la France et il se hâta d'y avoir recours.

« Il faut renoncer à imaginer que la souveraineté se situerait intrinsèquement à un niveau unique (celui de l'État-nation) et serait ensuite parcimonieusement octroyée à d'autres échelles. Un tel schéma a perdu son sens dans un monde où l'État national ne peut plus se présenter comme détenteur d'une sacralité », a écrit le professeur Jacques Lévy[1]. Il ne s'agit pas de « sacralité » mais d'autorité. À l'évidence, la démarche officielle a pour objet de substituer à la souveraineté nationale perdue la souveraineté locale. Puisque la population française obéit à des lois qui n'émanent plus de ses représentants, qu'elle n'est plus libre de gérer ses finances et son économie comme elle le souhaiterait, que sa monnaie obéit à d'autres critères que les siens, que l'étranger « garde » ses frontières et que ses armées servent d'autres intérêts que ceux de la nation, qu'au moins il lui reste la construction des écoles, la gestion des parcs naturels, l'aménagement des routes et, surtout, l'organisation des festivités.

Quant aux autres « échelles » évoquées par le professeur Lévy, elles sont nombreuses et leurs barreaux multiples. Qu'on en juge :
– 36 555 communes en métropole, soit plus de deux fois plus que n'en compte l'Allemagne avec 22 millions d'habitants de plus que n'en a la France, autant de maires et près de 450 000 conseillers municipaux.
– 3 840 cantons et autant de conseillers généraux.
– 325 arrondissements, et pour chacun, un sous-préfet.
– 96 départements (leur préfet et leur administration) accompagnés chacun de son Conseil général.
– 22 régions en métropole assistées, chacune, d'un Conseil économique et social de quarante à cent dix membres, selon l'impor-

---

1. « Ne dépolitisons pas la décentralisation », *Le Figaro*, 2 octobre 2002, p. 13. Ce quotidien publia une série d'articles vantant les mérites de la décentralisation sans doute afin d'être « politiquement conforme ».

tance des régions et d'une Chambre régionale des comptes et leurs six cent quarante magistrats et assistants.

La commune, tout au moins en aussi grand nombre, est une exception française. Longtemps, le pays le plus peuplé d'Europe, à l'exceptionnelle fertilité des sols, principal facteur de la puissance nationale, le travail de la terre y a multiplié les lieux habités. Allant aux champs à pied, voire à cheval, une certaine proximité s'imposait entre l'habitat et l'exploitation agricole. Le moteur a rendu caduque cette exigence et le législateur s'est efforcé de concilier l'héritage du passé et la technicité du présent. La loi Joxe a créé les communautés de communes (1992) et la loi Chevènement les communautés d'agglomérations (1999). Il n'en demeure pas moins que plus de trente deux mille communes de France ont moins de deux mille habitants et que seulement un millier en comptent, chacune, plus de neuf mille. Au cours des deux dernières années, plus de cent communautés de communes ont été créées, notamment dans les grands centres urbains, rassemblant environ une dizaine de millions de citoyens; et vingt-deux mille petites communes se sont associées. En revanche, les budgets des communes, des départements et des régions ont atteint 900 milliards de francs en 1999 et les collectivités locales, pour fonctionner normalement, ont recruté environ 1,5 million d'agents (ce qui ne laisse pas d'améliorer les chiffres officiels du chômage).

On imagine aisément la charge et la complication administrative qui résultent de cette superposition d'organismes différents installés, avec leurs secrétariats, dans les mairies, les mairies-annexes, les hôtels des Conseils généraux, ceux des Conseils régionaux, des Conseils économiques et sociaux, de la Chambre des comptes auxquels s'ajoutent les communautés de communes et d'agglomérations et aussi les « pays » de la loi Voynet[1], au-dessus des cantons; enfin, l'administration préfectorale. Cette énorme machine politico-administrative confine à l'absurde.

Les assemblées ont admis qu'en 2007, les conseillers des communautés de communes, d'agglomérations et des communautés

---

1. Une première loi « d'orientation pour l'aménagement et le développement du territoire » avait été adoptée en 1995 (loi Pasqua) qui devait favoriser un essai de regroupement de communes et de cantons en « pays ». La loi Voynet de juin 1999 confirmera le processus, un arrêté préfectoral définissant le périmètre définitif des « pays ». La France en comptant près de deux cent cinquante en 2002 dont deux cent trente-neuf définis géographiquement. On les dit « espace de cohésion et de concertation supra-communal et cantonal ». Mais ces « pays » attendent, eux aussi, l'attribution de fonds publics et, bien évidemment, l'arrondissement n'est pas supprimé pour autant.

urbaines seront élus au suffrage universel direct. Dans les agglomérations de plus de 50 000 habitants des conseils de quartiers seront rendus obligatoires. De même, dans les communes de plus de 100 000 habitants des mairies-annexes devront être mises à la disposition des citoyens. Afin de désagréger encore un peu plus l'État, les assemblées ont approuvé le projet de loi Méhaignerie étendant à toutes les collectivités territoriales le pouvoir de déroger à la loi commune, l'administration de la France reculant de plusieurs siècles.

Mais la région est le principal instrument de la parcellisation politique du territoire et de la destruction de l'État. M. Marc Laffineur, député de Maine-et-Loire, l'écrivait dans *Le Figaro*[1] : « l'État fixe les principes fondamentaux, les régions prennent les modalités d'exécution adaptées à leur circonscription et les différents ministères n'ont plus de raison d'existence [...] les ministères de l'Équipement, du Logement, de la Culture, du Sport sont à supprimer, le ministère de l'Intérieur s'assurant que les autorités locales appliquent bien les principes généraux posés par le législateur. Ainsi, la France sera plus riche et plus diverse. Elle n'en sera que plus forte. » L'honorable parlementaire feint d'ignorer qu'ayant abandonné toute souveraineté, le « législateur » sera bien en peine de définir les « principes généraux » que M. Laffineur veut bien laisser encore à la charge du gouvernement de la République, ou plutôt de ce qui en tient lieu.

Pour la région, Valéry Giscard d'Estaing demande les mêmes pouvoirs que ceux obtenus par la Corse par l'assassinat et la destruction des bâtiments de l'État[2]. Il estime que la région est la structure dans laquelle les citoyens voient leur avenir. Il rejoint ainsi M. Helmut Kohl qui n'envisageait qu'une Europe fédérale, ses régions et la subsidiarité.

En 1955, déjà, la IVe République avait apporté sa contribution à la création des régions, des « régions de programme » destinées à l'étude du développement économique de la nation et à l'aménagement de son territoire.

La Ve nomma des préfets de région et mit sur pied l'administration correspondante (1964). Et, huit ans plus tard, sous Pompidou, elle devint établissement public, déjà doté d'un Conseil économique et social. Enfin, en 1982 et 1983, les lois Deferre transféreront les

---

1. « Pour des pouvoirs locaux forts », 11 septembre 2001, p. 12.
2. Au cours des réunions de Matignon, en six mois, il y eut soixante et onze attentats. S'y ajoute la destruction d'une perception, de bureaux de l'IFREMER, des tribunaux de Porto-Vecchio, de Corte, des véhicules de police, d'exploitations agricoles, etc. *L'Express*, 22 juillet 2000, p. 18.

pouvoirs du département aux présidents des assemblées régionales. En 1986, afin de légitimer leur autorité nouvelle, les conseillers régionaux ont été élus au suffrage universel direct. La décentralisation a été accentuée en 1992 et en 1996, fixées pour trois ans les dotations de l'État aux collectivités locales.

Lors d'un discours prononcé à Rennes, le président Chirac insista sur la nécessité d'accroître encore les pouvoirs des régions. L'année suivante, le Premier ministre Jospin annonça, à Lille, qu'allait s'ouvrir l'acte II de la décentralisation.

À Colmar, le 26 juin 2001, le président de la République insista à nouveau : « La région, créée en 1972, est la plus jeune de nos institutions locales, elle a besoin d'être confortée. »

Alain Madelin réclama, lui aussi, l'augmentation des attributions des régions et François Bayrou souhaita que la France – ou plutôt le territoire dit français – soit gérée par trois pouvoirs : l'Union européenne (aux compétences régaliennes), les régions et les syndicats intercommunaux. Michel Vauzelle président de la région Provence-Côte d'Azur, veut une « régionalisation à la carte », comme celle octroyée à la Corse, et qui tiendrait compte des besoins des régions en leur assurant leur propre fiscalité. Même revendication en Alsace, M. Adrien Zeller, bon disciple de M. Valéry Giscard d'Estaing, voudrait étendre à toutes les régions les concessions faites à la Corse (il est partisan, en somme, de transformer le territoire français en archipel). M. Jean-Paul Huchon, président de la région Île-de-France, est carrément « régionaliste » : « Je ne veux plus payer des politiques qui ne concernent pas la région. » M. Josselin de Rohan souhaite, lui aussi, de plus larges attributions, notamment en ce qui concerne la culture, l'enseignement, le développement économique, l'aménagement du territoire, la gestion du service public... Et, logique, il chiffre le budget et les effectifs correspondant à cette entreprise de régionalisation élargie qui comprend aussi la protection de l'environnement et du littoral[1]. S'employant à « faire l'Europe » (en « défaisant » la France), le président Giscard d'Estaing renforcerait les pouvoirs des régions en donnant à chacune d'entre elles une plus large assise géographique. Par exemple, en passant de vingt-deux à quatorze ou quinze régions, chacune ayant l'étendue moyenne des *länder* allemands ou proche de celles des régions autonomes d'Espagne. Le président de la DATAR a proposé son « polycentrisme maillé » en réduisant de vingt-deux à six le nombre des régions,

---

1. « Le débat sur la décentralisation s'amplifie dans les régions », *Le Figaro*, 18 janvier 2001.

celles-ci étant fondées sur des ensembles territoriaux naturels, à savoir, le Nord, le Grand Est, le Grand Sud-Est, le Grand Sud-Ouest, l'Ouest atlantique, le Bassin parisien. Ce serait le retour aux grands féodaux, qui, chacun en prise directe avec Bruxelles, n'auraient que faire de Paris. Aucun d'eux ne seraient en mesure de réaliser des projets d'intérêt national (peu importe, il est vrai, puisque la nation n'existerait plus) mais tous relèveraient de Bruxelles conformément aux vœux des « Européens » et de Berlin. Mais, éloquente démonstration de l'abnégation politicienne, même les partisans de la régionalisation ont rejeté le projet de la DATAR, non pas à cause du potentiel de destruction de l'État qu'il recèle, mais parce qu'il y aurait beaucoup moins de postes rémunérateurs à pourvoir.

À sa manière, accompagnant la démarche allemande visant la parcellisation politique du territoire français, l'Union européenne, par ses subsides, consacre la prééminence régionale. La Corse, les départements et territoires d'outre-mer – par exemple la Guyane française – sont dotés par Bruxelles, les autres régions recevant 6 milliards d'euros. En Alsace, M. Adrien Zeller entend percevoir directement les crédits destinés à la région. « Si nous voulons un débat honnête, il faut le dire, dans beaucoup de domaines il faudra aux futurs élus passer d'abord par Bruxelles et Strasbourg[1]. » C'est le cas, et depuis des années. Participant au démantèlement du service public, le parti communiste n'a pas désavoué M. Gayssot ni condamné sa loi dite SRU, transmettant aux régions la gestion des liaisons ferroviaires régionales, les régions choisissant les matériels, les fréquences, fixant les tarifs. On se doute bien que, si la SNCF a renoncé à l'exploitation d'un certain nombre de services ferroviaires régionaux, c'est qu'ils n'étaient pas rentables en raison, notamment, de la concurrence routière... Ce sera, dans les régions, aux contribuables, de s'offrir un luxe que le matraquage fiscal national ne suffisait pas à payer.

L'expérience lancée en 1993 – et six régions ayant relevé le défi en créant sept cent cinquante nouveaux trajets – sera poursuivie par vingt Conseils régionaux sur vingt-deux qui, au total, ont décidé d'investir 10,4 milliards d'euros dans les transports régionaux par voie ferrée. Fournis par des impôts locaux ? Car l'État a diminué les ressources qu'il allouait aux collectivités locales (suppression de la vignette auto, baisse des droits de mutation, suppression de la part salariale dans le calcul de l'assiette de la taxe professionnelle), tout en décentralisant davantage et en augmentant les charges des régions.

---

1. Michel BARNIER, *Libération*, 12 février 2002.

L'exemple de la Haute-Savoie est significatif, les impôts locaux y ayant été majorés de 30,8 %[1].

La Fédération nationale des Travaux publics constate que, dans le chiffre d'affaires de ses entreprises, la part des collectivités locales est passée de 36 à 42 % au cours des vingt dernières années, celle de l'État baissant de 14 % à 8 %. Mais le journaliste[2] qui cite ces pourcentages signale également le malaise des firmes travaillant pour ces collectivités locales : les élus locaux feraient preuve de népotisme, d'incompétence, les inégalités entre les régions seraient parfois dommageables, il existerait un « patriotisme local » puéril, et une concurrence dépourvue de sens entre les territoires. Enfin, l'architecture si compliquée de la suradministration française aboutirait à une confusion des rôles, à un enchevêtrement des compétences. En résumé, la passation des marchés et leur aboutissement sont devenus des courses d'obstacles, coûteuses, stériles, décourageantes pour l'entreprise. Il est vrai que l'administration préfectorale avait le mérite de la compétence... et de l'intégrité.

Au début de l'année 2002, Laurence Chavanne[3] avait eu le mérite de se montrer « politiquement non conforme » en dénonçant les méfaits de la décentralisation politique et administrative. En substance, voici son témoignage : les dépenses des collectivités locales ont augmenté de plus de 30 % en dix ans et aussi les crédits fournis par l'État... La compétition est ouverte entre les nouvelles autorités qui foisonnent : communautés d'agglomérations, syndicats intercommunaux, structures de coopération inter-régionales, et leur armada de fonctionnaires. Cette compétition coûte cher en fonds publics... les chevauchements de compétence créent des débordements. Accentuant les effets de la désorganisation territoriale, le système fiscal est un défi à la logique. La décentralisation a augmenté les différences de richesse moyenne d'une région à l'autre. Et de citer le montant du PNB par habitant des différentes régions soulignant, par exemple, l'écart existant maintenant entre celui de l'Île-de-France (35 946 euros) et celui du résidant en Poitou-Charentes (18 454 euros).

Dans *Le Monde*[4], Béatrice Jérôme n'avait pas caractérisé autrement la DAP : « Les disparités de richesse entre régions se sont creu-

---

1. *Le Monde*, 5 juillet 2002, p. 14.
2. *Le Monde*, 5 mai 2002, p. 17.
3. « Le modèle français en question », *Le Figaro économique*, 9 janvier 2002, p. II.
4. « Les paradoxes de la décentralisation », 20 juin 2000, p. 17.

sées. L'écart de potentiel fiscal, c'est-à-dire de capacité contributive des citoyens entre les départements les plus riches et les plus pauvres a été multiplié par 3 en 20 ans. Le poids des impôts locaux [...] varie de plus en plus selon les régions. Les inégalités sont largement géographiques, au point qu'à la "fracture sociale" s'ajoute, désormais, une "fracture territoriale" [...] le bilan de la décentralisation et de la politique d'aménagement du territoire est, pour le moins, ambivalent... »

Un exemple : une demeure située à soixante kilomètres de Paris, évaluée 300 000 euros, est frappée d'une taxe foncière de 2 100 euros tandis que, pour un appartement à Paris valant 1 200 000 euros, la même taxe est de 1 600 euros.

Mêmes critiques sous la plume de François Grosrichard[1]. « Avec les lois Voynet et Chevènement de 1999, sur l'organisation territoriale, de nouveaux démembrements des cadres traditionnels ont été institués [...] les "pays" viennent faire concurrence aux cantons, les "communautés d'agglomérations" sont présentées comme plus modernes que les communes [...] les dirigeants n'en sont désignés qu'au suffrage indirect par les habitants. Un président de communauté urbaine est plus puissant qu'un maire mais il est moins légitime [...] les spécialistes de droit public soulignent l'enchevêtrement de plus en plus indescriptible des structures territoriales françaises. »

Ce triste constat était précédé d'un texte éloquent, l'auteur s'efforçant de répondre à la question qu'il se posait : « Où va se situer, demain, la légitimité du pouvoir ? L'Union européenne est dirigée par des instances exécutives, législatives, administratives qui, même accusées de bureaucratisme, bénéficient, globalement, dans l'opinion, d'une légitimité communautaire... Et pourtant cette communauté fédérale ou confédérale en devenir qui, par des directives, des communiqués, des règlements, empiète un peu plus chaque jour, sur le droit souverain intérieur de chaque État, est contrariée par la logique économique mondialiste. Les multinationales et les groupes de pression ne connaissent que des rapports de force ou la loi de la rentabilité, contrariant non seulement les règles de droit des différents pays mais celles qu'ils élaborent ensemble, voire les traités déjà conclus : on le voit [...] dans le domaine des ONG, de la sécurité des transports maritimes pétroliers, du commerce des bananes, du blanchiment des capitaux, de l'immigration clandestine. »

---

1. « Communautés du passé, communautés d'avenir, État résiduel », *Le Monde*, 1er septembre 2000, p. 14.

On ne pouvait mieux mettre en évidence le désarroi général et l'incompatibilité entre la « construction européenne », la mondialisation des échanges d'une part et, d'autre part, l'affaiblissement de l'État consécutif à ses abandons de souveraineté, et, à l'intérieur, l'inquiétante superposition de strates politiques administratives, émiettant le pouvoir afin de l'annihiler tout en faisant mine de l'attribuer au plus grand nombre possible de Français.

Même Jacques Attali a évoqué les méfaits de la régionalisation, mais un peu tard, si l'on en juge par les fonctions exercées à l'Élysée au moment où les plus désastreuses décisions furent prises. Dix-huit ans après les lois Mauroy, il a écrit ceci : « Ainsi, sans l'avoir voulu, la régionalisation se révélera comme le principal allié de la pire face de la mondialisation, celle qui détruit les institutions étatiques sans les remplacer par rien d'autre qu'un terrain de conquête pour la criminalité. Ceux qui ont organisé cette médiocre opération pour obtenir les bonnes grâces d'une fraction de terroristes avant l'élection présidentielle peuvent penser qu'ils sauront empêcher de tels débordements. C'est illusoire. Si la réforme de la Corse entre en vigueur, cela en sera fini avec l'exception française. Une exception qui protégea pendant mille ans notre pays de la dictature des minorités, qui est la pire ennemie de la démocratie[1]. » Qu'en pensent les présidents de région réclamant l'extension à toute la France des concessions faites à la Corse, laboratoire de la décentralisation selon certains fanatiques de la DAP ? Sous Mitterrand, gouverner ce n'était pas prévoir.

Dans son message au Parlement du début de juillet 2002, le président de la République avait annoncé la mise en chantier d'une décentralisation d'envergure : « Je souhaite une réforme profonde du titre XI de notre Constitution qui traite des rapports de l'État et des collectivités locales, en métropole comme outre-mer [...] les décisions intéressant nos concitoyens doivent être prises, désormais, au niveau le plus proche des réalités. J'appelle à un grand débat national sur les libertés et les responsabilités locales. » Comme « toutes les décisions intéressent nos concitoyens », c'est dire qu'il leur revient de les prendre, ces décisions, et de gouverner la France (gouvernement à partager, bien sûr, avec la Commission de Bruxelles). La

---

1. « La fin d'une France », *L'Express*, 27 juillet 2000, p. 19. Il est vrai que, pour le gouvernement Jospin acceptant de négocier avec les indépendantistes qui refusèrent de condamner l'assassinat du préfet Érignac, c'était les considérer comme des « patriotes », encourageant les élus alsaciens, basques, bretons, savoyards à réclamer des concessions semblables et aussi parcelliser la France, comme le souhaite l'Allemagne.

semaine suivante le Premier ministre « lançait la décentralisation ». « C'est ma passion », confiait-il aux médias, en ajoutant qu'il ne souhaitait pas que « l'unité de la République fût mise en cause », sans trop se soucier de la contradiction. On procéderait prudemment, par expérimentation : transférer trois ou quatre compétences (gérer le RMI, par exemple, les fonds européens, la construction des aérodromes et des ports) à cinq ou six régions avant de les étendre à toutes les autres.

Après ses abandons de souveraineté et la signature des traités qui l'enserrent dans le carcan européen, la France ne peut plus avoir de politique nationale, que ce soit dans les domaines financier, économique, diplomatique, militaire, industriel, scientifique et même social. (Elle n'est même plus capable, on l'a vu, de fixer elle-même le taux de la TVA de la restauration, activité que ses partenaires consentent implicitement à lui laisser.) Aussi le gigantesque appareil politique[1] qu'il lui faut supporter n'aurait guère l'occasion de s'employer s'il ne lui restait le « charcutage » des institutions et, en répondant à l'attente de la Commission de Bruxelles et de Berlin, le chambardement, en la compliquant coûteusement, de son administration intérieure, à condition, bien sûr, que l'État en sorte encore un peu plus affaibli.

Aussi a-t-il été politiquement fructueux de s'engouffrer dans le seul interstice de liberté encore ouvert à la France même au prix d'y accroître le désordre intérieur et le gaspillage des ressources nationales. C'est à quoi s'emploient le nouveau quinquennat et un Premier ministre « passionné » par l'éparpillement des pouvoirs résiduels d'une France en cours de « provincialisation ». Faute d'être capable d'en envisager une autre, le gouvernement est assuré de plaire à la population, à la Commission de Bruxelles, à ses partenaires et, finalement, au reste du monde satisfait de constater que la France est non seulement « une lumière qui s'éteint » mais que c'est son gouvernement, à la satisfaction des Français, qui manie l'éteignoir.

---

1. Sénat : 321 sénateurs. Assemblée nationale : 577 députés. Assemblée de Strasbourg : 81 députés, tandis que les États-Unis ne comptent que 100 sénateurs et 485 « représentants ». Près de cinq fois plus peuplés, les États-Unis ont deux fois moins de parlementaires. Ajoutons un gouvernement pléthorique avec quinze ministres, onze ministres délégués, douze secrétaires d'État et avec des postes ministériels incongrus tels les secrétaires d'État « aux programmes immobiliers de la Justice », celui du « Développement durable », des « personnes handicapées », celui des « personnes âgées », comme si ces fonctions ne pouvaient être assurées par les directions des ministères correspondants.

Désormais l'article Premier de la Constitution disposera que « l'organisation de la République est décentralisée », la République indivisible étant néanmoins divisée en de nombreuses souverainetés limitées. Du moins mises à part celles, plus consistantes, consenties à l'Union européenne.

Lors d'un colloque consacré à la « République en droit français », les professeurs Debbasch et Roux affirmaient : « Contrairement à l'une de ses acceptions originelles l'indivisibilité de la République ne signifie ni intangibilité du territoire (tout au moins pour les territoires et, sans doute, les départements d'outre-mer) ni uniformité des structures territoriales ou du droit applicable sur l'ensemble du territoire de la République. » Voilà qui réjouirait les « décentralisateurs » s'il n'y avait confusion entre uniformité et droit, d'une part, et exercice de l'autorité, d'autre part. En 1928, Léon Duguit avait écrit, dans un traité de droit constitutionnel : « il résulte de l'indivisibilité de la République qu'aucune collectivité ne peut être investie d'une quote-part de la souveraineté et que le fédéralisme, contradictoire avec la nature même de la souveraineté, est contraire aux principes essentiels du droit public français. » Reste, ainsi que l'écrivait Stéphane Baumont qui rapprochait les deux textes, que la République ne peut pas être plus ou moins divisible[1]. » Et, qu'étant « décentralisée », elle est divisée. La parcellisation de la France et l'émergence de souverainetés locales et limitées ne divisent pas la souveraineté de l'État puisqu'il y a belle lurette que l'État-nation n'est plus souverain. La décentralisation « accentuée » partagera les dépouilles d'une nation qui longtemps fut la première en Europe. Un ancien ministre, Philippe Vasseur, estimant que « l'essentiel, c'est que la décentralisation soit en marche », n'en a pas moins évoqué les inconvénients – en usant de la litote : « La région est devenue un espace majeur dans l'activité politique, économique et même administrative [...] comme aucun des niveaux précédents n'a été, dans le même temps, supprimé, les Français vivent désormais sous un échafaudage de six structures, là où il n'en existait que trois il y a un demi-siècle. Dans cet enchevêtrement de plus en plus complexe, il est parfois difficile de s'y retrouver, de savoir qui fait, ou devrait faire quoi. Surtout cette profusion s'avère coûteuse car plus il y a de structures à faire fonctionner plus il faut d'argent public[2]. »

1. « La République est-elle vraiment indivisible ? », *Le Monde*, 4 août 2000, p. 11.
2. « Trois obstacles à la décentralisation », *Le Figaro*, 7 octobre 2002, p. 14. Et M. Vasseur en parlant de « six structures » ne tient pas compte, vers le haut, de la Commission de Bruxelles et du Parlement européen et, vers le bas, des diverses organisations nouvelles intercommunales et interrégionales, les « bananes » économiques transfrontières.

C'est bien là l'objectif de la décentralisation politique et administrative, en multipliant les sinécures pour politiciens, priver l'État des ressources nécessaires au lancement et à l'exécution des grandes entreprises d'intérêt général : l'énergie, la captation et la distribution de l'eau, l'armement, la prévention des catastrophes naturelles, les transports, l'acquisition et la diffusion de l'information, l'entretien du patrimoine, la recherche scientifique, les grands travaux, etc. – tous les efforts que le progrès impose d'accomplir à une nation qui refuserait le déclin et que l'argent dispersé ne permet plus de réaliser... Vassale de l'Europe, parcellisée, la France sort de l'Histoire, avec un grand « H ». Si elle figurera encore dans l'histoire, avec un petit « h » ce sera celle du tourisme et de la gastronomie.

À l'évidence, face à l'européisation rampante, et surtout, à la mondialisation des échanges, c'est une France centralisée qui aurait été en mesure de défendre les intérêts de ses ressortissants. Le monde étant déjà ce qu'il est, il n'est pas trop de la France entière et relevant d'une unique et totale souveraineté pour en constituer une « région » forte, capable de tenir tête aux empiétements des entreprises multinationales et aux convoitises des grandes puissances. Certainement pas un territoire fractionné, aux multiples potentats démantelant à leurs profits respectifs l'autorité de l'État. Mais la France, à la fois se complaît dans les archaïsmes et saccage sa destinée.

Annexe I

Le domaine réservé...
à l'erreur

La pratique du « domaine réservé » s'est révélée fort dommageable pour la France. Il s'agit, d'ailleurs, d'une interprétation abusive des institutions.

En ce qui concerne la politique étrangère, ce n'est pas l'article 52 de la Constitution du 4 octobre 1958, disposant que « le président de la République négocie et ratifie les traités. Il est informé de toute négociation tendant à la conclusion d'un accord international non soumis à la ratification » qui réserve au chef de l'État la conduite des affaires étrangères de la nation.

Il n'a pas davantage l'exclusivité des questions militaires, autre secteur relevant pourtant du « domaine réservé ». Ce n'est pas parce que l'article 15 précise que « le président de la République est le chef des armées et qu'il préside les conseils et comités supérieurs de la Défense nationale » qu'il lui appartient de conduire, seul, comme il l'entend, la politique de sécurité extérieure du pays. D'ailleurs, comment concilier cette prétention avec les spécifications des articles 20 et 21 de la Constitution où il est dit que le « gouvernement dispose de l'administration et de la force armée et qu'il est responsable de la Défense nationale ». Le titre III des institutions où figurent ces deux articles concerne le gouvernement, donc son chef, tandis que le titre II, qui comprend l'article 15, définit les attributions du président de la République si bien qu'aucune confusion n'est possible quant au sens du mot « gouvernement », nettement séparé de la présidence de la République.

Après une trentaine d'années d'une Ve République en dérive, force est de constater que la politique étrangère et la défense (elle n'est plus nationale) sont l'une et l'autre en triste état, dans une situation plus désastreuse encore que les autres affaires de la nation. Une excuse : « la construction européenne – permanente préoccupation des dirigeants français depuis la fin des années 50, et surtout, après les événements de 1968 – exclut la conduite d'une politique étrangère nationale et subordonne le recours à la force des armes à des intérêts qui ne sont pas seulement français.

Mais le « domaine réservé » exclut également, le plus souvent, la concertation, la consultation des spécialistes et dépend bien davantage des conceptions d'un homme seul. Fût-il averti de l'agencement des affaires du monde, ses décisions contiennent une part émotionnelle, elles résultent de l'expérience mais aussi de l'intuition, des désirs, voire des ambitions d'un homme, avec les risques inhérents à une telle subjectivité.

Même le général de Gaulle, emporté par la grandeur de la tâche qu'il s'était assignée – réconcilier enfin la France et l'Allemagne dans une entreprise visant la paix mais aussi la prospérité, la grandeur, la puissance de chacun des deux peuples –, même le général de Gaulle fut abusé par son interlocuteur allemand. Il faisait toute confiance à Konrad Adenauer avec lequel, en 1958, il s'était entretenu de l'Europe future : « Pour Adenauer non plus que pour moi, il ne saurait être question de faire disparaître nos deux peuples, leurs États, leurs lois, dans quelque construction apatride. » Plus avant au cours du même entretien il lui annonçait son intention de sortir de l'OTAN : « Par-dessus tout l'indépendance politique, qui correspond aux buts de mon pays, lui est indispensable pour survivre dans l'avenir. » Le chancelier allemand était prévenu. Ce qui ne l'empêcha point, dans un grand moment d'émotion, de signer le traité de l'Élysée, le 22 janvier 1963. Mais, au mois de mai suivant, l'Assemblée allemande lui ajouta un préambule qui vidait le texte du traité de l'essentiel de sa substance, du moins pour Paris qui entendait que l'Allemagne se libérât de l'emprise des États-Unis. Furieux, le général de Gaulle reconnut qu'il s'était illusionné sur les intentions réelles de l'Allemagne. « Les Allemands, il faut les envoyer promener, ce ne sera pas la première fois dans l'Histoire [...] si les Allemands veulent se laisser gouverner par l'Angleterre et l'Amérique, qu'ils le disent, qu'ils comptent sur elles pour les défendre[1]. » Le Général ajoutera : « Les Allemands se conduisent mal, ils se mettent complètement à la botte des États-Unis. Ils trahissent l'esprit du traité franco-allemand[2]. » Quinze ans plus tard, confirmant le fameux pré-

---

1. Alain PEYREFITTE, *C'était de Gaulle*, Éd. de Fallois, Paris, 1997, t. II, p. 245.
2. *Ibid.*, p. 270.

ambule, le chancelier Kohl parlant aux cadres de la Bundeswehr leur dira : « Nous ne voulons pas remplacer la sécurité procurée par l'Alliance et l'OTAN par des structures de sécurité européennes autonomes. » Le « domaine réservé » avait été « roulé » par la détermination allemande, comme ce fut le cas de Briand par Stresemann et comme ce le sera lors des dialogues Giscard-Schmidt, Mitterrand-Kohl et Chirac-Schröder.

La pratique du domaine réservé n'a pas mieux servi, sous Georges Pompidou, les intérêts de la France. Lors de son voyage outre-Atlantique il avait cru qu'effectivement ses interlocuteurs, comme ils paraissaient s'y engager, aideraient la France dans les efforts qu'elle déployait pour construire sa force nucléaire de dissuasion. Il n'en fut rien. De même, ainsi que le souligne Philippe de Saint-Robert[1], l'entrée de la Grande-Bretagne « dans le marché commun n'était pas seulement contraire à l'Europe économique et à l'Europe politique, elle empêchait, par le rôle insoutenable de la livre sterling, tout progrès réel vers une union monétaire ». Le président Pompidou avait pourtant « compris une chose essentielle : l'Europe serait d'abord monétaire, ou ne serait pas[2] ». Phénomène économique et politique capital, c'est durant la présidence de Georges Pompidou que le Département d'État réussit à démanteler le système international dit de Bretton Woods et à libérer le dollar de son rattachement à l'or. Les États-Unis devenaient libres d'émettre autant de monnaie qu'ils le jugeraient nécessaire, le nouveau dollar étant gagé sur la prospérité économique de la superpuissance.

Philippe de Saint-Robert a mis en évidence les conséquences d'une politique financière que la France – et ses partenaires européens – acceptèrent sans vouloir se rendre compte de ce qu'il leur en coûterait : « Entre 1967, où la France refusa que les droits de tirage spéciaux fussent autre chose que des titres de crédit, et 1973 où elle accepta qu'ils deviennent une véritable monnaie sans plus aucun rattachement à l'or qu'on démonétise, on peut dire que notre politique, qui était le seul élément de résistance en Europe, aura été un renoncement progressif et résigné (ou complice ?) aux thèses qui avaient assis et entretenu pendant quinze ans notre autorité en Occident et notre crédit dans le monde. *Il s'agit d'un domaine si réservé, si techniquement particulier, que les gouvernements peuvent agir sans le*

---

1. *Le Secret des jours*, Jean-Claude Lattès, Paris, 1995, p. 54.
2. *Ibid.*, p. 153. L'euro a répondu à cette exigence. Mais ses thuriféraires n'avaient pas envisagé qu'il serait rattaché au dollar et que sa valeur varierait en fonction des fluctuations de la monnaie aux États-Unis.

moindre contrôle et noyer leurs actes dans un verbiage d'autant plus savant qu'ils ont des faiblesses à cacher, et tel ministre des Finances, futur président de la République, n'a jamais été aussi lumineux que lorsqu'il expliquait les échecs de sa politique et les capitulations de sa diplomatie[1]. »

Ce futur président de la République n'a pas utilisé le « domaine réservé » avec plus de bonheur que son prédécesseur. À la fois en ce qui concerne la politique étrangère et en ce qui a trait aux armées et à la stratégie militaire du pays.

Ce n'était pas l'intérêt de la France que d'accueillir sur son sol Ruhollah Khomeiny expulsé d'Irak. Prêchant, de Neauphle-le-Château la révolte en Iran, il eut une audience qui lui échappait lorsqu'il résidait en terre musulmane. Le gouvernement français et – derrière lui – « le monde atlantique » paraissaient disposés à renverser le chah Mohammad Reza incitant l'armée – l'Armée de l'air pro-khomeiniste – à rallier la révolution. Au Liban, la France paiera fort cher la politique de Khomeiny contre la présence occidentale et en faveur des mouvements chiites (Hezbollah, ou parti de Dieu) largement financés par Téhéran.

Trois ans plus tôt, voulant sans doute mener une audacieuse politique arabe, le président de la République avait reçu à l'Élysée le vice-président Saddam Hussein. L'accord d'Alger, signé en 1975, par l'Irak et l'Iran avait mis fin au différend frontalier concernant la zone du Chatt al Arab et aussi au soutien que Téhéran fournissait aux Kurdes irakiens en rébellion contre Bagdad, toutes dispositions qui renforçaient le régime baathiste du président de Bakr, cousin de Saddam Hussein. Bien que l'Irak ait participé à la guerre dite du Kippour contre l'État d'Israël (1973), Jacques Chirac se rendit à Bagdad en décembre 1974, sans doute en vue d'y préparer la rencontre de l'Élysée et la signature de fructueux accords de coopération scientifique et militaire. Car, après l'entretien qu'il eut à l'Élysée avec M. Valéry Giscard d'Estaing, le vice-président Saddam Hussein, au cours d'une conférence de presse, déclara que l'Irak serait la première puissance musulmane à détenir l'arme atomique.

M. Jacques Chirac fit visiter au dirigeant irakien les principales installations nucléaires françaises de la vallée du Rhône et la journée se termina aux Baux-de-Provence où, à l'Oustau de Baumanière, un festin avait été organisé. Et, en novembre de la même année, l'accord de coopération scientifique fut conclu qui portait sur la vente à l'Irak d'une première centrale nucléaire et sur la formation com-

---

1. *Ibid.*, p. 157.

plémentaire, par la France, des physiciens et des techniciens irakiens de l'atome. Disposant de vastes ressources en énergies fossiles, l'Irak n'avait pas un besoin pressant d'énergie d'origine nucléaire mais plutôt d'un acquis scientifique utilisable à des fins militaires en dépit de ses engagements vis-à-vis de l'Organisation internationale de contrôle de Vienne sur l'emploi de ses produits de fission. Ce fut donc la France qui, outre ses ventes d'armes classiques, permit à l'Irak de familiariser ses ingénieurs avec la science de l'atome alors que Moscou s'y était refusée. En revanche, à peu près tous les États fabricants d'armes s'empressèrent d'offrir leurs services à l'Irak, de la Grande-Bretagne à la Chine en passant par les États-Unis, la Russie, l'Allemagne, l'Espagne, le Brésil, la Tchécoslovaquie, etc. Après la destruction, en juin 1981, par l'aviation israélienne, de la centrale nucléaire de Tammouz, François Mitterrand proposera à Bagdad de la reconstruire.

Aussi l'engagement de la France aux côtés de l'Irak pour traiter de l'atome à des fins civiles (?) et militaires est indéniable. Le « domaine réservé » en 1975 en eut l'initiative. Ce qui rend inexcusable la participation d'un autre « domaine réservé », celui de François Mitterrand, au bombardement et à la destruction de l'infrastructure de l'Irak en 1991.

Les équipées africaines du président de la République ont également laissé un mauvais souvenir. Qu'il s'agisse des tristes péripéties de la présence française au Tchad (prises d'otages, assassinat du négociateur français, paiement des rançons, interventions puis retrait des troupes françaises, évacuation de leurs ressortissants) ou des facéties du « maréchal » Bokassa, de son couronnement en empereur auquel assista Robert Galley, à l'époque ministre de la Coopération, de l'envoi de parachutistes français lors de l'opération *Barracuda* et la prise de pouvoir de David Dacko installé par les paras français à Bangui.

Les affaires militaires de la France n'ont pas été mieux traitées que celles qui causèrent le malheur du peuple irakien. C'est que le président se réservait un domaine qui lui était totalement étranger. « Lorsque je suis arrivé à l'Élysée, j'ai eu un premier entretien avec le chancelier fédéral allemand, M. Schmidt. Il m'a dit : "Ce qui me frappe le plus dans la situation de la France, c'est l'état de faiblesse de sa défense classique." J'ai compris que cela voulait dire : l'état de faiblesse de la France elle-même », confiait M. Valéry Giscard d'Estaing à deux journalistes du *Figaro* (*Le Figaro* du 12 novembre 1975).

Le président de la République n'avait pas compris que la remarque du chancelier allemand était déplacée, non fondée et qu'en réalité c'était l'état de faiblesse de l'ensemble de l'appareil militaire allemand qui pouvait inspirer quelque inquiétude car les armées allemandes n'avaient de signification qu'à condition que le corps expéditionnaire américain soit déployé sur le sol de l'Allemagne. Sans la présence des forces des États-Unis, une salve d'engins soviétiques eût aisément balayé, en quelques minutes, la totalité des unités classiques allemandes... et sans que Bonn ait eu un moyen de riposte, donc d'intimidation de l'agresseur. C'était par jalousie que s'exprimait M. Schmidt plutôt que par commisération. Le Français a perdu une occasion de « clouer le bec » à l'Allemand. Mais il eût fallu, pour cela, avoir en tête quelques rudiments de stratégie militaire.

En ce qui concerne la sécurité de la France, le septennat avait aussi mal commencé. Dès 1974, le gouvernement avait annoncé la réduction des crédits qui seraient alloués aux armes nucléaires stratégiques et à la marine, deux secteurs militaires qu'à l'époque il eût fallu développer. De surcroît, à la veille de la visite de M. Leonid Brejnev à Paris, en novembre 1974, la présidence de la République décida de renoncer au déploiement des neuf engins balistiques de l'unité de tir qui devait être implantée sur le plateau d'Albion. Étrange faveur qui fut interprétée comme un signe de faiblesse. Et, autre maladresse, le 10 février 1976 le Premier ministre – c'était alors Jacques Chirac – déclara lors d'un discours prononcé devant une assemblée de militaires que l'arme nucléaire dite tactique – en l'occurrence les engins à courte portée Pluton – était une « arme authentiquement » européenne. Autrement dit, Paris la brandirait pour la défense d'un territoire qui ne serait pas la France, déclenchant contre celle-ci des représailles dont elle aurait bien du mal à se relever. Ministre des Affaires étrangères, M. Sauvagnargues s'était empressé de reprendre à son compte la même erreur de jugement : « L'utilisation des fusées Pluton ne pourrait être envisagée que dans le cas d'une attaque de l'Europe de l'Est contre l'Allemagne occidentale. » L'Élysée, Matignon, le quai d'Orsay rivalisaient d'inconséquence.

Alors qu'une nouvelle loi de programmation militaire était élaborée, avec l'accord de l'Élysée, le chef d'état-major des armées exposait ses idées aux auditeurs de l'Institut des hautes études de Défense nationale (IHEDN)[1]. Malheureusement, ces « idées » n'étaient pas exemptes de contradictions. Dans le même temps il écrivait : « Je doute [...] pour ma part que, dans un cas extrême où tout en Europe se serait écroulé autour de nous, la volonté nationale subsisterait d'avoir recours à la menace de destructions massives, même pour assurer notre survie » et il se déclarait partisan d'une « sanctuarisa-

---

1. Le 15 mars 1976.

tion élargie » afin de garantir à la fois l'intégrité du sol national et de permettre à la France d'intervenir en Europe et dans ses approches immédiates y compris le bassin méditerranéen et les approches septentrionales de l'Europe. Ambition bien démesurée puisque, au même moment, la France réduisait le nombre des armes de la sanctuarisation. D'ailleurs, après avoir quitté l'Élysée et avoir souscrit à un pareil programme, M. Valéry Giscard d'Estaing avouera que, si les circonstances l'avaient amené à décider du recours aux armes de destruction massive, il y aurait renoncé. C'était bien la peine de jouer au matamore et de prétendre participer à la défense de la Norvège ou de la Turquie !

Présentant à l'IHEDN la doctrine de sécurité et de défense de la nation arrêtée « après deux années de réflexion », le président de la République avait rappelé qu'il était inscrit, dans le préambule du rapport sur la loi de programme soumise au Parlement, la phrase suivante : « Par leur engagement, soit de façon autonome, soit aux côtés d'autres pays, en particulier dans le cadre de l'Alliance atlantique, les forces aéro-terrestres françaises doivent, *en livrant bataille*, montrer à l'adversaire que la France est décidée à s'opposer à toute agression avec l'ensemble des moyens dont elle dispose. » Livrer bataille... c'était un archaïsme. Il y avait longtemps déjà que l'Alliance atlantique avait substitué l'intimidation de l'ennemi à la bataille entre des armées. En soustrayant ses armes de représailles à la destruction, mesure passive, celles de sous-marins impossibles à localiser, par exemple, la France affichait sa résolution, sans « livrer bataille », formule d'un autre temps. Le chef de l'État ne s'était pas montré meilleur stratège lorsque, en 1978, parlant devant l'Assemblée générale de l'ONU, il avait proposé de s'en remettre aux satellites spatiaux pour contrôler les mesures de désarmement stratégique, objets des discussions américano-soviétiques qui avaient débuté, en 1956, pour aboutir, en 1972, à un premier accord de limitation de ces armements (mais surtout, au renforcement de la dissuasion mutuelle en renonçant au déploiement de systèmes défensifs). Or si, à partir de l'observation spatiale, il est relativement aisé de contrôler le déploiement d'armements traditionnels : dépôts de chars d'assaut, escadres aériennes et navales, il n'en va pas de même avec les armes nucléaires, compactes, de dimensions réduites, redoutables sous la carapace de leur silo ou en plongée sous-marine. La proposition française fit sourire les spécialistes.

En 1958, la Communauté internationale décida d'adopter un droit de la mer, une série de conférences devant en préciser les modalités. En 1976, l'accord avait été conclu, avec l'attribution aux États riverains d'une zone économique exclusive de 200 milles marins. Grâce aux « confettis de l'empire » la France hérita de quelque 11 millions de kilomètres carrés d'océan. La loi du 16 juillet 1976 prit acte de la possession par la France de cet immense domaine maritime. Mais la loi de programme militaire élaborée cette même année, confinant à l'absurde, précisa qu'en ce qui concernait la Marine nationale, il n'y avait rien à changer. Le « domaine réservé » n'avait pas saisi l'occasion de développer une industrie française de la pêche et les chantiers navals correspondants. Le désastre sera consommé un quart de siècle plus tard lorsque l'Union européenne imposera la réduction des activités de pêche dans les eaux européennes.

Bien qu'il ait assimilé le domaine réservé à un « coup d'État permanent », François Mitterrand s'empressa d'y avoir recours. Et avec d'autant plus d'autorité qu'était plus grande son incompétence.

En ce qui concerne les affaires militaires, sa politique paraissait bien arrêtée : la France renoncerait à la force de dissuasion – « c'est un engagement que nous tiendrons », déclare-t-il en 1965 – pour, une fois installé à l'Élysée, proclamer bien haut et bien étourdiment : « La dissuasion, c'est moi. » Alors qu'il était dans l'opposition il vota, et fit voter ses partisans, contre les crédits militaires et, cela, systématiquement. Mais, au pouvoir, il ne cessa d'engager la France dans de nombreuses aventures militaires, lesquelles tournèrent presque toutes au désavantage du pays.

Certes, Mitterrand a hérité des engagements antérieurs de la France en Afrique et des accords de coopération conclus avant qu'il n'accède à la présidence. Au Tchad, ce furent en 1984-1985 l'opération *Manta* et, en 1986, l'opération *Épervier*, soutien fourni à Goukouni Oueddeï, qui s'était d'ailleurs rapproché de Hissène Habré, l'ex-rebelle toubou qui fit assassiner Pierre Galopin.

En 1996, à la suite d'une révolte militaire, des forces françaises furent dépêchées à Bangui, en Centre-Afrique, y rétablir – temporairement – l'ordre, les coups d'État se succédant et la France ayant cédé la place à l'ONU avec sa mission des Nations unies en République centrafricaine (Minurca).

Lors de la guerre entre l'Irak et l'Iran (1980-1988), la France s'était résolument rangée aux côtés de Bagdad, comme d'ailleurs l'Arabie Saoudite et le Koweït, préférant le sunnisme, voire la laïcité affichée par l'Irak, au chiisme iranien. Probablement inspirateurs de cette guerre, les États-Unis soutenaient également l'Irak, rejoignant l'Union soviétique pour s'opposer au khomeinisme. Paris livra une trentaine de *Mirage* F1 à Bagdad et, en 1983, M. Mauroy décida de prélever 5 *Super Étendard* – capables de lancer des engins air-mer *Exocet* – sur les maigres disponibilités de l'Aéronavale française afin que l'aviation irakienne puisse s'en prendre au trafic des pétroliers iraniens passant par le détroit d'Ormuz. Et même après que les Irakiens eurent utilisé des armes chimiques contre les Kurdes ralliés à la cause iranienne, Paris maintint d'étroites relations avec Bagdad.

Mais, en 1990, ce fut la volte-face. On devait bien savoir, à Paris, que le 25 juillet 1990 l'ambassadeur des États-Unis à Bagdad, Mme Avril Glaspie, avait tenu des propos ambigus lors d'un entretien avec Saddam Hussein. Et que, quelques jours plus tard, à Washington, le porte-parole du Département d'État avait déclaré en substance que si les Irakiens s'attaquaient au Koweït ou aux Émirats arabes unis, les États-Unis n'auraient pas à intervenir. Rapprochés des propos très amicaux pour l'Irak tenus au cours du semestre précédent par le président George Bush, et aussi des cessions massives d'armement des puissances occidentales et de l'URSS, ces déclarations incitèrent probablement l'Irak à envahir le Koweït, création artificielle de la Grande-Bretagne, détachée de l'Irak lorsqu'il était ottoman, afin de s'assurer une escale sur la route des Indes. C'est sans doute en tenant compte de l'ambiguïté de la situation politique dans cette région du monde que François Mitterrand proclama d'abord qu'un embargo économique, et « rien qu'un embargo », devait sanctionner la mainmise irakienne sur le Koweït. Mais, deux semaines plus tard, le président de la République envoya le porte-avions *Clemenceau* avec, à bord, des hélicoptères d'attaque au sol dont la mission correspondait davantage à une intervention armée contre l'Irak qu'à un blocus économique. Oubliant que la France avait armé et surarmé l'Irak, lequel en échange lui assurait un solide ravitaillement en pétrole, Mitterrand décida finalement de se joindre à la coalition avec l'envoi de vingt mille hommes (la Division *Daguet*, sept cents blindés, soixante avions de combat et une quinzaine de navires de guerre). Ce fut, malheureusement, bien davantage une démonstration de faiblesse qu'une démonstration de force. Elle provoqua l'« appréciation » sévère du professeur Sullivan (dans le mensuel *Strategic Review*) citée précédemment. Mais, surtout, « la contribution » française fut initialement placée sous commandement saoudien, États-Unis et Grande-Bretagne s'associant pour former le « noyau dur » des coalisés... Puis, tenant compte de l'« équipement léger » des formations terrestres françaises, le général Schwarzkopf leur assigna une « mission d'enveloppement » loin à l'ouest, qui les éloignerait de la zone des grands combats. Il confia ce plan à une petite mission de civils français venue le rencontrer à Moscate, à la veille du début des opérations, mission dont les membres éprouvèrent quelque amertume en entendant ce discours.

Selon l'Élysée, la participation de la France à la coalition anti-irakienne avait eu pour objet d'« assurer notre place à la table des négociations » sur la situation au Proche-Orient qui suivrait la victoire des États-Unis. La Conférence se réunit à Madrid, mais Paris n'y fut pas invitée. De surcroît, la France s'associera pendant plus d'une décennie au blocus économique de l'Irak, responsable de plus d'un million de morts. Et l'on n'entendit pas s'élever la voix du « domaine réservé » protestant contre les bombardements quasi hebdomadaires de cette malheureuse population.

Pas heureuse, non plus, la participation française à la force multinationale créée en septembre 1982 pour s'interposer entre les combattants israéliens, chrétiens, musulmans qui s'entretuaient au Liban. En septembre 1983, les Druzes s'en étaient pris aux chrétiens du Chouf, massacrant plus d'un millier d'entre eux, détruisant leurs églises et leurs villages. Et, le mois suivant, deux attentats au camion piégé, l'un devant le quartier général des troupes américaines (241 morts) et l'autre véhicule s'attaquant à l'hôtel *Drakkar*, tuant cinquante-huit parachutistes français. Américains, Britanniques et Italiens se retireront du Liban trois mois plus tard, les Français suivront en mars 1984. D'ailleurs, les affaires du Proche-Orient se traiteront désormais sans la France.

La série de ces maladroites et coûteuses interventions militaires comporte aussi la dramatique guerre des Grands Lacs, les puissances occidentales ayant créé toutes les conditions d'un affrontement entre Hutus et Tutsis qui, auparavant, vivaient à peu près en bonne intelligence. Et cela jusqu'en 1959, la Belgique renonçant à soutenir ses protégés tutsis minoritaires au profit des Hutus majoritaires. Formant en Ouganda voisin un Front patriotique du Rwanda, les Tutsis partirent à la conquête du pouvoir dans leur pays tandis que la France se substituait à la Belgique défaillante prenant parti pour les Hutus. Ici, est reprise l'anecdote significative qui figure dans un ouvrage précédent[1]. « Alors que les coalisés organisaient le blocus de l'Irak, le président Mitterrand et son état major se trouvaient à bord d'un bâtiment de la Marine nationale lorsqu'y fut reçu un message radio du général Juvénal Habyarimana, l'homme fort du Rwanda. Il s'agissait d'une demande d'assistance technique. Ayant pris connaissance du message, le président de la République se tourna vers l'amiral

---

1. Pierre M. GALLOIS, *La France sort-elle de l'Histoire ?*, L'Âge d'homme, Paris, 1998, p. 144.

Lanxade, chef d'état major des armées : "Envoyez deux bataillons", ordonna-t-il. Présent, Jean-Pierre Chevènement, alors ministre de la Défense, intervint, suggérant de saisir les Nations unies, voire l'Organisation de l'unité africaine, plutôt que d'engager la France dans un conflit dont les événements survenus en 1959 et 1960 avaient démontré le potentiel de menace qu'il recelait... Chef des armées, le président de la République réitéra son ordre, "domaine réservé" oblige. » On connaît la suite et où conduisit le sombre engrenage d'hostilités qui firent des dizaines de milliers de morts, l'exode de millions d'Africains...

Un an plus tard, nouvelle et gigantesque bévue de la présidence de la République dépêchant le ministre des Affaires étrangères à l'Assemblée nationale pour y déclarer que le « parti avait été pris d'une mutation fondamentale vers une entité supra-nationale, la France – c'est-à-dire M. Mitterrand – était déterminée à jeter les bases d'une Union à vocation fédérale ». C'était bien plus qu'une bévue, un acte de forfaiture ; rien, constitutionnellement, n'autorisait le président de la République à modifier lui-même et seul les institutions et à renoncer à la souveraineté de la nation. Engagé dans les voies de l'erreur, le « domaine réservé » n'allait pas en rester à l'acte de forfaiture. Dans la foulée, ce furent la signature du traité de Maastricht et le 17 décembre 1991 la soumission au *diktat* allemand violant la Constitution yougoslave en imposant la reconnaissance de l'indépendance de la Slovénie et de la Croatie, un grand dessein de l'Allemagne, qui allait mettre les Balkans à feu et à sang.

Souscrivant aux arguments des « intellectuels » français, autoproclamés « philosophes », le président de la République accueillit à l'Élysée Alija Izetbegovic dont les généraux britanniques qui avaient servi dans les Balkans démontrèrent dans leurs rapports officiels et dans leurs écrits postérieurs qu'il faisait tirer sur les siens et sur les militaires de la force d'interposition pour ensuite faire accuser les Serbes du forfait. François Mitterrand, et aussi Édouard Balladur alors Premier ministre, le savaient mais ils firent mine de l'ignorer afin de complaire aux États-Unis qui cherchaient à renforcer en ex-Yougoslavie un second État musulman.

En février 1994, Alain Juppé insistant auprès de lui, François Mitterrand feignit de croire que la destruction du marché de Markalé, à Sarajevo, était l'œuvre des Serbes pour avoir un prétexte de faire appel aux États-Unis afin qu'ils s'engagent militairement dans les Balkans. Comme il fallait s'y attendre, ils prirent en main l'ensemble de la politique et des opérations balkaniques et les contingents des pays européens passèrent sous leur commandement. Cette nouvelle bourde du « domaine réservé » a mis en évidence la faiblesse des alliés européens. À la Conférence de Dayton les délégués français firent, pratiquement, antichambre si Paris fut autorisée à jouer les maîtres d'hôtel, puisque le traité y fut signé.

C'est en France, également, à Rambouillet, que le gouvernement français, honteusement, couvrit les manœuvres de Madeleine Albright imposant à la délégation serbe des exigences absolument inacceptables pour justifier l'agression de Belgrade par l'OTAN, agression à laquelle le « domaine réservé » crut bon de faire participer à la France.

Qu'a-t-elle gagné à la dislocation de la Yougoslavie, État fédéral qui témoignait de ses victoires sur l'Allemagne ? Que lui rapporte le renforcement de l'Albanie dont les États-Unis avaient besoin pour disposer, à terre, de combattants capables d'en découdre avec les Serbes ? Et a-t-elle intérêt à la création avec la Bosnie-Herzégovine d'Izetbegovic d'un autre État musulman, dans les Balkans, accélérant ainsi leur islamisation ? Fallait-il qu'après s'être associée à Washington pour détruire de fond en comble l'allié irakien et suivre les États-Unis et l'Allemagne dans leur entreprise balkanique, qu'elle bombarde le plus fidèle allié qu'elle ait eu dans cette région d'Europe ? Comment le « domaine réservé » a-t-il pu conduire à une politique étrangère autant dénuée de sens et si contraire aux intérêts de la France ?

L'annexe D dresse le bilan d'une aussi désastreuse politique militaire, également œuvre du « domaine réservé. » De Maastricht à Nice en passant par Amsterdam et le pacte de stabilité, la politique étrangère de la France, depuis le traité de Troyes, n'a jamais été aussi funeste pour le pays. Ses adversaires, en 1420, avaient exploité la débilité mentale de Charles VI. Un précédent ? Sous la Ve République dévoyée deux mandats présidentiels et demi ont été exercés par deux grands malades. Et le « domaine réservé » l'a été, avec eux.

Annexe J

Les fiascos
de la Ve République

Ils sont nombreux les fiascos de la Ve République et les pages précédentes en ont évoqué un bon nombre. Dans l'espoir de contribuer à en éviter les répétitions, cette annexe en rappellera quelques-uns parmi les plus notoires. Nombreux, certes, ces fiascos, mais ils sont aussi de toute nature.

Dévoyée, la Ve République fit fiasco en politique, en diplomatie, en économie, en administration, mais également dans le domaine de la finance, de la culture, de la santé, de l'alimentation, des sciences et des techniques et, surtout, dans celui de la morale. Les quatre premiers échecs qui viennent d'être cités ont été traités dans les cinq chapitres de cet essai. Restent les sept autres et, malheureusement, la liste n'est pas exhaustive.

Le scandale du Crédit lyonnais – car c'en est bien un – figure en tête des fiascos financiers français. Dix ans après l'« affaire », on sait que le sauvetage de la banque coûte près de 100 milliards de francs que, d'une manière ou d'une autre, le contribuable doit payer. En plein accord avec le ministre de l'Économie de l'époque, le président du Crédit lyonnais s'était aventuré dans des prises de participation douteuses, en manifestant des ambitions qui excédaient de beaucoup sa perspicacité financière. La leçon n'aura pas été comprise puisque des entreprises encore à demi nationales se sont engagées dans la même voie, avec des résultats aussi désastreux. La mésaventure de France Télécom en témoigne.

En somme, se voulant des émules de Bill Gates, exaltés par les perspectives qu'ouvre la mondialisation des échanges, encouragés par un gouvernement désireux de se délester de son fardeau industriel et commercial et de se montrer bon élève de l'école libérale, les présidents des entreprises à participation mixte – État et actionnariat privé – se sont lancés à la conquête du marché européen, voire mondial, sans avoir l'expérience nécessaire. Entre autres, ce fut le cas de France Télécom achetant Orange et NTL britanniques et Mobil Com allemande. Aujourd'hui, NTL dépose son bilan et Mobil Com est en faillite. On apprend, mais un peu tard, qu'il était peu sage de faire confiance à l'imprévisible président de Mobil Com et aussi que les achats de ces firmes ont été payés des sommes très excessives : 20 milliards d'euros pour Orange et 8 milliards pour NTL. L'aventureuse stratégie du président de l'entreprise se révéla fort coûteuse : dès la fin de l'exercice 2001, les pertes atteignaient 8,2 milliards d'euros. Ainsi qu'il l'a été rapporté dans un chapitre précédent, France Télécom a vendu la moitié de son patrimoine immobilier, mais en demeurant locataire de ses anciens bureaux, ce qui ajoute à ses pertes, en loyers, une dette de près de 5 milliards d'euros. Bien que détenant 55 % du capital de l'entreprise, l'État s'est désintéressé des dangereuses ambitions du président-directeur général, sans doute parce que nommé par l'Élysée, il fallait le ménager. Silence des administrateurs et du ministre de tutelle. En période d'euphorie boursière, il est vrai, l'action avait atteint 219 euros pour se « replier » à 7,65 euros le 1er octobre 2002, la dette de France Télécom approchant 70 milliards d'euros[1]. Que faire ? Céder encore d'autres actifs imprudemment acquis, mais réduire encore les recettes... augmenter le capital, l'État versant des milliards d'euros – qu'il n'a pas – pour conserver à sa participation le même pourcentage et, dans le même temps, ruiner les actionnaires en dévaluant structurellement leurs actions ? Et qui, dans l'état actuel du marché, pourrait s'aventurer à rependre une entreprise si lourdement endettée ? Solution évidente : ajouter cette dette à celle de l'État, au bon cœur des contribuables !

Fiasco également, celui d'Alcatel, mais d'un autre ordre. Voisin cependant pour l'actionnaire : en 2000 l'action a dépassé 90 euros mais en septembre 2002 elle valait 2,5 euros. En sept ans, entre 1995 et 2002, la direction de cette entreprise a licencié plus de 65 000 collaborateurs, ouvriers, techniciens, ingénieurs, chercheurs... Et le 26 juin 2001, son président, Serge Tchuruk, déclarait : « Nous souhaitons être, très bientôt, une entreprise sans usine. » Et pour commencer Alcatel vendra la moitié de ses usines. Qu'est-ce à dire ? On ne produit plus, on recherche, on invente, on vend des idées, des

---

[1]. Les actionnaires-salariés de France Télécom ont perdu les quatre cinquièmes des sommes investies dans l'entreprise et cela après d'importantes pertes l'année précédente.

brevets. Et s'il existe des acquéreurs, l'on spécule sur le marché mondial ? Ou bien, d'autres produiront. Là où la main-d'œuvre est plus docile et beaucoup moins coûteuse les idées seraient transformées en biens d'équipement ou de consommation, créant un commerce assez rémunérateur pour justifier le recours à l'idée. Mais qu'en est-il, alors, du rôle social de l'entreprise ? Politiquement conforme, aujourd'hui, le libéralisme s'en moque.

C'est sans doute porté par les succès mondiaux de la Générale des Eaux (qui aurait dû être nationalisée, le traitement et la distribution de l'eau étant un service public) que Jean-Marie Messier a satisfait une boulimie d'acquisitions diverses et fait de Vivendi une entreprise à la fois gigantesque et fragile. En France, outre Vivendi environnement et l'édition, ne détenant que Canal + et 44 % de Cegetel, le marché américain devait passer pour seul capable d'offrir des activités à la mesure des ambitions du personnage. Et ce furent les prises de participation dans la chimie (DuPont), l'édition (Houghton Mifflin), et les acquisitions (pour 34 milliards de dollars) de Seagram Co, ses studios cinématographiques Universal, les parcs de loisirs Universal Theme Parks, la musique, avec Universal Music Group, la communication : les studios de télévision de USA Networks payés 14,4 milliards de dollars, enfin, 10 % du capital de Echo Satellite Service. – La démarche était démesurée et politiquement maladroite, les Français se voyant « satellisés » en matière de communication et de « culture » par les États-Unis et les Américains acceptant mal cette intrusion des Français dans leur domaine « culturel » et ludique. La sanction a été quasi immédiate : bien que le groupe ait enregistré 56 milliards de dollars de recettes en 2001, il a subi le choc des moyens de communication en crise, avec 18 milliards de dollars de dettes, et la chute des actions de l'entreprise, celles-ci perdant 80 % de leur valeur en deux ans. En vendant une large part des « actifs » bien trop audacieusement accumulés, Vivendi pourrait effacer sa dette mais la conjoncture n'est guère favorable, les grands repreneurs éventuels, tels Murdoch et Kirch, étant eux-mêmes en difficulté. Il reste que le sort des actionnaires n'est pas enviable, en particulier celui de quelque 170 000 salariés.

Le Monde du 4 octobre 2002 titrait une très significative enquête : « Les actionnaires salariés ont perdu 29 % de leurs avoirs en 2002[1]. » Et à la suite on pouvait lire : « Selon notre enquête qui porte sur 1,68 million de salariés actionnaires de quarante sociétés cotées à la Bourse de Paris, la valeur de leur portefeuille moyen a diminué de

---

1. Adrien DE TRICORNOT, Martine PICOUET, p. 18.

29 % depuis le début de l'année... En 2002 la baisse a été concentrée autour d'Alcatel, de Vivendi Universal et de France Télécom [...] la déconfiture de Bull fait tomber le portefeuille moyen de ses salariés de 5 141 à 608 euros[1]. » Ajoutons à ce sombre tableau la chute des actions d'Air France (50,08 %), d'Orange (51,57 %), de Péchiney (52,55 %), de Saint-Gobain (44,33 %), de Pinault-Printemps-Redoute (56,47 %), de Thomson Multimédia (50,43 %), de Wanadoo (41,39 %). La situation de l'actionnariat est à rapprocher des rémunérations par les stock-options des dirigeants de ces entreprises. Les fonctionnaires, lorsqu'ils dirigeaient les entreprises de l'État, ne pouvaient prendre aucun risque et coûtaient beaucoup moins à la collectivité, à la fois par leur gestion et par la modicité de leurs émoluments. Les augures de l'économie avaient affirmé que la mondialisation allait ouvrir à tous de fructueux marchés... que les privatisations devaient libérer les entreprises du carcan de l'État... que l'euro protégerait les pays de l'Union européenne des crises américaines... et même qu'ils en bénéficieraient. Autant de prédictions chimériques.

La désastreuse gestion des affaires de la France par les dirigeants de la Ve République dévoyée les a amenés à brader le patrimoine national pour assurer les « fins de mois ». La « droite » (Chirac-Balladur-Juppé) a vendu pour 39,4 milliards d'euros d'entreprises publiques et la gauche pour 31 milliards.

La braderie ignore les missions de service public et même les exigences de la défense de la nation. Le gouvernement Jospin n'a pas hésité, ainsi qu'on l'a vu dans l'annexe D, à liquider l'Aérospatiale, à passer à profits et pertes l'avion *Rafale* et à perdre délibérément le marché des avions de combat qui, grâce à Dassault, était mondial. Reste à passer au « privé », à ses profits, ses turpitudes et ses coûteuses aventures, Air France, Renault, EDF, GDF, La Poste, la SNCF, la RATP, etc. faisant dépendre ces activités de service public des lois du marché et, le plus souvent, de participations financières étrangères en mettant pratiquement un terme à l'emploi public en France. C'est un grand fiasco de la Ve République dévoyée.

---

1. « EDF a investi un montant record de 7,9 milliards d'euros dans des acquisitions et des prises de participation diverses. » *Le Monde* du 29 mars 2002, p. 23 démontre qu'en Amérique latine et en Europe « ces acquisitions, même si elles présentent des activités saines et des exploitations bénéficiaires, génèrent plus de pertes que de gains ». De là à soupçonner que les pays cèdent leurs entreprises en difficulté au délire expansionniste français...

Autre fiasco, l'extension, la généralisation de la corruption de la classe politique. Thomas Ferenczi voyait juste lorsqu'il écrivait : « [...] les conditions de la corruption, notamment en France, se sont accrues depuis un quart de siècle – de l'internationalisation des mouvements de capitaux à la décentralisation du système politique –, l'affaiblissement de l'État rend plus fragile le sens du service public[1]. »

Le libéralisme économique affaiblissant l'État et imposant aux populations les lois du marché a réuni certaines conditions – pas toutes – de la confusion entre la loi et la circulation de l'argent. Dans les pages précédentes a été rappelé le classement – plus ou moins objectif tant il est difficile à établir – de Transparency International plaçant la France au vingt-troisième rang de la déplaisante hiérarchie de la corruption. Derrière la France précédée dans l'Europe des Quinze des dix plus vertueux, se situent la Belgique, le Portugal, l'Italie et la Grèce.

Considérable est l'écart entre les mœurs politiques sous la IVe République et celles qui sévissent en Ve République dévoyée. Pour deux raisons essentiellement. Premièrement : l'État n'avait pas démissionné et il était prestigieux de servir la IVe République. Aujourd'hui, les abandons de souveraineté ont transformé l'État en une « machine » que font tourner Bruxelles, Washington et Berlin et qui n'embraie sur rien, ou presque. Aussi, devient-il normal de l'exploiter à des fins personnelles. L'État n'étant plus souverain ne représente plus la souveraineté du peuple français, c'est-à-dire qu'il n'a plus l'onction des citoyens et le respect qu'elle inspire. Servir l'État était un honneur qui suscitait le mépris de l'argent. Deuxièmement : paradoxalement, la mobilité ministérielle, si décriée, présentait l'avantage de décourager les tentatives de corruption. Non seulement il n'était pas concevable que les serviteurs de l'État les admettent mais la brièveté de leur mandat ministériel n'eût pas permis qu'ils répondent à l'attente des corrupteurs, si bien que ceux-ci n'existaient pas. Quant aux « abus de biens sociaux », ils ont été fort peu nombreux. En les énumérant par ordre alphabétique, pour des hommes politiques tels que Bidault, Boulloche, Bourges-Maunoury, Marie, Mendès France, Michelet, Moch, Pinay, Pineau, Pleven, Queuille, Ramadier, Robert Schuman et Maurice Schumann, et bien d'autres encore moins en vue politiquement, la probité allait de soi.

Ces hommes politiques exerçant peu de temps la même fonction ministérielle, la continuité de l'État était assurée par les hauts fonc-

---

1. « La France est-elle un pays corrompu ? », *Le Monde*, 7 avril 2002.

tionnaires. Et ceux-ci se montraient en général plus passionnés par leur mission que par l'amélioration de leur situation personnelle.

De surcroît, la mobilité ministérielle avait, en compensation, l'avantage d'associer au chevet de l'État l'homme politique et les grands commis de l'État. Ceux-ci, ne briguant aucune fonction politique, n'avaient pas à faire assaut de démagogie. Ils présentaient aux politiques des solutions techniques à leurs problèmes et les ministres choisissaient celle qui leur paraissait la mieux adaptée aux circonstances. Ces grands serviteurs de l'État, ce furent les Dautry, Delouvrier, Guillaumat, Rueff, Yrissou... Grâce à eux et au dévouement à la chose publique des hommes politiques, la IVe République sut relever les ruines de la guerre, surmonter quelques-unes des terribles conséquences de la défaite et démarrer, dès 1955, les « vingt glorieuses ».

Au cours des trente dernières années, en revanche, la vie politique de la nation a été entachée d'une série quasi ininterrompue de scandales financiers. La quête d'argent pour le financement des partis politiques, chacun d'eux disposant d'un imposant appareil administratif, d'ailleurs rendu nécessaire par la stabilité ministérielle, les combinaisons franco-africaines, les ventes d'armes, la conquête des marchés et les subsides discrets qu'elle implique, le sport, enfin, ont été les occasions d'une inadmissible confusion entre l'argent du service public et la rémunération personnelle. Au cours de la décennie 80, la décentralisation administrative, décentralisant les ressources de la nation, a étendu à la province les pratiques délictueuses qui avaient cours au sommet de l'État. Et les « affaires » surgirent à Angoulême, Béthune, Bordeaux, Cannes, en Corrèze, à Grenoble, Istres, Levallois-Perret, Lyon, Nice, Toulon et aussi au Conseil régional d'Île-de-France et au Conseil général des Yvelines, pour ne citer que les entorses à la loi que révélèrent les médias.

À l'Élysée, le frelaté ne déplaisait pas à François Mitterrand. Ceux qui, autour de lui, prenaient quelques libertés avec la loi avaient ses faveurs. Par leurs agissements, ils justifiaient ses propres incartades et les « abus de biens sociaux » qu'il pratiquait afin que son entourage profite au maximum des ressources de l'État. Partisan du « coup d'État permanent », il agissait en monarque, confondant les biens de l'État et les siens, ceux de sa famille et de ses fidèles, puisant dans les premiers au profit des seconds. Les Français ne lui en tinrent pas rigueur puisqu'ils le réélirent. Ils voyaient dans son comportement un exemple venu d'en haut donnant licence, à ceux d'en bas, d'en faire autant. Faute d'avoir pratiqué une politique de la famille qui eût freiné le déclin démographique de la nation, la présidence a su faire bénéficier sa famille des largesses de l'État. Aujourd'hui, ce n'est plus un ministère qui se présente aux suffrages de l'Assemblée mais des « familles ministérielles », l'épouse, et parfois la progéniture s'installant sous les lambris dorés de la République. À sa manière la Ve dévoyée pratique une politique de la famille. À l'échelon ministériel seulement.

Ici, peut se placer une anecdote destinée à alléger un discours sévère et attristant. Patrice Pelat, fidèle parmi les fidèles de François Mitterrand, était également une relation de travail. Bon camarade, au brillant passé de résistant à l'envahisseur, chaleureux, et certainement dévoué en amitié, il ne fardait ni ses pensées ni la valeur de l'indulgence que lui témoignait le président de la République pour lequel il manifestait gratitude et attachement. Un jour, en veine de confidence, il me dit : « Tu es c... toi, tu paies des impôts... mon fric est au Liechtenstein et, si le ministère des Finances me relance, je le dis à François... un coup de fil et on me fiche la paix... je te donne le tuyau... » J'ai cru qu'il s'agissait d'une plaisanterie et que mon interlocuteur avait inventé cette fable pour s'amuser tout en démontrant la place importante qu'il occupait à l'Élysée. Depuis, je ne doute plus, il disait la vérité. D'autant que l'on sait que François Mitterrand fit acheter par une société nationale – au prix demandé par Pelat – la firme Vibrachoc alors en difficulté financière. Ce sont les mœurs et coutumes de la Ve République dévoyée. Il n'est guère possible que la France y survive.

Ça compte, dans la vie d'un peuple, un tel fiasco moral.

Étudiant les systèmes de santé respectifs des pays membres, l'Organisation mondiale de la santé (OMS) avait placé la France à la première place. L'étude portait sur l'état sanitaire général de la population, la qualité des soins, l'assistance médicale fournie par la collectivité aux patients. Les pays européens figuraient en tête de classement et la France au premier rang. Le système fonctionne et, à juste titre, les Français y sont attachés. Mais il coûte fort cher – 10 % du produit intérieur brut – et la dépense annuelle augmente bien plus vite que la fortune nationale. Il faudra réformer et, pour le faire, aller à l'encontre du sentiment populaire. Un *Carnet de santé de la France*, publié en 2000, avait démontré que le système français était « à bout de souffle ». Et, dans les pages précédentes, figurent les déclarations du professeur Debré relatives à la dégradation du système hospitalier, les ministres responsables s'étant peu souciés des conséquences du vieillissement de la population et du surcroît des dépenses de santé qu'il exigerait.

Manifeste a été la carence gouvernementale face aux grands maux visant la santé et la vie des citoyens. C'est ainsi, par exemple, que l'on connaît depuis plus d'un demi-siècle les dangers inhérents au travail et à l'emploi de l'amiante. Or, en moyenne, chaque année, entre 1945 et 1975, l'industrie du bâtiment en utilisait 100 000 tonnes. Et ce n'est qu'en 1997 que le gouvernement se décida à l'interdire. Après que plus d'une centaine de milliers de travailleurs eurent inhalé des fibres d'amiante et contracté de graves maladies pulmonaires.

En 1996, à peine installé à l'Élysée, le nouveau président de la République avait déclaré que, d'ici la fin de l'année, l'université Jussieu serait « désamiantée ». Six ans plus tard, les travaux sont loin d'être achevés[1].

En revanche, le 4 juillet 2002, la Chambre d'instruction de la cour d'appel de Paris a décidé d'un non-lieu général dans l'affaire du sang contaminé[2]. Pourtant, il y eut 4 000 contaminés, dont 1 300 hémophiles, 600 d'entre eux sont morts. En 1985, attendant de disposer d'un test français, les dépistages du Sida au cours des dons de sang avaient été retardés et des poches de sang contaminé néanmoins distribuées aux patients durant plusieurs mois (entre mai et octobre 1985).

Les familles des victimes ayant déposé de nouvelles plaintes devant la Cour de justice de la République – créée en 1993 – pour complicité d'empoisonnement, ont été mis en examen Laurent Fabius, Edmond Hervé et Georgina Dufoix, ces deux derniers ministres de la Santé successifs. À un tel niveau, le non-lieu s'imposait avec, toutefois, une sévère critique du comportement des deux ministres : « faible implication personnelle dans le dossier du sang contaminé et de la transfusion sanguine », pour Mme Dufoix, et « comportement étrangement apathique de M. Edmond Hervé ». La décision de juillet 2002 a provoqué les violentes réactions des victimes. Le président de l'Association française des transfusés, M. Olivier Duplessis, « constate qu'après quinze ans d'enterrement on essaie de faire un tour de passe-passe et ce tour est dramatique. Demain les grands scandales sanitaires et alimentaires ne seront pas réprimés. Cela va être dramatique pour les Français que la justice n'ose pas faire son travail quand les gens puissants sont en cause ».

En 1986, le gouvernement a délibérément caché aux Français les

---

1. La Fédération française des sociétés d'assurances estime qu'au cours des vingt prochaines années, les victimes de l'amiante vont coûter à la collectivité entre 8 et 10 milliards d'euros (*Le Monde*, 26 juin 2002, p. 20).
2. « Sang contaminé : prévenus soulagés, victimes en colère », *Le Figaro*, 5 juillet 2002, p. 7.

conséquences, sur le territoire national, de l'explosion de la centrale nucléaire de Tchernobyl[1]. Installé deux mois auparavant, le gouvernement de Jacques Chirac avait déclaré, par la bouche du ministre de l'Agriculture, que « le territoire français, en raison de son éloignement, a été totalement épargné par les retombées de radionucléides consécutives à l'accident de la centrale de Tchernobyl ». Or, une Commission de recherche sur la radioactivité s'étant portée partie civile, le juge d'instruction a saisi, à Matignon, le compte rendu d'une réunion interministérielle du 16 mai 1986 sur lequel figurent d'inquiétantes notes manuscrites relatives à des relevés de contamination, des valeurs de plus de deux mille becquerels[2] avaient été trouvées dans le lait. « Nous avons des chiffres qui ne peuvent pas être diffusés », était-il inscrit sur cette note. Aujourd'hui, des plaintes ont été déposées par deux cents malades atteints du cancer de la thyroïde.

Ce fut également en 1986 que Londres révéla officiellement le premier cas d'encéphalopathie spongiforme bovine. Deux ans s'écoulèrent avant que les Britanniques interdisent l'alimentation animale à l'aide de farines produites à partir de déchets crus de bovins. Ce n'est qu'en juillet 1990, quatre ans après la découverte du premier cas de « vache folle », que la France interdit l'alimentation des bovins par ces farines animales, mais elle demeura licite pour d'autres animaux entrant dans la chaîne alimentaire tels les porcins, tandis que l'on découvrit que la maladie de la vache folle pouvait être transmise à l'homme. Non seulement la Grande-Bretagne exporta les farines qu'elle interdit chez elle mais, en France, sous certaines pressions, des dérogations furent accordées pour l'importation de ces produits nocifs. « La courbe d'importation des farines d'outre-Manche ne fléchit qu'à partir de 1996 (dix ans après la découverte du premier cas de vache folle) alors qu'elles sont officiellement interdites pour les bovins à partir de 1990 et, dès 1993, pour tous les ruminants », écrit Marie-Christine Tabet[3]. En 1990, un collaborateur d'Élisabeth Guigou, après un entretien avec Henri Nallet, alors ministre de l'Agriculture, rédigea à l'intention du futur ministre de la Justice une note qu'il concluait ainsi : « Notre intention n'est pas de prolonger le processus d'interdiction mais de trouver une solution qui rassure au maximum les consommateurs, nul n'ayant intérêt à un

---

1. « La justice enquête sur la gestion de la crise de Tchernobyl », *Le Monde*, 20 mars 2002, p. 12.
2. Bruxelles avait diffusé une note demandant qu'au-dessus de six cents becquerels le lait ne soit pas consommé.
3. « Vache folle : les victimes attaquent l'État », *Le Figaro*, 27 novembre 2001, p. 10.

effondrement des cours dans l'ensemble du Marché commun. » Un rapport d'un inspecteur général des Finances mettra directement en cause le gouvernement : « Les autorités responsables, qu'elles soient communautaires ou nationales, ont tardé à prendre des mesures nécessaires ; la transposition des mesures communautaires, notamment à la suite du marché unique, n'est pas exempte de critiques. Au niveau français, la coordination à l'intérieur du ministère de l'Économie [...] a été insuffisante, la coordination entre Économie et Agriculture a aussi été insuffisante. » Les carences de l'Union européenne, celles créées par les accords de Schengen ont amplifié les atermoiements du gouvernement français. On connaît l'ampleur du désastre humain et animal auquel elles aboutirent.

Atteinte par la maladie de Creutzfeldt-Jakob, Pascale Fachin avait reçu plusieurs injections de préparations réalisées à partir d'hypophyses prélevées sur des cadavres, cela dans le cadre d'un traitement par hormones de croissance. Elle est morte en juin 2001 et sa famille intente un procès. Selon *Le Monde*, on compterait actuellement quatre-vingt-un décès dus au traitement par hormones de croissance[1].

Après les bovins, les porcins. Cette fois, le scandale alimentaire a les Pays-Bas pour origine. Une hormone de synthèse préparée à partir de résidus de produits pharmaceutiques, provenant d'une société irlandaise relevant d'un laboratoire américain, aurait déclenché une maladie dont souffriraient les porcs. Cette hormone de synthèse, selon La Haye, a déjà approvisionné sept mille exploitations d'un pays exportateur de porcs. Les Pays-Bas ont exporté quinze mille tonnes d'aliments contaminés vers la France et l'Espagne, la Belgique et l'Allemagne[2]... C'est beau, l'Union européenne ! C'est réjouissant, la suppression des frontières ! Après le fiasco politique, le fiasco diplomatique, le fiasco industriel et le fiasco militaire, le fiasco sanitaire a exercé ses ravages.

« En trente ans, la pauvreté a doublé dans le monde », titrait *Le Figaro économique*[3]. (Encore une réussite de la mondialisation des échanges et du libéralisme économique triomphant.) Ce n'est heureusement pas le cas en France, depuis des siècles considérée comme un pays riche. Mais une étude de l'Institut national de la statistique, en date du 6 mars 2002, laisse entendre qu'entre 1996 et 2000 le

---

1. « À Montpellier, le premier procès de l'hormone de croissance », *Le Monde*, 23 mai 2002, p. 10.
2. « Un scandale alimentaire menace dans onze pays européens », *Le Monde*, 18 juillet 2002, p. 4.
3. Du 19 juin 2002, p. III.

pourcentage de la pauvreté[1], a été à peu près stable, intéressant plus de 7 % de la population. « Mais, si l'on se concentre sur les indications relatives à la situation budgétaire des ménages, on constate une inflexion plutôt défavorable du niveau de vie de ces ménages, entre 1997 et 2001[2] ». L'Observatoire national de la pauvreté est plus sévère : « Il y a 5 ans, 7 % des ménages, représentant environ 4,2 millions de personnes, disposaient de ressources inférieures au seuil de pauvreté. Cette proportion n'a pas varié ». « Depuis 1997, la croissance n'a pas fait reculer la pauvreté », affirmait Le Monde du 23 mars 2001. Au contraire, elle progressait chez les « jeunes ». La France de 1970 comptait 5,5 % de pauvres ayant moins de vingt-cinq ans et 3,9 % compris entre vingt-cinq et vingt-neuf ans. Ces pourcentages sont devenus, en 1997, respectivement 19,7 % et 8,9 % de la population vivant au-dessous du seuil de pauvreté. La rédactrice de l'article ajoutait : « Comme, par ailleurs, les conditions de travail, en France, se sont considérablement dégradées, surtout depuis le début de la décennie 1990, avec la montée du chômage, la progression du temps partiel non choisi et des emplois précaires, les salariés peu qualifiés sont de plus en plus nombreux à vivre au-dessous du seuil de pauvreté. » Aussi le nombre d'allocataires du Revenu minimum d'insertion a-t-il augmenté car 6 % des travailleurs sont, en fait, pauvres. Les uns n'ont que des emplois précaires, et ils alternent entre le chômage et le travail, d'autres ont des contrats faiblement rémunérés, d'autres encore n'obtiennent que des contrats à durée déterminée à temps plein, voire à temps partiel et ces diverses situations intéressent plus de 2 millions de personnes. Par centaines de milliers ont été créés des emplois fictifs, dépourvus de tout avenir mais permettant de publier des statistiques réconfortantes. Enfin, près de 90 000 personnes sont sans domicile fixe, la moitié d'entre elles étant hébergées dans des centres spécialisés. Et on en compte 10 % qui n'ont aucune ressource, les autres devant subsister avec moins de 400 euros par mois. Chaque année mille ou deux mille sans-abri supplémentaires font appel, à Paris, au SAMU social. « Plusieurs milliers de personnes – plus de 5 000 – en Île-de-France se seraient installées dans un logement sans droit ni titre[3] » (les parlementaires

---

1. Le seuil de pauvreté est défini comme étant la moitié du niveau de vie médian, soit 3 500 francs pour une personne, 5 250 francs pour un couple, et 1 050 francs par enfant. Soit, encore 7 350 francs pour un couple ayant deux enfants.
2. L'INSEE estime que le taux de pauvreté a baissé en 2001 mais relativise ses conclusions (Le Monde, 8 mars 2002).
3. Le Monde, 2 octobre 2002, p. 13 et 17 août 2001.

qui ont approuvé les accords de Schengen pourraient être invités à héberger ces malheureux).

En 2000 déjà, les Restaurants du cœur avaient distribué à plus d'un demi-million de bénéficiaires cinquante-huit millions de repas et, au fil des ans, le nombre des personnes ainsi assistées augmente régulièrement. « La situation des personnes à la rue est devenue intolérable [...] les efforts des associations humanitaires, des travailleurs sociaux et des institutions pour que les sans-abri sortent de l'urgence [...] sont gravement compromis parce que les personnes sans papiers n'ayant aucun droit viennent grossir le nombre des gens de la rue, et y restent, prises au piège, livrées au travail clandestin, aux trafiquants en tout genre. »

En « accueillant » la misère du monde, la France accroît celle des siens. La précarité, autre fiasco de la Ve République.

Quant au chômage, au sein des Quinze, la France occupe une place « moyenne », loin derrière les petits pays qui maîtrisent mieux l'emploi, mais devant l'Italie, la Grèce et l'Espagne. Et, cela, en dépit du très coûteux « traitement social du chômage ». « En quatre ans la dette de la France a augmenté de 1 000 milliards de francs », avait annoncé le président de la République en juillet 2001. Les trente-cinq heures destinées à « partager le travail » ont exigé l'allégement des charges des entreprises, lequel aurait coûté à l'État 71 milliards en 2000, pour atteindre 93 milliards en 2001 et 105 milliards en 2002[1] si bien qu'« en 1999 et 2000 la France s'adjugeait le record historique des prélèvements obligatoires ».

Au mois d'août 2002, le nombre des chômeurs supplémentaires avait augmenté de 7,9 % en une année, soit un total de sans-emploi officiels de 2 273 000. Les indulgentes normes du Bureau international du travail permettent de fixer à 9 % de la population active le taux de chômage en France. L'hebdomadaire *Marianne* publie, périodiquement, un baromètre du chômage où figurent également les « chômeurs officieux », ceux qui n'ont que des emplois à temps partiel, ou qui ont été placés en préretraite et aussi ceux qui bénéficient de stages de formation, au total, en mai 2002 : 2 027 505.

Ajoutés aux « officiels », les « officieux[2] » forment une armée de

---

1. « La baisse du chômage n'a pas comblé le retard français », *Le Figaro économique*, 17 juillet 2001, p. IV.
2. Éducatrice depuis 1998, Khadra arrive en fin de contrat en juin 2003. « Après cinq ans de bons et loyaux services, on nous met dehors de manière brutale. On est des bouche-trous », dit-elle. Les enseignants accentuent la pression après le succès de leur grève. L'embauche de Khadra permettrait des chiffres trompeurs sur le chômage (*Le Monde*, 19 octobre 2002).

sans-travail ou à travail « limité » de plus de 4,2 millions, doublant le pourcentage officiel. Et il est vraisemblable que la suppression des frontières et la délocalisation auxquelles incitent l'élargissement de l'Union européenne et la mondialisation des échanges aggraveront encore le non-emploi en France. Il faudra bien payer les conséquences du traité de Maastricht, fiasco majeur de la Ve République.

L'enseignement en est un autre. En 1994, l'Organisation de coopération et de développement économique (OCDE) avait pris l'initiative d'une étude générale des résultats obtenus par les élèves d'une trentaine de pays. Pour la France, le verdict s'était révélé fort sévère : « 40 % des jeunes Français ne maîtrisaient pas suffisamment bien l'écrit pour se "débrouiller" dans la société et ils étaient des illettrés[1]. » Vexé, le ministre de l'Éducation nationale (nationale, c'est beaucoup dire) avait renoncé à subir une nouvelle enquête de l'OCDE, créant une certaine tension entre Paris et l'OCDE.

En décembre 2001, l'OCDE a rendu publique une nouvelle enquête, réalisée auprès de 265 000 jeunes gens, âgés de quinze ans, et de vingt-deux nationalités différentes. L'Australie, l'Autriche, la Belgique, la Finlande, la Corée, la Grande-Bretagne, l'Irlande, le Japon, la Suède figurent en tête du palmarès bien au-dessus de la France qui ne distance que la Pologne, la Grèce, le Portugal, l'Espagne, l'Allemagne et l'Italie. Et si l'on compare la performance scolaire au prix de revient de l'enseignement par élève, seuls l'Italie, la Norvège, les États-Unis et le Danemark dépensent plus et font moins bien. Selon l'OCDE, les grands vainqueurs sont les Finlandais, les Japonais et les Coréens, ces derniers obtenant le meilleur « rendement » en matière de coût-efficacité de leur système éducatif respectif. « La France pour laquelle 4 673 jeunes, issus de près de deux cents établissements, ont subi les tests – se situe dans la moyenne des pays participants, en matière de compréhension de l'écrit et de culture scientifique. En mathématiques, les jeunes Français disposent de réelles compétences en géométrie ou pour la lecture de graphiques. Leurs résultats sont, en revanche, plus décevants en algèbre. »

Plus de 20 % des élèves entrant en sixième se révèlent déficients en lecture, davantage encore en ce qui concerne la compréhension d'un texte simple et 38 % affichent leurs carences en calcul. Non seulement l'enseignement est déficient mais le laxisme général encourage, ainsi qu'on l'a vu précédemment, la violence. « Dans les

---

1. « La France, élève moyen de la classe OCDE », *Le Monde*, 5 décembre 2001, p. 12.

5 500 établissements du second degré concernés par l'enquête du ministère, on a recensé pendant ces deux mois 16 382 incidents graves, dont près de 5 000 violences physiques sans armes, 1 700 vols ou tentatives de vol, 370 violences avec armes et 270 agressions à caractère sexuel[1]. » Fiasco de l'enseignement, sans parler de « l'éducation[2] » (de nos jours certainement incorrecte politiquement) alors qu'un ministre de cette « Éducation nationale » encouragea le barbouillage des bâtiments publics ou privés et fit du vandalisme une entreprise de formation artistique et de cohésion sociale.

« Le journal officiel du 23 avril 2000 a désigné d'autorité "procureuse", "recteuse" et "professeure" certaines femmes promues dans la Légion d'honneur sans changer pour autant les grades en "chevalière", "officière" ou "commandeure". Renseignement pris, l'initiative n'a été prise ni contestée tant par l'Élysée – ou réside le grand maître de l'ordre – que par la chancellerie ou par le JO. Elle émane donc du maillon exécutif dont dépend directement la publication des listes des décorés, c'est-à-dire du Premier ministre »… « Même les régimes totalitaires n'ont pas agi de façon aussi autoritaire sur le langage », concluait Bertrand Poirot-Delpech, de l'Académie française[3].

Ce ne sont ni les Britanniques, ni les Américains ni, indirectement, les Allemands qui s'en prennent au français, mais bien les Français eux-mêmes. À commencer par ceux qui les gouvernent, ceux qui les administrent et aussi ceux qui gèrent d'importantes entreprises.

Un ministre de l'« Éducation nationale », M. Claude Allègre, a déclaré que l'anglo-américain n'était pas une langue étrangère, phrase lourde de sens. Le gouvernement de la Ve République dévoyée entend signer la charte des langues régionales bien qu'elle soit reconnue inconstitutionnelle. Le caniche que tient en laisse l'Allemagne aboie. En l'occurrence, il s'agit de M. Helmut Kohl affirmant que l'Europe serait fédérale et régionale et qu'elle obéirait au principe de subsidiarité. En ce qui concerne la communication, les parlers régionaux

---

1. « La montée irrépressible de la violence », *Éléments*, mars 2002, p. 25.
2. Mme Jacqueline Costa-Leroux, vice-présidente de la Ligue de l'enseignement, « révèle qu'il est courant, en région parisienne, que les élèves aient une "double journée", dès la classe de quatrième [...] l'économie souterraine [...] à côté des petits "boulots" procure à nombre de "jeunes des cités" des activités qui représenteraient environ 10 % du PNB. Selon les Renseignements généraux, cette économie parallèle favorise le passage à la délinquance, encourag des comportements de triche et de trafics qui se prolongent dans le travail scolaire ; tel élève, une fille le plus souvent, sera payé pour rédiger les devoirs des autres, tandis que des comportements sexuels rémunérés semblent se développer dès le collège » (*ibid.*, p. 30).
3. « Touche pas à ma grammaire », *Le Monde*, 21 mai 2000, p. 16

et l'anglo-américain s'y révéleraient plus efficaces et plus pratiques que les langues nationales. Philippe de Saint-Robert, ancien commissaire général de la langue française, rappelle qu'à Shanghai, alors qu'il visitait une école où l'on enseignait encore le français, le Premier ministre avait déclaré, sans doute sous forme d'« encouragement », que le rôle international de notre langue était terminé[1]. Le même Premier ministre ne voyait que la féminisation par décret des appellations de métiers et de fonctions, et la signature de la charte des langues régionales, comme action en « faveur » de la langue française. « On sait que ces dames avaient décidé, de leur propre chef, de se faire appeler non plus "Madame le Ministre" mais "Madame la Ministre", affreuse faute de français qui associe un article féminin à un substantif masculin. Le secrétaire perpétuel de l'Académie, Maurice Druon, s'était alors permis de rappeler au chef de l'État que les décisions relatives à l'évolution de la langue étaient du ressort de l'Académie française et non des politiques. Que fit le chef de l'État "protecteur", en principe, de l'Académie? On s'en souvient : rien du tout, soucieux comme il l'est, jusqu'au ridicule, de ne faire aucune peine – même légère – aux dames ministres (ou ministresses?) du Gouvernement de cohabitation [...] pour la première fois depuis la fondation de l'Académie française (1634), il est apparu que celle-ci ne régissait plus la langue française [...] cet office est désormais dévolu à n'importe qui et, dans le cas présent, à un quarteron de dames ministres qui en ignorent jusqu'aux rudiments[2]. »

Dévolu à n'importe qui... En effet, il y a longtemps que jargonnent les firmes commerciales et industrielles. Après le « je positive » de Carrefour, il y a désormais, le recours à l'anglais : *look* est plus aguichant qu'allure. Renault utilise le franglais pour désigner ses modèles (le car, par exemple), Alcatel, EADS, Aéroport de Paris, Vivendi, bien d'autres encore mélangent anglais et français ou même entendent que leur personnel s'exprime en anglo-américain devenu la langue de travail.

Le ministère de la Culture a organisé une exposition intitulée *Be seeing you*. Le *Midi libre* annonce une *Latina cup* – une « coupe latine » ne serait « pas tendance », comme on se permet aujourd'hui de le dire[3]. Depuis près d'un demi-siècle, les plus hautes autorités désignent les forces armées non pourvues d'engins atomiques par

---

1. « Les tribulations du français », *La Nef*, mai 2000, p. 20-21.
2. Louis VÉDRINES, « Déclin de la langue et pensée obligatoire. Esprit du temps », *Éléments*.
3. *Fraterniphonise*, n° 25, troisième trimestre 2001.

« forces conventionnelles », paresseuse traduction du *conventional forces* anglo-américain, alors que forces classiques (rapprochement entre les classiques et les modernes) conviendrait sans doute mieux en évitant le recours au franglais. Mais la « construction européenne » aidant, la pratique du français fond comme neige au soleil. M. Romano Prodi n'a-t-il pas tenté d'imposer l'anglo-américain, langue unique de l'Union ?

Il a été signalé, précédemment, qu'organisant, en France, un colloque sur Frédéric Bastiat et son œuvre, MM. Emmanuelli et Madelin avaient décidé que l'anglais serait la langue des débats et des communications. Ajoutons que, représentant spécial du secrétaire général de l'ONU au Kosovo, Bernard Kouchner était le *Doctor* Kouchner et qu'il usait de papier à lettres à l'en-tête rédigé en anglais. Il est vrai que, dans les Balkans, la France combattait les amis serbes pour le plus grand profit de l'Allemagne et des États-Unis.

La langue française perd pied, fiasco majeur, celui-là aussi, de la Ve République.

Au cours des quatre derniers septennats, les décisions malheureuses des dirigeants de la Ve République ont placé la France devant tant de contradictions qu'elle doit se résoudre à une longue cure d'austérité. L'expression est, naturellement, fort « incorrecte » politiquement parce qu'elle révèle une contradiction supplémentaire entre la réalité et les lendemains qui chantent et qui enchantent, promis par les candidats à la direction des affaires.

Mais comment concilier les trente-cinq heures, c'est-à-dire une incitation officielle à moins travailler avec plus de gains, et le nécessaire accroissement de la production ? La productivité horaire des Français qui travaillent est excellente. Mais ils sont de moins en moins nombreux à travailler et pendant une période de plus en plus courte. Comment réduire les prélèvements obligatoires en produisant moins et en dépensant plus ? Quasi simultanément surviennent de nouvelles charges qui, pour être supportées, exigeraient des efforts considérables. Il s'agit du vieillissement de la population et des dépenses supplémentaires qu'il impose ; de la décentralisation politique et administrative et de l'inévitable augmentation des impôts locaux ; de l'élargissement de l'Europe et du coût de la réhabilitation socio-économique des pays de l'Europe de l'Est ; de l'ouverture des frontières et de l'arrivée incontrôlée – et incontrôlable – des populations de l'Est et du Sud au développement matériel « retardé » – en usant d'un euphémisme. Comment, aussi, disposer de l'autorité nécessaire pour gouverner efficacement alors que les abandons de souveraineté ont à tel point affaibli la « puissance publique » qu'elle n'est pas plus capable de fixer, comme elle l'entend, le taux de la TVA des restaurateurs, qu'elle n'a été en mesure d'associer Legrand et Schneider pour former un puissant groupe industriel français, parce que Bruxelles s'y opposait, réservant sans doute Legrand à l'Américain General Electric ? (Il a fallu que ce soit une instance européenne qui, en fin de compte, défende les intérêts français à la place du gouvernement de la France.)

Et comment gagner des parts de marché en travaillant moins, et en produisant plus cher dans un monde « ouvert » où, ailleurs, des millions d'hommes et de femmes travaillent plus et demandent, en échange, beaucoup moins, tout en tarissant délibérément le pouvoir d'innovation des Français en limitant les crédits alloués à la recherche ? Voici plus de quatre années que le gouvernement avait été alerté : « Le modèle français ne fonctionne plus. » « En 1985 les conclusions d'experts étrangers avaient établi un tableau sans complaisance, voire brutal, de notre situation. Force est de constater, plus de dix ans après, que certaines critiques restent d'actualité. » Le gouvernement avait désigné une mission d'évaluation sur la recherche française qui constatait que « si l'État a su créer un réseau puissant d'organismes de recherche, il n'a pas su mettre sur pied un système d'institutions relais entre la recherche et le monde économique[1] ». En ce qui concerne la croissance moyenne du nombre de chercheurs (depuis 1995) la France (1,22 %) est distancée par l'Irlande (16,51 %), la Finlande (12,66 %), l'Autriche (7,66 %), le Portugal (7,61 %), l'Espagne (6,79 %), la Grèce (6,29 %), les États-Unis (6,21 %), les Pays-Bas (4,71 %), la Suède (4,66 %), la Belgique (4,59 %), le Danemark (3,96 %), le Royaume-Uni (2,66 %) et le Japon (2,57 %)[2]. Et il ne semble pas que le nouveau ministre chargé de la Recherche et des Nouvelles Technologies se montre satisfait de la part qui lui est faite dans le budget 2003.

Dans une certaine mesure, la difficile réalisation du porte-avions *Charles-de-Gaulle* et le long « rodage » de l'hôpital *Georges-Pompidou* témoignent des carences françaises en matière technique. Ou plutôt du décalage existant désormais entre les ambitions et les capacités de réalisation. Treize années pour construire un porte-avions

---

1. « Constat accablant pour la recherche et l'innovation en France », *Le Monde*, 13 mars 1998, p. 15.
2. « La situation de la recherche française, mal placée dans le peloton européen, est alarmante », *Le Monde*, 3 juillet 2001, p. IV.

(1986-1999) et trois ans pour qu'il soit apte à participer à des opérations, c'est beaucoup. Et sept ans pour édifier et équiper un hôpital est également un délai inusuel.
Voici, encore, bien des fiascos pour la Ve République, à la fois politiques et techniques.

L'état de l'entretien du patrimoine national est aussi un fiasco gouvernemental. Les folies architecturales présidentielles des septennats Mitterrand ont été évoquées dans le chapitre traitant des institutions. Elles ont absorbé des sommes si considérables que leur entretien comme celui des monuments constituant le patrimoine national en ont pâti. La plupart des « réalisations » de la Ve République dévoyée ont enlaidi la capitale plus qu'il ne l'ont enrichie (Pyramide du Louvre, colonnes de Buren, Opéra Bastille, Grande Arche, Centre Pompidou, « aménagement » de la porte Maillot, du « trou » des Halles) ou n'ont pas justifié leur construction (la Grande Bibliothèque, par exemple). Dans une enquête sur « les mammouths de la culture », *Le Monde*[1] précisait que la Bibliothèque nationale de France, le Musée du Louvre, l'Opéra de Paris et le Centre Pompidou, s'ils attirent chaque année 12,5 millions de visiteurs, coûtent à eux quatre près d'un quart du budget du ministère de la Culture. Il ne reste pas grand-chose pour le patrimoine, le vrai, celui qui honore la France.

Autre fiasco, et de taille ne serait-ce que parce qu'il est politico-institutionnel : la fonction présidentielle n'a pas résisté à l'interprétation abusive de la Constitution à laquelle se sont adonnés les chefs d'État successifs de la Ve République. Par les services rendus et l'abnégation évidente avec laquelle il remplissait ses hautes fonctions, le général de Gaulle a été très au-dessus du débat, en dépit, d'ailleurs, de la mauvaise foi de ses détracteurs.

En revanche, ses successeurs ne pouvaient bénéficier d'un prestige aussi exceptionnel. Ils n'étaient pas entrés dans l'histoire mais seulement en politique. Et même à ce bien plus modeste niveau, ils prêtèrent le flanc, par leurs agissements, à la critique, à la malveillance et même à l'opprobre.

Mis à part Georges Pompidou bien malencontreusement atteint par la maladie, les présidents ne se sont pas élevés au niveau des grandioses fonctions qu'à la suite du général de Gaulle ils avaient cru bon de s'attribuer. Il eût fallu qu'ils eussent quelque chose de surhumain alors qu'ils se sont contentés d'étaler leurs faiblesses tout

---

1. *Le Monde*, 24 mars 2002, p. 28.

autant, sinon davantage, que leurs talents. Avant de servir la collectivité nationale qui leur avait accordé sa confiance, ils s'en sont servi, pour eux-mêmes et au profit de leur entourage. En particulier François Mitterrand s'est illustré par une désinvolture morale qui n'a pas manqué, l'exemple venant de haut, de contribuer au désarroi de la population désormais distinguant difficilement le bien du mal.

Le désarroi des esprits a permis à la désinformation, à « la pensée unique », à la propagation de l'esprit de jouissance d'exercer leurs ravages. Et c'est dans l'indifférence pour les uns, la résignation pour les autres que la France a capitulé devant l'Union européenne et plus généralement devant les exigences de l'économie libérale et des lois de l'argent. Les Français ont accepté les abandons de souveraineté, les rebuffades politiques et diplomatiques infligées à leurs dirigeants, ils ont souscrit à la vassalisation de leur économie et à celle de leurs forces armées, à la mainmise de l'étranger sur leurs entreprises, au recul de leur fortune nationale, en passant, en Europe, du quatrième au douzième rang. Ils se sont soumis au déclin précipité d'un pays que la souveraineté, et l'indépendance qu'elle confère, avaient porté au pinacle. Paraphrasant le général de Gaulle, on peut dire de ces septennats qu'ils ont éteint une grande lumière.

Index des noms cités

A

ADENAUER, Konrad : 55, 167
AFFLELOU, Alain : 168
AÏT ASSOUN Djamil : 243
ALBRIGTH, Madeleine : 211, 239
ALCMEON DE CROTONE : 91
ALEXANDRE LE GRAND : 92
ALLAIS, Maurice : 97, 159
ALLÈGRE, Claude : 291 :
ARISTOTE : 91
ARMAND, Louis : 150
ARNAULT, Bernard : 178
ARON, Raymond : 12, 56, 253
ATTALI, Jacques : 262
AUDUC, Jean-Louis : 232
AZNAR, José-Maria : 134

B

BAKR AL : 269
BALLADUR, Édouard : 130
BARBER, B. : 190
BARNIER, Michel : 225, 259 n
BAROIN, Michel : 147
BASTIAT, Frédéric : 170, 293
BAUER, Alain : 234, 238 n
BAUMONT, Stéphane : 264
BAYROU, François : 127, 258
BÉBÉAR, Claude : 114, 225

BEETHOVEN, Ludwig VON : 7
BELHASSINE, Lofti : 168
BELOT, Laure : 161
BENLAOUI, Djelloul : 242
BÉRÉGOVOY, Pierre : 147
BGHIOUA, Safir : 243
BICHOT, Jacques : 45, 49 n
BIDAULT, Georges : 282
BIENVENÜE, Fulgence : 144
BODIN, Jean : 228
BOKASSA : 270
BOLLAERT, Baudoin : 225
BOULIN, Robert : 147
BOULOCHE, André : 282 :
BOURBAKI : 227
BOURDIEU, Pierre : 179, 183
BOURGES-MAUNOURY, Maurice : 282
BOUYGUES, Corine : 168
BREJNEV, Leonid : 271
BRIAND, Aristide : 62, 268
BROGLIE, Jean DE : 147
BRZEZINSKI, Zbigniew : 239
BUI TRONG, Lucienne : 242
BUREN, Daniel : 145, 295 :
BUSH, George W. : 177, 219

C

CARAMEL, Laurence : 35
CARCASSONNE, Guy : 82

CARRE DE MALBERG, Raymond : 65
CHAGNOLLAUD, Dominique : 139
CHALANDON, Albin : 245
CHARLES QUINT : 156
CHARLES VI : 277
CHAVANNE, Laurence : 260
CHEVÈNEMENT, Jean-Pierre : 96, 127, 169, 218, 256, 261, 276
CHIRAC, Jacques : 63, 71, 80, 81, 114, 127, 130, 134, 136, 137, 226, 258, 268, 269, 271, 286
CLARK, Wesley : 254
COHN-BENDIT, Daniel : 12, 226
COSANDEY, David : 90, 92
COSTA-LEROUX, Jacqueline : 291
COSTON, Henry : 57 n
CRESSON, Édith : 227

D

DACKO : 270
DARWIN, Charles : 91
DASSAULT, Marcel : 281
DASSAULT, Serge : 178
DAUTRY, Raoul : 150, 283
DAVID, Jean-Louis : 168
DEBRÉ, Bernard : 155, 171, 284
DEBRÉ, Jean-Louis : 138
DEBRÉ, Michel : 155
DEFERRE, Gaston : 255
DE GASPERI, Alcide : 55
DEHAENE, Jean-Luc : 64
DELAFOND, Gilles : 181
DELORME, Christian : 241
DELORS, Jacques : 59, 82
DELOUVRIER, Paul : 150, 283
DELSOL, Chantal : 158
DEVEDJIAN, Patrick : 250
DOUCET, Solène : 44, 45 n
DREYFUS, François-Georges : 67

DUFOIX, Georgina : 285
DUGUIT, Léon : 264
DUHAMEL, Alain : 134, 135
DUISENBERG, Wim : 52, 62, 74
DUMAS, Roland : 21, 53, 72, 128, 220
DUPLESSIS, Olivier : 285 :
DUTOURD, Jean : 140
DRUON, Maurice : 292

E

EINSTEIN, Albert : 227
ELTSINE, Boris : 33, 183
EMMANUELLI, Henri : 170, 293
ERHARD, Ludwig : 55
ÉTIENNE, Claude : 252

F

FABIUS, Laurent : 285
FABRA, Paul : 168
FABRE-LUCE, Alfred : 253
FACHIN, Pascale : 287
FALL, Olivier : 230
FAURE, Edgar : 72
FAUROUX, Roger : 113 n
FENECH, Georges : 246
FERENCZI, Thomas : 282
FERRO, Marc : 81
FERRY, Jean-Marc : 65
FICHTE, Johann Gottlieb : 196
FISCHLER, Franz : 222, 223
FONTAINE, Nicole : 227
FONTANET, Joseph : 147
FRIEDMAN, Thomas : 28

G

GALLEY, Robert : 270
GALLI, Jean-Claude : 182
GALOPIN, Pierre : 273

INDEX DES NOMS CITÉS

GARAUD, Marie-France : 139
GARRETT, Michael : 29
GATES, Bill : 278
GAULLE, Charles DE : 11, 20, 41, 55, 57, 58, 68 n, 120, 121, 122, 123, 126, 127, 130, 135, 136, 154, 176, 197, 200 n, 202, 204 n, 213, 214, 248, 253, 254, 267
GAYSSOT, Jean-Claude : 259
GIRARD, Renaud : 182
GISCARD D'ESTAING, Valéry :16, 59, 64, 79, 84, 108n, 130, 137, 138, 139, 147, 206, 257, 258, 269, 270, 272
GLASPIE, Avril : 274
GOBINEAU, Arthur DE : 102
GOLDENDACH, Walter VON : 199
GOUKOUNI, Oueddei : 273
GREENSPAN, Alan : 190
GRÉMY, Jean-Paul : 231
GRIMBLAT, Joseph : 96
GROSRICHARD, François : 261
GROSSOUVRE, François DE : 147
GUIGOU, Élisabeth : 244, 245, 286
GUILLAUMAT, Pierre : 150, 283
GUISNEL, Jean : 182

H

HABRÉ, Hissene : 273
HANKEL, Wilhem : 75, 76
HARDENBERG, Karl August, prince VON : 196
HAVEL, Vaclav : 227
HERNU, Charles : 203, 206
HERVÉ, Edmond : 285
HERZOG, Roman : 198
HIAULT, Richard : 34
HILLARD, Pierre : 200

HITLER, Adolph : 254
HUCHON, Jean-Paul : 258
HUERE, Patrice : 243
HUSSEIN, Saddam : 269

I

IBN BATTOUTA : 92
IBN KHALDOUN : 92
IZETBEGOVIC, Alija : 107, 109, 111, 113 n

J

JACKSON, Bruce : 211
JEAN-PIERRE, Thierry : 244
JÉRÔME, Béatrice : 260
JOSPIN, Lionel : 26 n, 52, 63, 80, 130, 134, 177, 206, 227, 262 n
JOSSELIN, Charles : 34, 178
JOURNIAC, René : 147
JOXE, Pierre : 256
JUPPÉ, Alain : 15, 71, 168, 182, 276

K

KABILA, Laurent-Désiré : 178
KAHN, Annie : 169
KAHN, Jean-François : 227
KEDADOUCHE, Zair : 240
KENNEDY, John F. : 97
KHOMEYNI, Ruhollah (Ruhollah MUSAWI dit) : 108, 113, 269
KISSINGER, Henry : 54, 110, 239
KOHL, Helmut : 7, 57, 58, 72, 197, 199, 200, 257, 268
KOUCHNER, Bernard : 293
KOZYREV, Andréi : 183
KREMER, Pascal : 40

L

LAFFINEUR, Marc : 157
LAGARDÈRE, Jean-Luc : 178
LAIR, Philippe : 146
LAMASSOURE, Alain : 228
LAMBERT, Paul : 102, 104
LARSON, Alan : 35
LASSUS, Marc : 168
LAVERY, Pierre : 58
LEHMAN, J. P. : 29
LE MASNE, Pierre : 16
LEMÉTAYER, Jean-Michel : 215
LENOIR, Noëlle : 151 n
LÉOTARD, François : 203
LEPARMENTIER, Arnaud : 69 n
LÉVY, Élisabeth : 105 n
LEWIS, Bernard : 111
LIPIETZ, Alain : 228
LONGUET, Gérard : 251

M

MADELIN, Alain : 18, 170, 258, 293
MAHATHIR, Mohamad : 33
MAMÈRE, Noël : 127
MARIE, André : 282
MASSOT, Jean : 138
MAUROY, Pierre : 262, 273
MEJNOMI D'INTIGNONO, Béatrice : 4
MENDÈS-FRANCE, Pierre : 282
MESSERSCHMITT, Paul : 233
MESSIER, Jean-Marie : 280
MESSMER, Pierre : 214
MEZAOUI, Habib : 243
MICHELET, Edmond : 282
MILLER, David : 238
MILLON, Charles : 228
MILLOZ, Pierre : 102

MILOVO : 242
MITTERRAND, François : 20, 21, 52, 53, 58, 64, 108, 121, 128, 133, 135, 137, 144, 146, 197, 200, 203, 235, 255, 262, 268, 270, 273, 274, 283
MOCH, Jules : 282
MOLLET, Guy : 56
MONNERVILLE, Gaston : 128
MONNET, Jean : 22, 24, 55, 57, 58, 65, 70, 72, 78, 157, 184, 198, 253
MOSCOVICI, Pierre : 72, 79, 228
MOSSU, Laurent : 30
MOTTIN, Jean : 103
MUCCHIELLI, Laurent : 239

N

NALLET, Henri : 286
NAPOLÉON Ier : 154, 196
NAPOLÉON III : 196
NIXON, Richard : 25
NOËL, Léon : 131
NOUAILLE, Hélène : 156

O

ORCIVAL, François D' : 221 n
ORMESSON, Jean D' : 155
O'ROURKE : 27

P

PARODI, Alexandre : 131
PEI : 144
PELAT, Patrice : 147, 284
PEYREFITTE, Alain : 267
PFAFF, William : 30

PICOUET, Martine : 280 n
PICQ, Jean : 136
PINAULT, François : 178
PINAY, Antoine : 282
PINEAU, Christian : 282
PLAGNOL, Henri : 114 n
PLATON : 91
PLEVEN, René : 282
POIROT-DELPECH, Bertrand : 291
POLO, Marco : 92
POMPIDOU, Georges : 130, 136, 257, 268, 295
PONCELET, Christian : 252
POUTINE, Vladimir : 177
PRODI, Romano : 293
PYTHAGORE : 91

Q

QUEUILLE, Henri : 282

R

RAMADIER : 282
RAUFER, Xavier : 234, 238 n
REAGAN, Ronald : 190
RENAN, Ernest : 35
RETINGER, Joseph H. : 23
REZA, Mohammad : 269
RIGAS, John : 189
ROCARD, Michel : 113, 168
ROCKEFELLER, David : 23
ROHAN, Josselin DE : 258
ROHATYN, Felix : 24
ROOSEVELT, Franklin D. : 57, 110
ROTHSCHILD, Edmond DE : 57
ROUTIER, Airy : 178, 180
ROUX : 264
RUCKERT : 196
RUEFF : 150, 283

S

SAINT-ROBERT, Philippe DE : 268, 292
SAOUD d'ARABIE : 110
SARRE, Georges : 230
SAUVAGNARGUES, Jean : 271
SAUVY, Alfred : 20
SCHARNHOST, Gerhard VON : 196
SCHMIDT, Helmut : 59, 197, 268, 270, 271
SCHNER, Thomas : 75
SCHRAMECK, Olivier : 134
SCHRÖDER, Gerhard : 7, 62, 81, 197, 199, 228, 268
SCHUMAN, Robert : 55, 282
SCHUMANN, Maurice : 282
SERVAN-SCHREIBER, Jean-Jacques : 12, 253
SEYDOUX, Jérôme : 178
SIDAÏNE, Mohamed : 243
SKILLING, Jeffrey : 190
STASSE, François : 145
STERN, Jacques : 162
STOIBER, Edmond : 99
STOLERU, Lionel : 135
STRAUSS, Franz-Josef : 12, 254
STRAUSS-KAHN, Dominique : 15, 18, 168
STRESEMANN, Gustav : 62
SUDREAU, Pierre : 131
SULLIVAN, Brian : 154, 204, 274
SWINTON, John : 179, 181, 183

T

TABET, Marie-Christine : 286
TACHEAU, Jean-François : 34
TANDLER, Nicolas : 222
TAPIE, Bernard : 125
TCHANG KAÏ-CHEK : 56

TCHURUK, Serge : 279 :
THADDEN, Rudolf VON : 81, 202
THATCHER, Margaret : 55, 190
THREARD, Yves : 175
TOUBON, Jacques : 138
TRAUTMANN, Catherine : 13, 236
TRICORNOT, Adrien DE : 280
TROEBST, Stefan : 198
TUBIANA, Maurice : 221
TURCEY, Valery : 170

VERNET, Daniel : 199 n
VILLENEUVE, Charles : 233
VOYNET, Dominique : 256, 261

W

WEIL, Patrick : 104
WELTZ, Kenneth N. : 27
WHITE, Mary Jo : 189
WILLIAMSON : 27
WILSON, Woodrow : 23, 24
WOLF, Charles : 27
WOOD, Carl : 164

V

VASSEUR, Philippe : 264
VAUZELLE, Michel : 258
VÉDRINE, Hubert : 177
VÉDRINES, Louis : 292 n
VENTRE, Michel : 244

Y

YRISSOU, Henri : 150, 283

Table des matières

Préface, par Albert Chambon et Philippe Bourcier de Carbon   I
Introduction   7
Chapitre I. – La mondialisation   23
Chapitre II. – Le dépeuplement   39
Chapitre III. – L'européisation   51
Chapitre IV. – L'immigration   89
Chapitre V. – Les institutions 117
Chapitre VI. – La résignation 153

ANNEXES

A. Faillite du libéralisme ? 187
B. La désastreuse gestion du « secteur privé » 192
C. Le nouvel Empire allemand 196
D. De Gaulle : la France désarmée, un jouet 202
E. Tarir les ressources naturelles de la France 215
F. Bêtisier européiste 225
G. L'anémie nationale par l'insécurité 230
H. Absurde et coûteuse décentralisation 249
I. Le domaine réservé… à l'erreur 266
J. Les fiascos de la Ve République 278

Index des noms cités 297

Achevé d'imprimer en novembre 2002
dans les ateliers de Normandie Roto Impression s.a.s.
61250 Lonrai
N° d'édition : 11979
Dépôt légal : novembre 2002
N° d'impression : 022764

Imprimé en france